KB138582

골목

인문학

골목 인문학

그 골목이 품고 있는 삶의 온도

임형남 · 노은주 지음

골목은
내 유년의 정원이고
들판이며
스케치북이었다.

골목이란 장소와 장소 사이의 틈이며, 그곳 역시 하나의 장소입니다. 장소의 속성은 머무름을 전제합니다. 그러나 골목은 흘러가는 길이면서, 또한 머무는 장소입니다. 조금 특이한 곳이죠. 큰길에서 꺾어 들어가면 만나는 그 골목은 집으로 이어지는 그냥 경로가 아닌, 소통이 이루어지고 교류가 이루어지는 장소입니다. 그래서 그곳엔 시간이 담기고 사람 이야기가 담깁니다.

우리가 하는 유일한 운동은 걷는 것입니다. 저는 일과 중에도 걷고 일과를 마치고 저녁에 일부러 시간을 내서 많이 걸어다닙니다. 어디론가 여행을 가서도 어떤 특별한 장소를 찾기보다는 그냥 이 골목 저 골목을 걸어다닙니다. 워낙 어릴 때부터 걷는 것을 좋아해서이기도 하고, 걷는 속도로 도시를 보고 자연을 보는 것이 가장 즐겁기 때문입니다.

대부분 특별한 목적을 정하고 걷는 것보다 이 골목 저 골목 들어가서 헤매는 것을 좋아합니다. 길이 막혀서 되돌아 나오기도 하고 운 좋게 길이 끊어지지 않고 이어지다가 큰길을 만나는 경우도 있습니다. 특별히 원하는 길이 있는 것은 아닙니다. 그저 예상도 못한 풍경들을 보는 즐거움과 혹은 어떤 여행 책자나 어떤 정보에도 없는 그 장소의 민낯이라고 해야 할지 속살이라고 해야 할지 모를 재미있는 풍경을 만나는 즐거움 때문입니다.

세상 사는 일이 다 그렇듯 큰 목표는 있지만 길은 여러 갈래가 있습니다. 가장 빠른 길은 있지만 정답은 없습니다. 각자 길을 찾아가며 느끼고 배우고 그러다가 목적지에 도달하는 것이라고 생각합니다.

저는 세상 사는 이치를 어릴 때 골목에서 배웠습니다. 골목에서 태어나서 골목에서 자랐고 좁은 골목을 헤매는 것이 제가 가장 좋아하는 놀이였습니다. 처음 가본 골목으로 들어가서 무작정 헤매다가 아는 길을 만나며 길과 길의 연관을 깨우치는 그런 과정은, 세상을 사는 지혜 혹은 지식을 익히는 것과도 아주 비슷하다고 생각합니다.

골목은 모든 사람의 삶에서 일반적이고 보편적인 배경이었습니다. 대부분의 사람이 골목에서 나고 그곳에서 자라며 그곳에서 생활했습니다. 그러나 도시화가 강력하게 진행되며 효율성과 개발 이익을 위해 우리의 배경은 허물어지게 되었고, 이제는 다소 희소하고 과거 회귀적인 정서의 배경으로 남게 되었습니다. 사람들이 골목을 찾아가서 즐기기는 하지만, 그곳에는 생활은 없습니다. 생활이 없다는 것은 사람이 없다는 것과 비슷한 이야기죠.

몇 년 전에 성북동 길상사 맞은편 좁은 골목 안에 집을 짓겠다는 사람이 찾아온 적이 있었습니다. 그 도로는 폭이 2미터밖에 되지 않아 자동차가 다니지 못하는, 말하자면 일반 도로법에서 규정하는 폭 4미터에 미달해 법적으로는 집을 짓기 힘든 장소였습니다. 길이 4미터가 되어야 자동차가 다닐 수 있고 자동차가 다니는 폭이 되어야 도로라고 부른답니다. 그러나 그 규정은 결국 골목을 사람에게서 차에게로 넘기게 되고 골목에서의 삶은 없어지게 됩니다. 법적으로 도로라고 할 수 없는 2미터 도로는 너무나 편안했습니다. 하루 종일 자동차가 한 대도 지나가지 않고, 사람들이 지분거리며 이야기하고 발걸음을 옮기는 소리가 너무나 크게 들릴 정도로 고요했습니다.

우리는 편리를 위해서 스스로 불편하게 삽니다. 아니 그건 우리가 선택한 것이 아닐 수도 있습니다. 대단한 일이 벌어지지도 않고 대단한 지식을 얻는 것도 아니어도, 골목을 걷는 것, 골목을 생각하는 것은 저 멀리 떨어져버린 우리의 원초적인 무언가로 돌아가는 것과 같습니다.

천천히 걸어가는 속도로 편안하게 이야기를 듣는 것, 골목에서 만나는 인문학이란 그런 것이 아닐까 생각합니다. 인문학이란 궁극적으로 사람 이야기이며 사람의 자취라고 보면, 골목이야말로 사람의 자취와 사람 이야기가 듬뿍 담겨 있는 나이테와 같은 장소일 것입니다.

이 책에 실린 골목 이야기들은 『조선일보』에 2015년 4월부터 약 2년간 연재했던 글에 못다 했던 이야기를 보태어 엮은 것입니다. 저희가 나고 자라 가장 익숙한 서울의 골목, 여행으로 혹은 일로 다녀온 우리나라 여러 지역의 아름다운 골목, 그리 많이 다니지는 않았지만 좋아하는 몇몇 나라의 숨겨진 골목 등을 기억하고 다듬는 과정에서, 도와주시고 응원해주신 신문사와 출판사에 진심으로 감사의 말씀을 드립니다.

2018년 가을

임형남 · 노은주

차
례

책머리에 6

제1부 골목에 삶을 두고 왔다

내 유년의 골목에는 아름다움이 번져 있다   서울 입정동 골목   15

여러 집이 얼굴 비비며 빼곡히 차 있다   서울 남창동과 북창동 골목   23

화석 같이 남아 있는 그 시절의 골목   서울 동자동 골목   32

세월에 따라 달라지는 온도와 색깔   서울 통의동 골목   40

거닐고 싶어도 거닐 수 없는 그만의 공간   서울 통인동과 수하동 골목   49

피 끓는 청춘들로 가득한 골목   서울 서교동 홍대 골목   57

수탈의 흔적을 감춘 채 과거와 현재가 마주하다   군산 신흥동과 월명동 골목   65

어부 가족들은 바다를 보며 어떤 생각을 했을까   목포 온금동 골목   74

실향민의 고단함이 고스란히 담겨 있다   속초 청호동 골목   83

오랜 양조장의 깊어가는 술맛처럼   영양 입암면과 영양읍 골목   91

흉터 같은 삶의 흔적들   부산 초량동 골목   99

시간의 골을 따라 흐르는 물길은 도시의 삶이다   중국 저장성 사오싱 골목   107

소수민족의 애환이 담긴 골목   중국 후난성 평황 고성   116

구속 없이 자유롭게 살기를 바라다   중국 구이저우성 먀오왕성   125

제2부 풍경을 굽이굽이 담다

낙원으로 가는 나만의 통로 　　　　　　　　서울 운니동과 익선동 골목 　135

가파른 계단을 올라야 하는 삶의 터전 　　　서울 북아현동 골목 　143

남산의 넉넉한 품 안에서 피어난 골목 　　　서울 남산골 골목 　151

소박한 골목 어딘가에 핀 매화 　　　　　　서울 성북동 골목 　159

시간이 멈춘 채 달팽이처럼 느리게 걸어가는 골목　서울 부암동 뒷골 골목 　167

꽃이 피어났다 시든 자리에 삶이 드러나다 　서울 압구정동 로데오거리 골목 　175

구불거리는 물길 따라 흐르는 느림의 미학 　담양 창평 삼지내마을 골목 　183

고요함 속에서 500년 된 옛이야기를 듣다 　일본 도쿄 메지로 골목 　192

수채화 물감이 스며들듯 사람들이 보인다 　일본 도쿄 아오야마 골목 　199

느린 걸음으로 걷고 싶은 골목 　　　　　　일본 교토 니시진 골목 　207

사시장철 피어 있는 단정한 골목 　　　　　일본 교토 철학의 길 　215

기찻길과 서점 사이로 달콤하게 녹아든 풍경 　일본 교토 이치조지 골목 　224

고요와 경건과 예술이 고여 있다 　　　　　일본 나오시마섬 혼무라 골목 　233

시작도 없고 끝도 없는 카프카의 도시 　　　체코 프라하 황금소로 골목 　241

제3부 기억을 오롯이 품다

대문 틈 사이로 흘러나오는 기억의 조각들   서울 옥인동 골목   253

잃어버린 시간 속을 걷다   서울 돈암동 골목   262

묵묵히 이어가는 마을의 전통   서울 능동 골목   270

현대와 근대가 혼재된 골목   서울 용산 삼각지 골목   279

역사의 기억이 씨줄과 날줄처럼 엇갈리다   서울 수송동 골목   288

세상의 모든 색과 언어가 쌓인 문화와 예술의 거리   서울 명동 골목   296

골목마다 숨겨진 서민들의 소박한 꿈과 땀   서울 종로 피맛길   304

인간과 자연이 함께 만든 가장 완벽한 골목   아산 외암마을 고샅길   312

잠자리가 놀다 간 골목   공주 중동 골목   321

봄의 교향악이 울려 퍼지는 언덕   대구 동산동 청라언덕   329

두 집안의 오래된 살림집이 품은 이야기를 듣다   경주 양동마을 골목   337

메타세쿼이아 그늘 아래 스며든 시간의 풍경   창원 용호동 가로수길   345

돌담이 숨어 있는 바람의 골목   제주 삼도동 무근성길   353

화려한 문명과 한때의 영광을 만나다   터키 이스탄불 페네 골목   361

제 1 부

골목에 삶을
두고
왔다

서울
입정동
골목

어린 시절 나를 키운 것은 '팔할이 골목'이다. 골목은 내 유년의
정원이고 들판이며 큰 스케치북이었다. 나는 전자회로같이 복잡하게 골
목이 얽혀 있는 서울 한가운데에서 태어났고 그곳에서 자랐다. 마르셀 프
루스트Marcel Proust의 『잃어버린 시간을 찾아서』라는 소설에서 주인공이
마들렌 과자를 입에 넣는 순간 기억이 피어오르듯, 나는 내가 뛰어놀던 그
골목에 들어가면 유년의 기억이 방금 인화한 사진처럼 너무도 생생하게
떠오른다.

그 골목의 외곽에는 을지면옥이라는 유명한 냉면집이 있고, 동네

는 세운지구라는 개발 구역에 편입되어 이러지도 저러지도 못한 채 골목골목 옛 모습대로 입정동이라는 이름으로 아직도 살아 있다. 청계천 아래, 남쪽으로는 서울 지하철 2호선 을지로3가역에 맞닿아 있는 블록이다. 예전에 그곳에 갓을 만드는 갓방들이 있었고, 유명한 우물이 있었던 모양이다. 그래서 '갓방 우물골'이라 부르다 한자로 음역해 '삿갓 립笠' 자와 '우물 정井' 자를 쓰면서 현재의 명칭이 되었다고 한다.

이곳은 조선시대에는 양반들이나 권세가가 주로 살았던 북촌이나 가난한 학자가 많이 살았다는 남산 아래 남촌과는 뚜렷하게 구분되어, 주로 중인과 서민이 거주하던 동네다. 일제강점기에는 조선인이 주도권을 잡고 있던 전통적인 상권이었던 종로 상권과 일본인들이 주도권을 잡았던 충무로와 퇴계로 상권 사이에서 완충 역할을 하는 지역이었다고 한다. 지금은 모든 자본의 중심이 강남으로 옮겨져 그때만큼 화려하지도 번잡하지도 않지만, 아직도 그 시절을 일구었던 세대의 많은 분이 자리를 뜨지 않고 지키고 있어 사람들이 오고가는 동네다.

10여 년 전 우리 집 상수도 배관이 고장 나서 고치다가 부품이 부족해 을지로에 나갔던 적이 있다. 지하철 을지로3가역에서 나가니 바로 철물점이 보였다. 그곳에 들어가서 몇 가지 물건을 사고 영수증을 한 장 받았다. 무심결에 살펴보니 철물점 상호와 일련번호가 보이고 아래줄에 주소가 보이는데, 그것이 너무나 익숙한 주소라서 순간 조금 멍해졌다. 을

지로 3가 139번지. 그 주소는 바로 내 본적이었다. 당시는 서류를 작성할 때 주민등록번호와 본적을 꼬박꼬박 적던 시절이라 하루에 몇 번씩 적는 날도 있을 때였다. 오래전에 떠나서 그냥 숫자로 된 주소로만 내 기억에 살아 있던 내 본적과 내 고향이 갑자기 그 종잇조각 속에서 되살아나 올라오는 듯한 기분이었다.

내가 태어나고 그곳에서 보낸 시간은 딱 10년이다. 그때는 우리나라가 경제적으로 고속 성장하던 시절이라 을지로 일대가 무척 빠른 속도로 상업화되던 중이었다. 파도가 밀려오듯이 하루하루 동네에 상업시설들이 들어오는 바람에 원래 살던 사람들은 어쩔 수 없이 그곳을 떠나야 했다. 사람들이 떠나고 상점과 공장이 그곳을 채우면서 동네에 아이들이 점점 줄었고, 학교의 학급도 줄어들더니 급기야 폐교되었다. 내가 다니던 청계초등학교도 사라졌는데, 지금 을지로 입구 페럼타워라는 높은 건물 자리에 있었다.

내가 학교를 다니던 시절 을지로통은 무척 한가했다. 대로변으로 고만고만한 작은 가게들이 늘어서 있었고 전차가 딸랑거리면서 다녔다. 자동차는 드물었고, 말을 탄 경찰이 지나다니기도 했다. 우마차는 흔히 볼 수 있었는데, 우마차를 끄는 소가 길에 배설물을 한 무더기 쏟아놓고 가기도 했다. 그때 나는 길가에 빽빽하게 붙어 있는 수많은 간판을 보면서 한글을 익히게 되었고, 한자도 제법 많이 알게 되었다. 특별히 학원에 다닌

다거나 선행학습이 없던 시절에, 그 골목은 나의 학원이었고 나의 유아원이었다.

골목은 바로 내 집 앞에서 펼쳐져 있었다. 그 안에서 공도 차고 구슬도 굴리고 딱지치기도 했지만, 내가 가장 좋아했던 놀이는 골목을 돌아다니는 일이었다. 골목을 샅샅이 뒤지고 다니다 보니 그 범위가 입정동에서 수표동, 장교동, 삼각동, 수하동으로 넓어졌고 깊어졌다. 그 골목들은 미로 같아서 처음 들어간 사람은 길을 잃기 십상이었지만, 늘 그곳에서 돌아다니던 내게는 손바닥을 들여다보는 것 같았다.

어떤 때는 내 머릿속에 있는 기억과는 다른 길을 만나기도 했다. 그러면 나는 내가 아는 길을 만날 때까지 헤매고 다녔다. 그 과정은 서로 다른 조각들을 맞춰 완성된 그림을 만들어내는 퍼즐 놀이와도 비슷했다. 그 놀이는 무척 재미있었고, 지금 생각하면 그것은 우리가 지식을 쌓는 것, 즉 단편적이고 아주 개별적인 지식들이 모이면서 이상하고 신비로운 화학반응이 일어나며 계통이 생겨나고 새로운 사실을 알게 되기까지 겪는 과정과 아주 흡사하다는 생각이 든다.

한번은 청계천 3가 쪽으로 동네 친구들과 놀러나간 적이 있다. 어떤 수레를 끄는 노인이 우리 일행을 부르더니 수레를 좀 밀어달라고 했다. 대여섯 명의 아이들은 재미있다고 킬킬거리며 수표교를 지나고 광교를 지나 무교동마저 지나 서울시민회관(지금의 세종문화회관)이 있는 곳까지

밀고 갔다. 시간도 꽤 지났고 거리도 우리가 살던 동네와는 한참 떨어지게 되었다.

수레를 끌던 노인은 우리에게 수고했다며 어서 돌아가라고 했다. 떠들썩하게 재잘거리며 정신없이 왔는데, 여기가 어딘지 어디로 돌아가야 하는지 아는 사람이 없었다. 우리 중에 가장 나이가 많은 형이 방향을 잡고 우리에게 따라오라고 했다. 그런데 그 형은 우리를 광교 쪽으로 이끌지 않고 서울시청을 지나 소공동 쪽으로 끌고 갔다. 청계천만 쭉 따라가면 될 것인데, 알고 보니 그 형은 방향 감각이 전혀 없는 사람이었다.

물론 그때는 청계천이 복개覆蓋되어 길로 바뀌어 있었지만, 소공로를 지나고 한국은행 근처에 이르자, 나는 그 형을 도저히 믿을 수 없다고 생각하고 독자 노선을 걷기로 했다. 나는 명동을 가로질러 저동을 지나 명보극장 근처에서 입정동으로 내려왔다. 물론 집으로 들어가서 내가 없어진 줄 알고 찾아다니던 어머니에게 치도곤을 치렀다.

그때 오랫동안 헤매고 다녔던 길고도 복잡한 골목길이 잊히질 않는다. 간혹 살다가 힘들 때는 골목을 헤매다가 멀리 우리 동네가 보이던 그 장면을 떠올린다. 길은 계속 이어지고 골목은 끊어지지 않고 연결된다. 인생 또한 그렇다고 생각한다.

이후로 입정동 골목을 찾아가본다. 유명한 냉면집을 핑계로 가기도 하고 전등을 사러가기도 하지만, 실은 그냥 마음의 안식을 찾아 고향으로 가는 것이다. 가보면 어릴 때 내가 놀던 골목은 여전하고 집들도 여전한데, 그 안을 가득 채우고 있는 것은 시끄럽게 돌아가는 기계들과 바닥을 채우고 있는 기름과 철을 깎으며 생긴 여러 가지 부스러기다. 어느 구석 내가 잠시 앉을 만한 공터도 없다. 그러나 조금 막히기도 하고 조금 어지러워지기도 했지만 아직 어릴 때 나를 바라봐주고 돌봐주던 선한 눈빛이 남아 있고, 나에게 닿았던 그 온도가 남아 있어서 마음이 푸근해진다. 이런 것이 고향의 느낌이구나 하는 생각이 든다.

　　그 동네를 떠난 후 근처를 배회하다가 우연히 사막의 오아시스 같은 공간을 발견한 적이 있다. 1970년대에 입정동과 수표동이 만나는 곳에 손바닥만 한 땅에 벽돌로 바닥을 깔고 다시 벽돌로 벽을 세운 작은 공원이 들어섰다. '수표소공원'이라고 불리던 그곳은 당시 가장 유명한 건축가였던 김수근이 설계한 도심 속 소공원이었는데, 그곳은 내가 예전에 등하굣길에 잠시 들르던 놀이터 자리였다. 이후로도 나는 가끔씩 입정동을 돌아다니다가 그 공원에 앉아서 놀기도 했다. 그러나 그 공원도 어느 날 없어지고 주차장이 들어섰다.

　　건축물이나 도시를 아름답게 만드는 가장 중요한 재료는 시간이다. 추했던 건물이건 아름다웠던 건물이건 시간은 모든 것을 덮고 아름답게 만들어준다. 겉으로 드러나는 아름다움이 아니고, 시간이라는 포장이 덮이며 아주 다양한 연상과 감흥을 불러오는 아름다움이다.

입정동은 비록 현대사의 숨 가쁜 변화의 속도로 인해 많이 일그러져 있지만, 그 안에는 수십 년 동안 사람들이 밟고 다녔던 길이 있고, 집이 있고, 시간이 있다. 우리는 그 시간을 느껴야 하고 그 오래된 연륜에서 번져나오는 아름다움을 찾아내야 한다.

서울
남창동과 북창동
골목

    남산과 서울시청 사이에 남창동과 북창동이 있다. 버스를 타고 명동을 지나 한국은행을 지나 숭례문 쪽으로 접어들면, 사람들이 북적거리며 인도가 보이지 않을 정도로 자동차가 많이 정차해 있는 곳이 나온다. 왼쪽은 남창동이고 오른쪽은 북창동이다.

    남창동에는 남대문시장이 있다. 낮에도 사람들로 가득하지만 이곳은 사실 새벽에 가면 사람이 많을 뿐 아니라 생의 활기가 넘쳐나는 곳이다. 삶이 힘들고 지칠 때면 새벽시장에 간다는 누군가의 이야기를 들은 적이 있다. 전국에서 모여든 사람들이 시장으로 모여들고, 낮과는 또 다른 떠들썩한 그 모습에서 힘을 얻는다고 했다. 대부분은 일반 소비자가 아니라 도매상을 통해 대량으로 물건을 구입하는 상인들인데, 새벽시장을 누비는 그들의 모습에서 거대한 물줄기가 계곡을 굽이쳐 흐르는 듯한 기운이 느껴진다.

나도 그 이야기를 듣고 새벽에 몇 번 가보았다. 추운 겨울날이었는데도 사람들의 열기로 후끈거렸고, 시장 주변의 노점에는 다양한 먹거리도 많이 있었다. 시장이 아니라 축제의 현장 같았다. 구경꾼으로 간 나는 그 기세에 눌려 그저 쭈뼛거리며 구경만 하다가 정작 물건은 사지도 못하고 돌아왔다.

남창동은 남산 아래에서 남대문시장을 향해 뻗어 있고, 북창동은 남대문시장과 서울시청 사이에 끼어 있는 동네다. 이 근처에는 대동법이 시행되었던 조선시대에 만든 창고가 있었다고 하며, 그 터가 남창동에 남아 있다. 남창동은 남대문시장뿐 아니라 남산 쪽으로 사람이 제법 살고 있는 동네다. 그러나 북창동은 서울 도심의 여느 동네처럼 살고 있는 사람은 아주 드물고, 낮에만 사람들의 출입이 빈번한 동네다.

임진왜란 이후인 광해군 원년(1608)에 각 지방의 특산물을 바치게 되어 있던 공물제도를 쌀로 통일하는 대동법이 시행되었다. 그때 대동미를 전국으로 출납하는 기관인 선혜청이 설립되어 용산에 별창別倉인 만리창을, 삼청동에 북창北倉을, 옛 장용영壯勇營 자리에 동창東倉을, 남대문 안에 남창南倉을 두었다. 선혜청이 있다 보니 남대문 인근을 '창동'이라 불렀고, 그것이 일제강점기를 거치며 '쌀 미米' 자가 붙은 남미창정, 북미창정이 되었다가 다시 남창동과 북창동으로 정리된 것이다.

선혜청에 보관되었던 대동미는 관리들의 급여로 지불되기도 하고 여러 가지 국가의 비용으로 사용되기도 했다. 그때 지급받은 쌀을 다른 식량이나 의류 등의 생활필수품으로 교환하는 시장이 자연스럽게 생겨났다고 한다. 위치도 서울의 제일 관문인 숭례문 인근이고 커다란 국가의 창고가 있었으니, 그런 흥청거림은 너무나 당연한 일이었을 것이다.

그러던 것이 구한말과 일제강점기를 거치면서, 지금의 봉래동에 있었던 칠패시장이 이곳으로 옮겨오며 더욱 큰 시장으로 거듭나게 된다. 조선시대 한양에는 3대 시장이 있었다. 종로통에 있던 운종가, 지금의 동대문시장인 이현시장, 칠패시장이다. 운종가는 그야말로 국가 공인 시장이었고, 이현시장은 청과물 등 농산물이 주종이었다. 칠패시장은 마포나 서강 등이 가까운 영향으로 수산물이 주로 거래되었다.

이후 동대문시장과 남대문시장은 20세기, 한 세기 동안 서울을 대표하는 시장으로 군림했다. 큰 행사를 치른다거나 할 때면 그 시장으로 가는 것이 너무나 당연한 일이었다. 다양한 물건 중에는 당시엔 아주 귀했던 외제 물건들도 있었다. '미제'나 '일제' 물건을 하나 갖고 있으면 어깨에 힘을 주었던 시절, 사람들은 남대문 도깨비시장에 가서 카메라도 사고 화

장품도 사고 '양담배'도 구입했다. 물론 정식으로 수입되었던 것은 아니고 미군 부대나 해외 주재원, 비행기 승무원들이 가지고 들어온 물건들이었다.

도깨비시장이라는 이름의 유래는 그 당시 물건을 판매대에 늘어놓고 장사하다 단속반이 들이닥치면 순식간에 철수하는데, 그 모습이 도깨비장난 같다고 해서 붙여진 이름이다. 당시 양담배가 특히 남자들의 '로망'이었는데, 들리는 말로는 단속반들은 연기 색깔만 봐도 안다는 이야기가 있었다. 또한 허리춤에 붙어 있는 가죽 패치에 말 두 마리가 청바지를 당기는 그림이 있는 '쌍마청바지'라 불렸던 리바이스사에서 만든 청바지는 젊은이들의 로망이었다.

한편 북창동은 임오군란 이후 중국인이 많이 들어오면서 자리 잡은 곳이기도 하다. 그래서 서울의 차이나타운으로 무척 특색이 있는 동네였는데, 1970년대 초에 재개발사업이 진행되면서 중국인들이 거의 빠져나갔다.

북창동에 대한 나의 기억은 늘 서울시청 광장에서부터 시작된다. 서울시청 광장과 그 앞에 빤히 보이는 덕수궁과 덕수궁 돌담길이 잠시 사라지고 안이 훤히 들여다보이는 철로 된 담장이 대신 그 자리를 지켰을 때다. 서울시청 광장을 지나 남산 쪽으로 걸어서 북창동 친척집에 놀러갔다. 한국은행 뒤쪽 골목 안에 있는 허름한 일본식 목조주택이었는데 폭이 아주 좁았다. 집으로 들어가면 답답한 방이 늘어서 있었고, 삐걱거리는 계단을 밟으며 2층으로 올라가 복도에 면한 방에서 놀았다. 마당이 좁은 도심형 한옥에서 보던 하늘과 다다미가 깔린 2층 방에서 보는 하늘은 사뭇 달랐다. 다른 세상으로 들어온 느낌이 들었는데, 나는 그 느낌이 참 좋았다.

그리고 인근에 사는 중국인들의 사는 모습과 중국말을 듣고 있자면 한국에서 일본식 집에 누워 중국말을 듣는, 말하자면 한·중·일이 혼합된 재미있는 상황이 되었다. 가끔씩 친척과 친한 중국인이 운영하는 식당에 가서 사람 머리만 한 공갈빵을 얻어먹었다. 그 빵은 이빨로 깨물면 허무하게 부서지며 금세 텅 빈 속을 드러냈다. 그러나 그 안에는 끈적하고 달콤한 꿀이 발려 있었고, 사실 그 맛이 나에겐 북창동 방문의 진정한 목적이었다. 40여 년 전의 일들이다.

몇 년 전 남창동에 집을 지을 일이 생겨 오랜만에 그 동네를 찾았다. 번잡한 시장 뒤 남산으로 향하는 조용한 주택가는 사람 사는 집이 생각보다 많이 남아 있었다. 그러나 길 건너 북창동은 너무나 많이 변해 있었다. 세월이 흐르는 동안 세상살이는 많이 풍요로워졌지만 세상인심은 각박해졌다. 1990년대 이후 퇴폐적인 유흥업소가 많이 들어서면서 북창동은 이상하게 변색되고 덧칠되었는데, 요즘은 그 유흥업소들도 썰물이라고 한다. 대신 늘어나는 관광객 수요에 맞춰 호텔이 급격히 늘어나며 동네가 다시 새로운 모습으로 바뀌는 중이었다. 그런데 주 고객이 관광하러 찾아온 중국인들이라 하니 참으로 묘한 역사의 인연이 느껴진다.

좁은 골목길과 그 골목에 얼굴을 비비며 빼곡하게 들어차 있던 집들, 그 동네 끄트머리의 소공동 경계에 한국은행이 있었고 시경市警이 있었다. 지금은 내자동으로 옮기고 이름도 서울특별시 경찰국에서 서울특별시 지방경찰청으로 바뀌었지만, 시경은 1950년부터 1989년까지 39년 동안 남대문시장과 마주하는 북창동 외곽에 있었고, '시경 앞'이라는 지명도 오랫동안 꽤 익숙했다. 시경은 없어졌는데 아직도 시경 앞이라고 부르는 것은 잘려나간 신체 부위의 감각이 여전히 살아남아서 존재를 주장하는 것과 같다는 생각이 든다.

시경 앞에는 시간과 국적과 양식이 모호한 2층짜리 상가건물이 있었다. 없어진 시경이 그렇듯 바로 옆에 있던 건물이 헐리며 갑자기 드러난 옆구리를 멋쩍게 내보이며 서 있었다. 그 건물을 보며 문득, 사람들은 참 땅에 못할 일을 많이 하며 산다는 생각이 들었다. 종로나 서울의 대로변에 많이 있었던 2층 한옥 양식의 상가인데, 목조가 아니라 벽돌을 쌓아 지은 조적조組積造 건물이다. 지붕의 틀도 대들보와 서까래 등으로 이루어지는 전통 가구 방식이 아닌 서양식 목조 트러스 구조로 만들어 자료적 가치도 높은 건물이라고 한다.

그리고 그런저런 역사적 사실을 다 떠나서 100년이 넘는 시간의 흔적이 켜켜이 쌓인 건물이다. 고치고 덧붙이고 하면서 그 건물이 겪었던 풍상風霜이 그대로 느껴졌다. 늘 지나다니며 아직도 있구나 하며 안도했고, 재개발이라는 무서운 파도가 언제 덮칠까 조마조마하며 지켜보았다.

그러다 얼마 전 남대문시장으로 카메라를 구입하러 갔을 때 들르니, 주변의 풍경이 많이 바뀌었고, 그 건물도 달라져 있었다. 그사이 역사 자료로 지정되면서 시간의 때를 말끔히 씻어내고 성형수술을 통해 젊음을 다시 찾은 얼굴처럼 새초롬하게 앉아 있었다. 살아 있다는 것은 좋았지만, 지워진 시간의 흔적이 아쉬웠다.

화석 같이
남아 있는
그 시절의 골목

서울
동자동
골목

'서울의 관문'인 서울역은 행정구역상 서울의 중구와 용산구에 걸쳐 있다. 지금은 기차역으로서 그 기능은 접고 복합문화공간으로 탈바꿈한 옛 서울역사는 행정구역상 중구 봉래동이고, 유리로 높다랗게 새로 지은 서울역사는 용산구 동자동이다.

요즘 지방에서 서울로 혹은 서울에서 지방으로 이동할 때는 고속버스나 자동차를 이용하기도 하고 비행기를 이용하기도 한다. 그래서 서울로 들어오는 관문이 어디냐고 묻는다면, 반포에 있는 고속버스터미널이나 김포공항을 꼽을 수도 있다. 혹은 판교에 있는 경부고속도로 서울톨

게이트를 이야기하는 사람도 있을 것이다.

그러나 오로지 기차를 통해서만 서울로 들어오던 시절에는 대부분 사람에게 서울의 관문은 서울역이었다. 전성기의 서울역, 즉 서울로 사람이 물밀듯 몰려들어오던 근대와 현대의 초입에 서울역의 의미는 지금과는 사뭇 달랐을 것이다. 희망의 관문이며 미래의 시작이었다. 부푼 가슴을 안고 가방을 들거나 옷 보퉁이를 품고 기차를 타고 서울에 도착하고, 서울역을 나서면 위로 아래로 자동차들이 씽씽 달리는 복잡한 길들이 보이고, 광장에 빼곡한 사람들이 보이고 멀리 남산도 보였을 것이다. 서울이 보여주는 소란스런 첫 모습에 사람들은 혼을 꽤나 빼앗겼을 것이다.

나 역시 초등학교 다니던 시절 방학에 시골에 있는 친척집에 가서 한 달가량 한가롭게 지내다 개학을 즈음해 서울로 돌아올 때 기차를 이용했다. 기차에서 내려 번잡한 플랫폼을 거치고 장중한 느낌의 역사驛舍를 지나 서울역 광장에 나서면, 서울의 복잡함과 자동차가 뿜어내는 매캐한 매연의 내음을 마시며 '아~ 고향에 돌아왔구나!' 하는 안도감에 가슴이 뭉클하기도 했다.

서울에서 자라서 복잡함에 젖어 살던 나에겐 너무나 자연스런 감정이겠지만, 일반적으로 고향이라고 할 때 연상되는 풍경과 서울이 갖고 있는 풍경은 아주 큰 괴리감을 갖고 있다. 그래서 서울이라는 도시는 늘 기회만 되면 떠나야 하는 곳 혹은 인간과 대응하는 못된 문명의 총아로 인식된다. 그런 보편적 시각과 달리 소설가이자 시인인 이상이 「권태」라는 수필에서 묘사한 서울내기의 자연에 대한 감정과 도시적 풍경에 대한 그리움에 절절하게 공감하고, 정지용의 「향수」는 아름답다고는 느끼지만 공감이 충분히 가지 않는 것은 서울에서 나고 자란 나에게는 어쩌면 너무나 당연한 일일 것이다.

목적지가 있는 사람은 여러 가지 교통수단을 이용해서 서울역 주변에서 바로 빠져나갔을 테지만, 늦은 시간에 도착했거나 목적지 없이 '무작정 상경'할 때는 서울에서 제일 먼저 만나는 동네가 바로 동자동 언저리였다. 일단은 우선 요기를 할 식당을 찾았을 것이고 잠시 쉴 수 있는 공간을 찾았을 것이다. 그런 요구에 맞게 역 앞의 동네들은 채워졌다.

대부분의 기차역 주변이 그렇듯이 서울역 주변에는 사창가가 있었고, 사람들이 잠시 머물 수 있는 값싼 숙박업소가 많이 있었다. 한때 그 주변에서 살기도 하고 여러 가지 일로 자주 드나들었던 나는 낮이고 밤이고 그 앞을 지나칠 때 조용히 따라와서 말을 건네는 호객꾼을 만났다. 대부분 지긋한 나이의 아주머니였는데, 능청스럽고 살갑게 그러나 집요하게 말을 붙이며 따라붙었다.

그 동네들이 바뀌기 시작한 것은 천엽처럼 복잡한 양동의 골목들과 한광상업전수학교 자리를 밀어버리고 힐튼호텔 등의 대형 건물이 들어서던 1980년대 중반의 도심 재개발 때문이었다. 재개발이라는 것은 오랜 풍상을 겪으며 생긴 얼굴의 주름을 한순간에 없애버리는 성형수술처럼 도시의 연륜과 기억을 한순간에 사라지게 하는 것이다. 그러나 동자동 주변은 그런 변화를 겪으면서도 예전의 모습이 아직 많이 남아 있다.

사실 동자동은 참 모호한 곳이다. 서울역과 마주 보고 있던 동네는 사실 중구 양동이었고 중구 도동이었다. 그러나 행정구역이 여러 번 개편되며 양동과 도동, 동자동, 갈월동, 후암동이 마구 이합집산하며 양동과 도동은 사라졌다. 양동은 중구 남대문로 5가가 되었고 도동은 용산구 동자동으로 편입되어버렸다. 도동은 이름은 없어졌지만 동네의 골목이나 옛날 흔적이 어렴풋이 남아 있다. 허나 양동은 이름뿐 아니라 공간 어디에서도 그곳의 과거는 기억할 수 없다.

앞 동네에는 서울역 앞에서 짐을 날라주던 지게꾼들과 손수레꾼들이 급하게 밥을 먹었던 값이 싼 식당들이 있었다. 또한 당시에 무척 화제가 되었던 그레이하운드 2층 버스가 드나들던 고속버스 정류장이 있었다. 바글바글 작은 방을 품은 '하꼬방'도 그득했는데, 시대가 바뀌며 골목 안 작은 집들은 다른 기능으로 치환된 채 여전히 밀도를 유지하고 있다. 그리고 동네의 외곽을 둘러싼 높은 건물 뒤에 우리나라에서 가장 큰 규모의 쪽방촌이 있다. 번쩍거리는 새 건물들과 오래된 쪽방촌이 공존하는 동자동의 풍경은 초현실주의 화가가 그린 그림처럼 지나치게 사실적이면서도 비현실적인 모순된 모습이다.

서울역 맞은편에는 거대한 벽처럼 서 있는 건물이 있다. 누구나 잘 아는 서울스퀘어라는 건물이다. 밤이면 벽처럼 느껴지는 지루한 건물의 껍데기에 불이 켜지고 화려한 미디어 아트가 펼쳐진다. 원래 이 건물은 '교통센터빌딩'이었다. 1968년 정부에서 당시로서는 매머드급인 23층 규모의 교통센터와 백화점, 호텔 등을 유치하는 대규모 복합건물을 목표로 설계하고 공사를 진행하다가 여러 가지 어려움으로 중단되었다.

공사가 중단되던 시점에 계획하던 건물의 저층부만 공사가 된 채 어정쩡하게 서 있었다. 그 안에는 백화점이라고 하기는 모호한 판매시설이 듬성듬성 자리 잡고 있었는데, 나는 방과 후에 남대문경찰서를 지나 집에서 5분 거리에 있는 그 건물로 자주 놀러갔다. 건물 모퉁이에는 거대한 기둥이 서 있었고 기둥과 건물 외벽 사이에 좀 모호한 공간이 있었다. 거기 작은 물확水確(돌덩어리를 가공해 그 중앙에 큰 홈을 파서 물을 담아두는 석물)이 하나 놓여 있었는데, 대로변이면서 사람들의 통행이 아주 적어서 '은신'하기 아주 좋았다. 나는 그곳의 주인처럼 앉아서 혼자 노는 것을 좋아했다. 그런 도시의 여백을 찾아다니고 그 안에서 잠시 시간을 보내는 것은 정말 재미있는 놀이다.

그 건물을 1973년에 대우그룹이 인수해 1977년에 '대우센터빌딩'으로 완성한다. 당시 대우그룹은 우리나라를 대표하는 기업 중 하나였고, '세계로 뻗는 대우'라는 모토로 세계 경영을 부르짖었던 패기 넘치는 기업이었다. 무리한 사업 확장으로 주저앉기 전까지 그 건물은 한국의 경제 발전을 상징했다.

그러나 교통센터로 지어지던 건물의 하부를 이용해 지어놓은 벽처럼 넓적한 건물은 사실 서울이라는 도시의 관문에 서 있기는 재미없고 몰취미의 조악한 건물이었다. 그리고 약 10년 후인 1986년, 서울역과 마주한 인근에 또 다른 건물이 들어선다. 지어질 당시 이름이 '벽산 125'였던 그 건물은 건축가 김수근이 마지막으로 남긴 유작이다. 벽처럼 앞을 막아선 대우센터빌딩과는 대조적으로, 건물을 은색 파도가 휘감고 있는 것처럼 매끈하고 날씬하게 알루미늄으로 쌓아올렸다. 또한 그 건물의 1층을 뚫어놓아 보행자에게 개방감을 주었다. 그 건물도 시간이 지나며 주인이 바뀌고 이름도 바뀌어 이제는 '게이트웨이 타워'가 되었다. 게이트웨이 gateway는 관문을 뜻하니 이름은 제대로 지은 것 같다.

얼마 전 서울역 앞에 출장을 온 건축주를 만나기 위해 1974년에 그 동네를 떠난 후 실로 오랜만에 동자동 골목 안으로 들어갔다. 정확하게 이야기하자면 내가 살았던 곳은 도동이었고 내가 학교를 다녔던 곳은 후암동이었으나 그 장소들은 동자동이 되어 있었다. 그리고 견고한 성채처럼 외곽은 높은 건물들이 벽을 쌓고 있었다. 그러나 안으로 들어가 보니 내가 살았던 동네가 많이 바뀌었을 것이라는 예측과는 달리 건물이나 골목이나 그대로 남아 있었다. 갑자기 들이닥친 용암에 갇혀버린 화석 같아

반갑고 신기하면서도 조금 섬뜩했다.

　　내가 살던 집 앞에 동네 주민들이 앉아서 이야기를 나누고 있었다. 나는 집 안을 들여다보고 싶었지만 수상해 보일 듯해 그냥 곁눈으로 흘끔 보고 지나쳤다. 그리고 골목 사이로 멀리 내가 살 때는 없었던 높은 건물이 '빅브러더'처럼 나를 내려다보고 있었다.

서울
통의동
골목

　　통의동은 경복궁 서쪽에 있으며, 적선동과 창성동 사이 한 블록 정
도 되는 작은 동네다. 통의동이라는 지명은 원래 조선시대 한양 북부 12방
중 하나인 의통방義通坊에서 비롯된 것이다. 그 이름이 갑오개혁 무렵 통의
방으로 바뀌었고, 일제강점기에 통의동으로 고정된 것이라고 한다. 예전
고등학교 교과서에 송강 정철의 가사 「관동별곡」 앞부분에 "연추문延秋門
드리다라 경회 남문 바라보며"라는 대목이 있었다. 그 연추문이 경복궁의
서문인 영추문迎秋門이며, 그 문과 마주 보는 동네가 바로 통의동이다. 또
한 조선시대의 명필인 추사 김정희가 어린 시절을 보낸 동네라고 한다.

그 안에는 영조가 왕이 되기 전에 살았던 곳, 즉 잠저潛邸인 창의궁이 있었고 창의궁 안에 수령이 900년 넘은 백송이 있었다. 물론 지금 잠저는 흔적도 없고 백송은 20세기 말 어떤 날 벼락에 꺾여 쇠로 만든 울타리 안에 가지를 살려 어린 백송으로 거듭나게 만든 분신들을 거느리며 박제처럼 밑동만 남아 있다. 백송을 보고 있노라면 서울의 오래된 골목길의 운명과 비슷하다는 생각을 한다. 벼락을 맞아 죽어가고 있는 백송을 강제로 죽게 만든 사람이 있었고, 그것을 끝끝내 지키려는 사람이 있었다.

서울의 오래된 골목길들도 더럽고 냄새난다고 밀어버리려는 사람이 있었고, 드물게 골목이나 서울의 오래된 구불구불한 동네의 가치를 지키려는 사람들이 있었다. 예전에는 가치를 지키려는 사람은 좀 진부한 사람 혹은 쓸데없는 고집쟁이로 몰렸다. 그러나 세월이 지나며 반듯한 넓은 길이라는 것이 결국 사람보다 자동차를 위한 길이 되었고, 지을 때는 번드르르하던 연립주택과 다세대주택이 20년도 지나지 않아 땟국 짜르르 흐르는 볼품없는 풍경으로 전락했다. 아파트 역시 그런 운명으로 접어들 무렵 사람들이 점점 얼마 남지 않은 골목으로 몰려들어 이제는 아주 바글거린다. 그리고 그들은 그 골목에 이상한 생명체를 이식하기 시작한다. 그것은 백송의 분신과는 좀 다른 '상업성'이라는 괴생명체다.

이곳에는 다양한 골목들이 숨어 있다. 한옥들 사이로 꾸불거리는 좁은 골목이 있고, 일제강점기 동양척식주식회사 사택들이 있던 반듯한 길들도 있다. 그러나 대부분 자동차가 들어가지 못하는 좁고 아늑한 길들이다. 한옥도 아니고 양옥도 아닌 묘한 집들과 일본 사람들이 떠나며 황급하게 놓아두고 간 적산가옥敵産家屋도 머쓱해하며 골목 구석구석에 박혀 있었다.

적산가옥이란 '적의 재산'이라는 의미인데, 한국에서 살기 위해 일본인들이 지어놓은 근대식 일본 가옥을 이른다. 대부분 목조로 지어진 2층 건물이 많은데, 2층에 있는 커다란 창문이 눈망울이 커다란 짐승 같은 느낌이 들어 지나다 보면서 늘 그 안이 궁금했다. 약간의 이국 취향 혹은 동경 같은 것이 생기고 피천득의 수필에 나오는 집으로 연상되기도 한다. 그런 집들이 남아 있는 동네에 가면 현실과 떨어져 이상한 시간의 세계로 들어가는 기분이 드는데, 통의동이 그랬다.

이곳은 청와대와 가깝다는 이유로 오랜 시간 냉동 보관되던 시절을 겪다가, 문민정부가 들어서며 해동되었다. 그 후 갑자기 사람들이 열광하는 동네로 거듭나더니 급기야는 젠트리피케이션gentrification(낙후된 구도심 지역이 활성화되어 중산층 이상의 계층이 유입됨으로써 기존의 저소득층 원주민을 대체하는 현상)을 겪게 되어 동네의 원래 모습이 점점 없어지고 있는 곳이기도 하다.

3공화국 초기만 해도 청와대를 개방했고, 사람들과 그다지 멀지 않은 곳에 대통령이 있었다. 미국의 백악관 근처에 관광객들이 들이닥치는 것처럼, 그 당시에는 일반인들이 휴일에 청와대를 구경할 수 있었다. 그러나 1968년 1·21 사태 이후 경비가 강화되며 청와대 인근에 사람들의 출입을 통제하고, 경비를 이유로 주변 동네의 집들도 여러 가지 규제를 받게 되어 높이나 창문의 방향 등이 엄격히 제한되었다.

그러다 보니 청와대 근처 동네들은 1980년대 서울을 휩쓸었던 다가구·다세대 개발의 광풍에서 비껴나면서 1960년대 한옥 골목의 모습을 그대로 간직하게 된다. 이 동네 사람들은 남들이 집을 고쳐 짓고 돈을 벌고 생활을 개선하는 모습을 지켜보며 상대적 박탈감이 심했다고 한다. 나는 별생각 없이 이 동네에 들어섰다가 그 고적함에 반해 살게 되면서, 동네 사람들에게서 그런 이야기를 전해 들었다.

내가 어릴 때, 아마도 초등학교에 들어가기 전이었던 어느 날 친척들과 청와대에 놀러간 적이 있다. 어느 휴일 어른들이 구경 가자며 손을 잡고 데리고 갔다. 그곳에 '구경' 간 것이었는데 기억에 남아 있는 것은 대통령의 집이 아니라 어마어마한 사람의 무리였다. 청와대의 어디까지 들어갔고 무엇을 보았는지 정확히는 기억나지 않고, 햇볕이 강한 초여름에 사람들과 우르르 몰려다녔던 기억만 남아 있다.

그리고 세월이 흘러 고입 연합고사를 경복고등학교에서 보게 되어, 경복궁 서측 담을 끼고 옆길로 들어서 청와대 쪽으로 쭉 걸어 들어갔다. 그런데 물 밑으로 내려간 것도, 어디 문을 열고 안으로 들어선 것도 아

닌데, 무언가가 달랐다. 서울의 복잡함이나 소음이나 번잡함이 하나도 없는, 물방울 소리가 천둥소리처럼 크게 들리는 태고의 동굴에 들어선 것처럼 깊은 고요가 침잠해 있는 길을 보게 되었다. 그때 이곳에 살고 싶다는 생각을 했다. 이후 그 언저리를 일부러 다니기도 했고, 문민정부가 그동안 출입을 통제했던 청와대 앞을 해동하며 출입 허가를 내린 그날 아침에도 출근길에 일부러 그 앞을 지났다. 청와대 앞 봉황이 높이 솟아 있는 분수대를 빙 돌아 시내로 들어섰다.

2001년 어느 봄날, 지인을 만나기 위해 그 동네에 들렀다가 드디어 이곳에 집을 사서 눌러앉게 되었다. 내가 살던 집은 1963년에 지은 2층 양옥이었는데, 한옥이 대부분인 동네에선 제법 높은 집이었다. 북쪽으로 면한 방을 개조해 만들어놓은 화장실에서는 인왕산이 훤히 보여, 화장실에 앉아서 사계절 변화하는 자연을 감상하는 호사를 누리기도 했다. 집 안에 앉아 있으면 심산유곡에 앉아 있는 듯 고요했다.

서울은 서울인데 서울 같지 않은 통의동은 21세기가 되었는데도 여전히 20세기 중반의 온도와 풍경과 색깔을 가진 이상한 동네였다. 동네 구경이 너무나 재미있어 나는 골목 산책이 나의 가장 주요한 업무인 것처럼 경건하게 그 일에 몰두했다. 골목을 헤집고 다니는 것이야 나의 전공이고 최고의 놀이였기에 나는 이 동네와 아주 잘 맞는다고 생각했다.

내가 살았던 시기는 국민의 정부 끝 무렵이었고 참여정부 앞자락이었다. 그때 청와대 앞은 한적하고 느슨했다. 들어가는 입구에 경비를 서는 직원들이 있기는 했지만 지나갈 때 서로 인사를 주고받기도 했다. 한 번은 밤 9시쯤 아이들을 데리고 산책을 하는데, 사복을 입고 경비하는 사람이 우리를 조용히 불렀다. 의아해하며 가까이 갔더니 길 건너 경복궁 담장 아래를 가리켰다. 너구리가 한 마리 느긋하게 기어가고 있었다. 그런 분위기였다.

그 무렵 사람들에게 통의동으로 이사했다고 하면 열에 아홉은 '그런 동네가 있어?' 하며 되묻기도 했다. 그만큼 귀에 선 동네였다. 그런데 우리가 이사하고 1년 정도 지났을 때 근처에 갤러리가 하나 들어왔다. 이제는 우리에게 익숙한 젠트리피케이션의 '사이클'이 그때 막 시작된 것이다.

갤러리가 들어오고 분위기 좋은 카페가 들어오며 이윽고 카메라를 둘러멘 사람들이 오면, 동네는 유명해지고 소문 듣고 땅을 사는 사람들이 나타나며 땅값이 오른다. 높아지는 임대료에 원래 살던 주민들은 점차 떠나고 그 동네를 일구었던 갤러리들도 임대료를 감당 못하고 떠나고, 결국 동네에는 '평당 얼마'라는 등급만 남게 된다.

이 동네는 북촌이 10년 걸린 것을 서촌이라는 이름으로 5년도 되기 전에 이루었다. 나는 그런 일이 벌어지기 직전에 그곳을 나왔다. 그 동네를 떠나고 몇 년 후 정권이 바뀌자, 통의동을 지나는데 가방 좀 보자며 딱딱한 표정의 양복 입은 남자가 다가왔다. 시계가 한 바퀴 돌듯 시대가 다시 바뀌었구나 하는 생각을 했다.

　　지금은 다시 사람들이 자유롭게 다닐 수 있는 곳이 되었다. 청와대를 바라보고 있는 인왕산이나 북악산은 하나도 변한 것이 없는데 인간의 사정은 늘 바뀐다. 한동안 주말마다 청와대로 의사 표현하려고 들어가는 사람들 덕에 그곳은 다시 섬처럼 차단이 되기도 했다가, 이제는 다시 봄에 화사하게 꽃이 피어나듯 사람들이 웃고 떠들며 그 동네를 가득 채우고 있다.

서울
통인동과 수하동
골목

　　종로나 을지로의 골목길을 걷다 보면 떠오르는 사람이 있다. 그
사람은 바로 시인이며 소설가이고 건축가이기도 했던 이상이다. 이상은
27년 짧은 인생 대부분을 서울에서 살았다. 그가 지은 소설은 난해하고
그가 지은 시도 난해하다. 그리고 그가 살았던 시대도 참 난해했다. 나라
를 잃고 말을 빼앗긴 채, 갑자기 파도처럼 덮쳐온 근대라는 시간 속에서
갈팡질팡하는 시절이었다.

여러 번 굽은 골목이 담장이 좌우左右 못 보는 내 아픈 마음에 부딪혀

달은 밝은데

그때부터 가까운 길을 일부러 멀리 걷는 버릇을 배웠더니라.

●이상, 「무제 2」 중에서

본명이 김해경인 이상은 1910년 경성부 북부 순화방 반정동(지금
의 종로구 사직동) 4통 6호에서 태어났다. 그리고 3세 때 백부 김연필의 양
자로 들어가 통인동 154번지에서 자랐다. 영민한 이상에게 기대가 컸던
김연필은 일찍부터 한학을 가르쳤고 누상동에 있는 신명학교에 입학시
켰다.

신명학교는 지금 없다. 옛 신문에 나와 있는 자료를 보니 1905년
경에 세워진 학교이며, 야학을 열어 배울 기회를 누리지 못한 많은 여성을
교육한 곳이었다고 한다. 위치는 지금의 배화여자고등학교 근처로, 언덕
위의 교사校舍가 있는 사진이 남아 있다. 이상은 이곳에서 그보다 네 살이
많은 '한국의 로트렉(앙리 드 툴루즈 로트렉Henri de Toulouse-Lautrec, 프랑스 인
상파 화가)'으로 알려진 화가 구본웅과 교류하게 된다. 구본웅은 훗날 파이
프를 물고 있는 이상의 인상적인 초상화를 그린다.

당시 이상이 살았던 통인동 집은 행랑채와 사랑채, 안채가 딸린 무
척 큰 집이었다고 한다. 통인동에서 누상동을 가려면 지금은 사라진 집 앞
개천을 건너 언덕길을 걸어서 올라갔을 것이다. 지금은 복개되어 4미터

도로로 바뀐 그 물길은 수성동 계곡에서 흘러내려 역시 큰길로 바뀐 청풍계에서 흘러내려온 물길과 합쳐져 청계천을 이루게 된다. 콘크리트 도로에 덮인 물길은 사라진 이상의 흔적처럼 대부분 기억으로만 남아 있다.

신명학교를 졸업한 이상은 종로구 수송동에 있는 동광학교에 입학한다. 불교 종단에서 세웠던 동광학교는 지금의 조계사 자리에 있었다. 이후 동광학교는 보성학교와 통합되고 이상은 민족주의적 색채가 강한 보성학교에 다니며 많은 친구를 사귄다. 그때 보성학교는 지금도 남아 있는 400년이 넘은 회화나무를 품고 있는 아담한 ㄷ자형으로 된 2층 목조건물이었다. 보성학교가 있던 수송동에는 숙명여학교와 중동학교도 있었다. 그러나 모두 강남으로 이사했고, 보성학교는 혜화동으로 옮겼다가 역시 강남으로 가고, 그곳에 학교가 있었다는 팻말만 한 귀퉁이에 남아 있다.

이상은 졸업 후 당시 최고 엘리트 코스였고 서울 공대의 전신인 경성고등공업학교 건축과에 진학한다. 경성고등공업학교는 지금의 대학로 한국방송통신대학교 자리에 있었다. 그곳에 남아 있는 고색창연한 목조건물이 그 학교의 자취가 남은 유일한 건물이다. 현재 한국방송통신대학교 별관으로 사용되는 이 건물은 대한제국 순종 때인 1908년에 지어졌다. 지어진 지 100년이 넘어 당시의 목조건물로는 유일하게 남아 있는 것으로 사적으로 지정되어 있다.

지어질 당시 이 건물은 근대적 기술교육의 시초가 된 공업전습소

의 본관이었다. 공업전습소는 일제가 조선을 병탄하고 몇 년이 지난 후 경성공업전문학교가 되고 이후 경성고등공업학교로 개칭된다. 이곳에서 1919년 건축과 최초의 졸업생 5명이 배출되는데, 그중 두 사람이 조선인이었다. 근대적 개념으로 한국 최초의 건축가라고 부르는 박길룡이 그중 하나다. 이상은 경성고등공업학교를 졸업한 후 박길룡 밑에서도 일을 했다.

1929년 경성고등공업학교 건축과의 유일한 조선인으로 다니는 내내 우등을 놓치지 않았던 이상은 당시 조선인이 쉽게 들어가지 못하는 직장이었던 조선총독부 내무국 건축과에 취직하게 된다. 통인동 백부의 집에서 나와 친부모와 동생들과 재회한 그는 효자동에 낡은 집을 한 채 얻었고, 그 집에서 어두운 방에 엎드려 많은 글을 썼다고 한다. 시 몇천 편을 쓰면서 조선총독부 건축기수로 일을 하며 그는 건강을 해치게 된다.

1933년 이상은 함경도 성천에서 근무하는 보성학교와 경성고등공업학교를 같이 다녔던 동기 원용석을 찾아간다. 그 친구는 창백한 얼굴로 나타난 이상에게 방을 얻어주고 온천에서 건강을 되찾길 권유한다. 잠시 머물던 이상은 그곳에서 알게 된 금홍이라는 여인과 경성으로 돌아와 제비다방을 차린다. 제비다방의 위치는 종로 1가로 추정된다. 지금은 청진동 재개발로 그 흔적을 찾아볼 수 없지만, 당시 제비다방은 커다란 유리창 바깥으로 거리가 훤히 보이는 독특한 외관으로 장안의 화제가 되었던 모양이다.

당시 발행되었던 『삼천리』(1934년 5월호)라는 잡지에 실린 「끽다점 평판기喫茶店 評判記」라는 글에서 제비다방은 "총독부에 건축기사로도 오래 다닌 고등공업 출신의 김해경 씨가 경영하는 것으로 종로서 서대문 가느라면 10여 집 가서 우편右便 페-부멘트 엽헤 나일강반江畔의 유객선遊客船가치 운치 잇게 빗겨 선 집"이라고 묘사되어 있다.

제비다방을 운영할 무렵 이상은 금홍이와 대문 하나에 방이 여럿 있는 집에 세 들어 살았다. 그 집은 종각 건너편 종로타워와 우미관 사이에 있었고, 그 안에 있었던 공간들은 이상의 대표적인 소설 「날개」에 그려진 대로다. 이상의 복잡한 내면을 보는 듯한 그 골목들은 지금도 YMCA 부근에 잔설처럼 아주 조금 남아, 숨어 지내는 패잔병처럼 몸을 숨기고 있다. 금홍이는 집을 나가고 이상은 제비다방을 차린 이후 몇 개의 다방을 운영하지만 완전히 망해버린다. 이상의 동생 김옥희는 당시 이상의 방을 이렇게 이야기한다.

"오빠가 쓰던 방은 늘 지저분하고 퀴퀴한 냄새가 나서 집안 식구가 별로 드나들지도 않았는데, 오빠가 있을 때는 더욱 출입을 삼갔고 방을 비우면 그때서야 겨우 들어가 방을 치우곤 했을 뿐입니다. 큰오빠가 다방을 경영할 즈음, 나는 이따금 우리 집 생활비를 얻으러 그곳으로 간 일이 있습니다. 오전 11시나 12시 그런 시간이었는데, 그때야 부시시 일어난 방

안의 기억이 선한데 그것은 방이라기보다는 '우리'라고나 할 정도로 그렇게 지저분하게 흩어져 있었습니다."

1936년 이상은 오래전부터 알고 있었던, 구본웅의 친척이며 이화여자전문학교(지금의 이화여자대학교)를 나온 인텔리 여성 변동림과 결혼한다. 그리고 수하동 2층 아파트에 살림을 차린다. 지금의 지하철 2호선 을지로입구역 근방이 수하동인데, 예전에 그 근처에 청계초등학교가 있었고 바로 옆에 2층으로 된 아파트가 있었다.

그러나 이상은 그곳에 그리 오래 머물지 않았다. 그리고 그는 앞선 문명을 보고 싶다며 일본 도쿄로 떠난다. 이상은 수필 「동경東京」에서 도쿄를 이렇게 그린다.

"애드벌룬이 착륙한 뒤에 긴자 하늘에는 신의 사려에 의하여 별도 반짝이련만 이미 이 카인의 말예들은 별을 잊어버린 지도 오래다. 노아의 홍수보다도 독가스를 더 무서워하라고 교육받은 여기 시민들은 솔직하게도 산보 귀가의 길을 지하철로 하기도 한다. 이태백이 놀던 달아! 너도 차라리 19세기와 함께 운명하여 버렸었던들 작히나 좋았을까?"

그곳에서 그는 불령선인으로 검거되고 폐병이 도져서 결국 세상을 떠난다. 변동림은 그를 화장해 서울 미아리 공동묘지에 매장한다. 그리고 그곳은 1979년에 주택단지로 바뀌어버린다.

이상은 사직동에서 태어나 도쿄에서 숨을 거두고 미아리에 묻혔다. 한국문학사에 그토록 뚜렷한 족적을 남겼지만 그가 살았던 공간의 흔적은 어디에도 남아 있지 않다. 사직동은 길이 되어버렸고, 통인동 큰 집은 여러 필지로 나뉘었고, 신명학교는 배화여자고등학교와 합쳐졌다. 보성학교 터는 조계사가 되어버렸고, 제비다방과 수하동 아파트 등도 모두 사라져버렸다. 심지어 그가 근무했던 조선총독부 건물 또한 철거되었다.

이제 이상의 공간은 상상 속에서만 거닐 수 있다. 나는 을지로에서 태어나 청계초등학교를 다니며 지금은 사라진 수하동 아파트를 본 적이 있다. 통의동에 살 때 들락거렸던 책방이 이상의 통인동 큰 집 터였던 것도, 안식처로 마음에 담고 있는 조계사가 보성학교 자리였던 것도, 첫 직장이 있던 대학로에서 아침저녁으로 지나며 눈에 담던 한국방송통신대학교 건물이 경성고등공업학교였던 것도 한참 지나서야 알게 되었다. 이 모든 것이 우연이겠지만 새삼스러우면서도 참 쓸쓸하다.

서울
서교동 홍대
골목

　　서교동 '홍대 앞'에는 다양한 기억이 존재한다. 예전에 조용하던 주택가를 기억하는 사람, 미술대학의 영향이 짙었던 자유로운 분위기를 기억하는 사람, 클럽에서 밤새 흥청거렸던 기억을 갖고 있는 사람 등 각자의 기억이 칠해진 안경을 쓰고 그곳을 바라본다. 하늘에 떠 있는 달을 보며 다른 감상과 추억을 토해내는 것과 흡사하다.

　　서교동이라는 지명에는 다리橋의 서西쪽에 있는 동네라는 의미가 있다. 여기에서 이야기하는 다리는 지금은 없어진 '잔다리'라는 이름의 다리다. 잔다리는 양화진이나 예전에 그렇게 경치가 좋았다던 선유도로

갈 때 건너던 다리였는데, 작고 폭이 좁아서 그런 이름이 붙었다고 한다. 조선시대의 한양 지도인 〈수선전도〉를 보니 그 위치에 세교리細橋里라 적혀 있는데, '세교'는 잔다리의 한문 표기다. '아랫잔다리'라 부르기도 했고 '서세교리'라고 부르기도 하다가 서교동이 되었다고 한다.

이렇듯 마을이나 동네의 이름은 어떤 사람이 하루아침에 뚝딱 지어낸 것이 아니다. 대부분 오랜 시간 쌓인 동네의 연륜이 지명에 남겨진다. 그 안에는 유래가 있고 역사가 있다. 그래서 동네 이름을 없애고 도로명으로 바꾸는 일은 해서는 안 되는 일이라는 생각을 자주 한다.

원래 서교동은 한적한 대학가이면서 잘 지은 주택들이 길을 따라 가지런히 놓여 있는 동네였다. 하지만 지금은 상전桑田이 벽해碧海가 되듯 젊음이 드글드글 끓어넘치는 곳이 되어버렸다.

내가 서교동을 처음 간 것은 고등학교를 다니던 무렵이었다. 어느 더운 여름날 서교동에 볼일이 있다는 친구를 따라갔는데, 친구가 큰 인심 쓴다며 홍익대학교 앞 서림제과라는 곳으로 데리고 갔다. 당시 고등학생들이 놀던 장소는 주로 제과점이라 부르던 '빵집'이었다. 서림제과는 공간이 그리 넓지는 않았으나, 고색창연한 벽장식과 샹들리에가 걸려 있던 태극당이나 덕수제과와는 달리 모던한 분위기였다. 성능이 좋은 에어컨을 설치했는지 온몸을 휘감고 있던 땀들이 한순간에 몸속으로 다시 들어갈 정도로 서늘했다. 그곳에서 입이 다 얼어버릴 정도로 쨍한 팥빙수를 먹었다. 농담 같은 이야기지만 모던하고 시원한 서교동의 첫인상은 서림제과가 만들어주었다.

학교 건너편 골목으로 들어서니 크고 멋진 집들이 영화제에 도열한 잘생긴 배우들처럼 길가에 쭉 서 있었다. 한옥이 열 지어 서 있던 등하곳길의 돈암동과 달랐고, 집장사가 지은 붉은 벽돌집이 줄을 맞춰 서 있는 수유리 집 근처와도 달랐다. 누군가 내 귀에 대고 "이런 동네에서 살아봐, 멋있잖아?" 하고 이야기하는 것 같았다. 나는 길을 걷다가 충동적으로 물건을 사듯 그 자리에서 홍익대학교에 들어가기로 결심했다. 순전히 동네 탓이었다.

조금 더 내려가니 동네를 가로지르는 철길이 있었다. 어디론가 연결되겠지 하고 심드렁하게 생각했는데, 알고 보니 그 철길은 원래 예전에 주요 전기 공급원이었던 당인리 화력발전소로 석탄을 공급하는 열차가 다니던 길이었다. 그러다 1976년 무렵 연료와 운송수단이 바뀌며 할 일도 없이 남겨진 철길은 어정쩡하게 남아 먼 산을 바라만 보고 있었다. 그리고 이후 그 자리에 무허가 건물들이 들어서며 주머니가 가벼운 학생들을 위한 주점이나 분식집이 생기기 시작했다.

홍대 앞은 미술대학에 진학하고 싶은 학생들의 메카였다. 화방이 여러 군데 있었고, 미술학원도 많아서 인근뿐 아니라 전국의 고등학생이 몰려들었다. 덕분에 그 일대에는 주택 주차장이나 건물의 지하에 생겨난

미대 혹은 건축학과 학생들이 모여 공부도 하고 과제도 하는 작업실로 그득했다.

성북동이나 평창동의 저택처럼 요란하지는 않지만, 건축가의 생각이 담긴 집들과 보도블록 틈 사이로 고개를 내미는 민들레처럼 골목골목 스며 있는 학생들의 작업실들은 다른 동네에서는 느낄 수 없는 독특한 문화적 풍경과 온도를 만들어냈다. 그런 동네의 이미지는 1980년대까지 어느 정도 유지되었다.

나는 우여곡절 끝에 충동적으로 선택한 홍익대학교에 들어갔고, 집에는 거의 안 가고 학교 앞 작업실에서 살다시피 하며 홍대 앞 풍경 속에서 나 또한 풍경의 일부가 되어 1980년대를 보냈다.

그때 넓지도 않은 대학 정문 앞에는 '호미화방'이, 그 2층에는 '유정다방'이, 길 건너에는 단층 건물에 '계단집'이라는 식당이 있었다. 당시 학생들의 동선이라는 게 뻔해서 수업에 들어오지 않는 친구들은 대충 그 주변에서 찾을 수 있었다. 라면값을 1,000원 받는 날이 오면 가게에 에어컨을 놓겠다고 호기롭게 이야기하던 계단집 사장님은 건물이 신축되면서 동네를 떠났고, 호미화방도 그 자리에 대학교 건물이 확장되면서 이사를 갔다. 개발의 파도가 덮쳐올 때마다 작은 가게들은 휩쓸려가거나 한 블록 안쪽으로 뒷걸음쳐 들어가는데, 놀이터 앞 골목 닭곰탕 집만은 아직도 꿋꿋하게 남아서 예전에 먹었던 그 맛을 기억하러 가끔 들르기도 한다.

대학을 졸업하고 홍대 앞을 떠났는데, 내가 나가기를 기다렸다는 듯이 그곳에 새로운 진주군이 들어앉았다. 지하에 공연을 위한 클럽이 생기고 인디밴드라고 부르는 자유로운 영혼들이 그 안에 채워졌다. 그리고 새로운 색깔의 잉크가 물에 퍼지듯 동네의 색깔이 묘하게 변하기 시작했다. 클럽에 열광하는 역동적인 젊음이 홍대 앞으로 몰려들었는데 그 젊은 이들이 만들어내는 색채가 이전과는 사뭇 달랐다. 참하게 있던 주택들이 허물어지고, 그 자리는 지하에 클럽을 유치할 만한 크기의 빌딩들로 치환되었다.

주차장이나 지하를 차지하고 있던 가난한 예술가나 학생들은 점점 외곽으로 밀려나고, 그 자리는 흥청거림이 주된 테마인 업종으로 채워진다. 젊음이 몰려온다는 소문이 퍼지며 그들을 대상으로 하는 다양한 업종이 홍대 앞으로 몰려든다. 옷 가게, 화장품 가게, 커피숍, 노래방, 주점……. 급행열차를 탄 것처럼 변화의 속도가 빨라진다. 젊은이들을 불러 모았던 클럽들은 오히려 그런 시설에 다시 떠밀려 문을 닫고, 동네에는 예술과 문화 대신 소비와 유흥이 범벅된 채 밤새 불빛이 반짝거린다.

그 동네를 관장하는 지방자치단체에서는 많은 유동인구의 유입을 굉장한 호재로 받아들인다. 여러 번에 걸친 연구 용역을 시행하고, 그 결과로 지구 단위 계획과 다양한 설치물이 가득한 '걷고 싶은 거리'를 만들어낸다. 철길 위를 점거하고 있던 무허가 식당 건물들은 일부는 철거되어

길이 되고, 일부는 패션숍이 들어서서 소음에 가까운 음악을 틀어댄다.

여기서의 걷고 싶은 거리란 천천히 사색을 하며 걸을 수 있는 거리가 아니라, 반대로 소음과 굉음이 버무려지고 요란한 간판과 전단이 뒤엉켜 있는 걷기 불편한 거리가 되었지만, 사람들은 별로 개의치 않는다. 그 또한 홍대 앞의 또 다른 풍경이 되었다.

금요일 저녁에 홍대 앞 지하철역이나 그 근처로 가보면 발을 디딜 틈이 없이 모여든 젊은 이들 사이에서, 나는 출퇴근 시간의 지하철처럼 몸이 끼인 채로 휩쓸려 다니게 된다. 지하철 출구를 나오는 것부터가 엄청난 미션이 되고, 토해지듯 거리로 쏟아져나온 사람들은 여기저기 버스킹을 하고 있는 아마추어 뮤지션들이나 댄서들 주변에 모인 인파 때문에 잠시 정체되기도 하지만 홍수로 밀려드는 물결처럼 골목 곳곳으로 스며든다.

독립하고 첫 사무실을 홍대 앞 주차장 골

목에 낸 것이 딱 20년 전의 일이다. IMF 여파로 임대료를 내리고 작게 칸막이를 한 상가건물의 4층 한 켠에 컴퓨터와 프린터와 팩스를 마련해두었지만, 딱히 바쁘게 할 일도 없고 불러주는 데도 없었다. 그때 창밖으로 내려다보는 동네 풍경과 멀리 보이는 당인리 화력발전소에서 부글부글 피어오르는 연기를 하루 종일 들여다보며 그림을 그렸다. 살림살이가 늘어나며 생각보다 빠르게 홍대 앞을 나왔지만, 지금도 누군가를 만나거나 일을 하거나 놀기 위해 끊임없이 홍대 앞을 간다. 예전에는 전기를 만들기 위해 석탄을 실어나르던 철길 위로 지금은 피 끓는 젊음이 가득 실린 채 어디론가 맹렬히 달려가고 있다. 이 동네가 어디까지 갈 건지 문득 궁금해진다.

군산
신흥동과 월명동
골목

군산은 나에게 야구를 선사한 도시다. 지금이야 프로야구 때문에 고교 야구 전성기를 기억하는 사람은 드물겠지만, 그만큼 군산상고 야구는 강했고 매력적이었다. 초등학교 6학년 때 야구 중계를 라디오로 들었는데, 황금사자기 대회 결승전이었다. 중계하는 아나운서가 부산고에 지고 있는 군산상고 투수가 계속 웃으며 던지고 있다고 이야기했다. 그런 상황에서 웃을 수 있다니 의아해하며 야구 규칙도 잘 모르면서 계속 들었다. 그런데 군산상고는 거짓말같이 9회에 역전하고 우승했다. 경기 이후 그 투수는 '스마일 피처'로 유명해지고 군산상고에는 '역전의 명수'라는 별명이 붙게 되었다. 또한 나는 열렬한 군산상고 팬이 되어 시간이 나면 경기장을 찾아다니며 응원했다.

그러면서 정작 군산이라는 도시에 가본 적은 없었다. 지리 시간에 배워 대충 항구도시라는 정도밖에 몰랐다. 그러다 대학을 다니던 시절 아는 사람에게 아르바이트 자리를 부탁했더니 군산에 있는 공사장을 소개해주어 그곳에 처음으로 가게 되었다.

건축학과를 다니긴 했지만 별다른 기술이 있었던 것은 아니라서 그냥 벽돌 나르고 목재 나르는 '막일'을 했다. 새벽부터 하루 종일 짐을 지고 나르고 하느라 몸이 고되서 정작 군산을 제대로 구경해본 적은 없었다. 지나다니다가 흘끗흘끗 몇 번 본 게 전부였으니 군산에 가긴 했어도 군산을 보았다고 이야기할 수 없을 정도였다.

얼핏 본 바로는 무언가 도시가 단단하고 야무져 보였는데, 그건 아마 군산의 황금기였던 근대의 풍경이 도시에 남아 있어서 그랬던 것 같다. 그러나 그 풍경 위에 고되었던 내 한 달의 일상이 포개져서 지금도 군산을 생각하면 삭신이 욱신거리는 듯한 느낌이 든다.

그때 나와 짝을 이루어 같이 일을 하던 분은 40대 후반 아저씨였는데, 어느 날 새참을 먹으며 나에게 "너는 젊으니 이런 일 계속하지 말고 얼른 기술을 배워라"고 따끔하게 충고해주셨다. 그러나 그 아저씨가 배신감을 느낄 것 같아 나는 '기술'을 배우러 대학에 다니고 있으며 이건 아르바이트라고 차마 말하지 못하고 꼭 그렇게 하겠노라 다짐하며 고개를 주억거렸다.

이후 한참 시간이 흘렀고, 순수 관광의 목적으로 군산에 간 것은 최근의 일이다. 가물가물한 기억을 더듬으며 우선 근대건축들부터 둘러볼까 싶어 신흥동으로 향했다. 일제강점기 때는 신흥정이라 부르던 월명산의 동남쪽 자락은 이름에 걸맞게 당시 항구 인근 시가지에서 점점 도시가 서쪽으로 확장되며 새롭게 형성된 고급 주택가였다. 주말이라 그랬는지 몇 년 전부터 군산시가 근대건축 투어에 공을 들여서 그런 것인지 아침부터 골목에 적지 않은 관광객이 북적이고 있었다. 이동하는 경로도 대충 비슷해서 대부분 가장 유명하다는 신흥동 일본식 가옥(구 히로쓰 가옥)을 먼저 들르는 것 같았다.

신흥동 가옥은 대지면적 1,246제곱미터, 연면적 267.76제곱미터 규모로, 1925년쯤에 군산에서 포목점과 소규모 농장을 운영하던 히로쓰 요시사부로廣津吉三郎라는 사람이 지은 집이다. 이런 번듯한 적산가옥들은 군산뿐만 아니라 인천, 목포, 부산 같은 항구도시에도 몇몇 남아 있다.

이 집은 당시 지어진 주택 중에서도 규모가 크고 보존 상태가 좋아 〈장군의 아들〉, 〈바람의 파이터〉 등 일제강점기를 배경으로 한 여러 영화에 등장하기도 했다. 또 〈타짜〉에서 주인공 고니(조승우 분)가 평 경장(백윤식 분)에게 '기술'을 배웠던 바로 그 집이기도 하다. 아마도 그 이유로 사람들이 더 많이 찾아오는 것 같은데, 다다미가 깔린 전형적인 일본식 주택이지만 나중에 온돌을 도입한 흔적도 남아 있어 건축사적 측면에서 연구 가치도 높은 집이다.

집의 규모에 비해 정원은 생각보다 넓지 않아서 처음에는 집이 한눈에 들어오는 것처럼 느껴진다. 그러나 한 바퀴 돌아보니 100여 년 가까이 나이 먹으며 덧붙여진 부분들이 여기저기서 연륜을 드러내고, 전체적으로 일본식 가옥 특유의 가라앉은 듯한 차분하고 깊은 그늘이 드리워져 있었다.

내가 찾아간 날은 내부로 들어갈 수가 없어서 창문에 바짝 붙어 안쪽을 들여다보는 수밖에 없었다. 다다미와 더불어 일본식 가옥의 특징을 말해주는 것이 주로 손님을 맞이하거나 공적인 장소로 쓰이는 방에 설치되는 '도코노마床の間'다. 방 한쪽 벽에 설치된 일종의 감실 같은 것인데, 한쪽은 한 단을 올려 안쪽에 족자를 걸어두고 계절에 맞는 꽃을 장식해두는데, 그 단 위로는 직접 올라가면 안 된다. 가운데 가공하지 않은 나무 기둥을 세우고, 한쪽에는 도자기나 책 등을 수납할 수 있는 선반장 같은 것을 설치한 모습이 장식적이다.

도코노마는 원래 일본 건축에서 무로마치室町 시대 후반기부터 나타났다고 하는데, 승려들이 공부를 위해 꾸미던 공간이 점점 무사나 귀족 계층으로 확산되면서 상류층의 권위를 상징하는 공간처럼 여겨졌다고 한다. 손님을 맞으면 도코노마를 등지는 자리가 상석이 되는 것이 예의라고 하는데, 일본에서도 현대식 주거가 발전하며 점차 사라지는 공간이라고 한다. 100여 년 전 이 집의 옛 주인이 도코노마 앞에 단정히 무릎을 꿇고 손님과 마주 앉아 차를 마시며 이국땅에 고향의 양식으로 꾸며낸 정원을 내다보았을 것이라 생각하니 묘한 감회가 밀려왔다.

이 집에서 길을 따라 조금만 걸어가면 어쩐지 눈에 익은 집이 나온다. 군산에 대한 기억을 이어주는 또 하나의 영화, 벌써 나온 지 20년이 된 〈8월의 크리스마스〉를 떠올리게 하는 곳이다. 죽음을 앞둔 평범한 사진사가 생기발랄한 젊은 여성을 만나며 얼마 남지 않은 삶의 온기를 스치듯 느껴가는 과정이 안타깝고도 따뜻하게 그려져 오랫동안 여운이 남았던 영화다. 멜로영화라는 타이틀이 무색하게 별다른 러브신도 없고 기억나는 대사도 가물가물하고, 극적인 감정 표현이 없어서 오히려 더 애틋했던 기억이 있다.

영화의 주된 배경인 '초원사진관'은 당시 차고로 쓰이던 곳을 개조해 촬영하고 철거했다가 군산시가 복원했다고 한다. 영화의 한 장면처럼 주차 단속원이 골목 어딘가에서 나타날 것처럼 세트장으로 들어선 듯한 느낌이 드는데, 불법 주차가 필요한가 싶을 정도로 거리는 한산하다.

초원사진관 근처 월명동 일대는 관광객들이 들락거리는 것 외에는 당시나 지금이나 별 차이가 없다. 도미노가 쓰러지듯 개발의 쓰나미에

주택가가 쓸려나가고 다가구주택이나 아파트가 빼곡히 들어서 복잡하게 얽히기 전, 골목도 사람들의 일상도 한가했던 서울 변두리 어디쯤의 풍경이 꼭 그랬을 법하다.

사실 군산의 과거는 잔잔하다거나 평화롭다거나 하는 것과는 거리가 한참 멀었다. 신흥동 가옥이나 일본식 사찰인 동국사, 군산세관 등의 근대건축물들은 타의에 의해 개항했던 19세기 말에서 20세기 초 조선의 아픈 역사를 말해주는 기록들이다. 군산은 1899년 5월 1일 개항 이후 조계지租界地(개항 도시의 외국인 거주지)가 설정되면서 바둑판식의 반듯한 길이 나고, 블록마다 은행, 세관, 무역회사, 기타 식민 지배를 위한 건축물이 속속 들어섰다.

당시 군산을 통해 일본으로 넘어간 물자는 90퍼센트 이상이 쌀이었다고 하는데, 원래 군산이 지리적 특성상 호남평야 곡창지대의 세곡稅穀이 모이는 곳이었기에 가능했다. 조선시대에는 군산창群山倉이 만들어져 김제·부안·정읍 등 24개 고을의 세곡을 수납·보관했다가 한양의 경창京倉으로 배로 실어날랐다고 한다.

일제강점기에 쌀을 더 손쉽게 운송하려고 1908년 10월 군산에서 곡창지대인 전주까지 직선으로 잇고 아스팔트 포장까지 한 도로가 개통되었는데, 그것이 최초의 근대적 도로이며 봄이면 벚꽃이 흐드러지게 피어 유명한 '전군가도'다.

막상 신흥동과 월명동 일대에서 조금 벗어나자 도시 여기저기서 활발히 개발이 진행되고 있어 그 차이가 당황스러울 정도였다. 수탈의 흔적이자 역사의 상처였던 건물들은 박물관이나 카페, 전시장으로 말끔하게 단장해 관광객들을 맞이한다. 그렇게 기억 속 군산과 현재의 군산은 서로 낯선 풍경이 되어 길 건너편에서 서서 마주 보고 있었다.

목포
온금동
골목

　　꽤 오랫동안 답사를 핑계로 이 동네 저 동네 무척 많이 다녔다. 그 경험으로 미루어볼 때, 극히 주관적 판단이긴 하지만 전국에서 가장 음식이 맛있는 곳은 목포와 해남이다. 그곳에 가서는 굳이 유명한 곳을 찾을 필요가 없다. 어디를 가든 맛이 있고, 음식점의 주 종목이 무엇이든 그런 것은 문제될 것이 없다. 음식이 입에 들어가는 순간 입이 귀에 걸릴 정도로 환호하게 된다. 달콤새콤한 민어회, 짭조름하면서도 얼큰한 조기매운탕 등등. 헤아릴 수 없이 많은 음식이 주는 즐거움, 아기자기한 섬들과 바다가 함께 만들어내는 독특한 풍광이 겹쳐지면서 잊을 수 없는 기억으로 새겨진다.

목포는 근대에 이르기까지 그다지 관심을 받지 못하던 바닷가 작은 어촌이었다고 한다. 그러나 일제강점기에 일본인들이 대륙으로 진출하기 위한 거점으로, 또한 일본으로 여러 가지 물자를 나르기 위한 항구로 목포를 개발하게 된다. 그렇게 목포는 아주 짧은 시간에 우리나라에서 가장 부유한 동네로 다섯 손가락 안에 손꼽히게 되었다고 한다.

그 당시는 광주보다 목포가 훨씬 부유한 곳이었고, 항구에는 수시로 배들이 들락거렸다. 호남의 곡창지대에서 산출되는 쌀이 이곳이나 군산을 통해 들고났고, 항구에서는 늘 상업이 이루어져 덩달아 돈이 불이 피어나듯이 일어나서 흥청거렸다. 목포항 주변으로 일본인들이 사는 집들을 비롯해서 동양척식주식회사, 목포 일본영사관 등의 여러 시설이 채워져 장관이었다고 한다.

그런데 그전부터 목포 앞바다에서 고기를 잡던 사람들이 살던 마을이 있었다. 목포항에 붙어 있는 언덕에 집들이 바닷가 바위에 자리 잡은 여러 가지 패각류처럼 다닥다닥 붙어 있었다. 언덕에서 어부의 가족들이 돌아오는 배에 걸린 깃발을 보면 만선인지 사고가 있었는지 바로 소식을 알 수 있었다고 한다. 그리스의 산토리니 언덕만큼이나 아기자기하며 아름답고, 굽이진 인생길처럼 주민들의 애환이 담긴 언덕을 따라 굽이굽이 길들이 이어졌다.

이 동네는 온금동이라고 불리지만 원래 이름은 '다순구미'다. 순수한 우리말로 된 예쁜 지명이 꽤 있는데, 다순구미라는 지명도 예쁘기로는 몇 손가락 안에 드는 이름이다. 다순구미는 '양지바른 곳'이라는 뜻이다. 다순은 '다습다', '다수운'에서 파생된 따뜻하다는 말이고, 구미는 바다나 강의 곳처럼 길게 휘어진 곳을 이르는 말이다.

그 말을 한자로 옮기며 다순은 따뜻할 온溫 자가 되고, 구미는 그미가 되었다가 비단 금錦 자로 바뀐 것이다. 일제강점기에 바뀐 한자 지명이 늘 그렇듯 성의 없이 직역된 것인데, 온금동은 그래도 따뜻하고 비단같이 부드럽다. 그 의미는 조금 변했어도 엉뚱한 의미로 바뀌는 다른 지명에 비해서는 그래도 좀 낫다.

다순구미, 즉 온금동은 일제강점기에 강제로 이주되어 만들어진 동네라고 한다. 그 앞에는 내화벽돌을 만드는 조선내화라는 큰 회사가 있었고, 목포항에서는 늘 배가 뜨고 도착했다. 호남의 곡창지대에서 산출되는 쌀이 이곳을 통해 들고났고 그 덕분에 일본인이 꽤 많이 거주했다. 그래서 부자들이 손가락이 모자랄 만큼 늘어났다고 한다. 다순구미 땅의 형상은 바다가 훤히 보이는 전망 좋은 곳이고, 북쪽으로 산을 끼고 남쪽으로 열린 지형 덕에 여름에는 시원한 남동풍이 불고 겨울에는 북서풍을 막아주는 언덕을 기대고 앉아 있는 모습이다.

그러나 지형이 높다 보니 물이 귀하고 좁은 골목길로 이루어진 곳이기 때문에, 사람의 발길 이외에는 어떤 접근도 용이하지 않다. 당연히 자동차 위주로 돌아가는 현대사회에서는 많은 불편을 안아야 하는 곳이다. 물이 부족해 비가 오면 빨래를 하고 물통을 머리에 이고 가파른 언덕을 오르내리며 밥을 했을 정도로 동네 사람들이 무척 고생을 했다. 그래서 어떤 사람이 개인 돈으로 우물을 파주었다고 하는데, 그에 대한 감사의 표현으로 세운 송덕비가 동네 한가운데 서 있다. 그간 많이 돌아다니며 다양한 송덕비를 보았지만, 우물을 파준 데에 대한 전말을 기록하고 감사를 표하는 송덕비는 그때 처음 보았다.

다순구미를 가봐야겠다고 생각한 것은 목포에 사는 이에게 그곳이 어부들의 삶이 담긴 오래된 동네라는 이야기를 듣고서였다. 목포는 이제는 두 시간 반이면 가는 곳이지만 그렇게 된 것은 얼마 되지 않았다. 서해안고속도로가 생기며 그래도 네 시간대에 서울에서 갈 수 있다고 기뻐했던 것이 엊그제 같았는데, 그전에는 아무리 짧게 잡아도 다섯 시간은 쉽게 넘겼으며 조금 여유를 부리면 거의 하루 종일 가야 하는 곳이었다.

나는 일 때문에 목포를 여러 번 갔지만, 다순구미는 초행이었다. 목포역에서 내려 스마트폰 지도 앱에서 알려주는 대로 1번 버스를 기다렸다. 바쁜 출근 시간이 조금 지나서였는지 버스를 기다리는 사람이 없었고, 혼자서 비어 있는 가게들을 구경하다가 곱게 차려입은 새신랑처럼 허우대가 멀끔한 버스를 탔다. 아마 공장에서 나온 지 얼마 되지 않은 버스였

던 모양이다. 깨끗한 버스의 제일 앞자리에 앉아서 슬렁슬렁 창밖으로 펼쳐지는 포구의 풍경을 보면서 흘러들어갔다.

그날은 남부 지방을 이불처럼 덮고 있는 구름 때문에 시간을 가늠할 수 없이 어둑한 날씨였다. 하지만 그 느낌은 포근하고 아늑했다. 남해와 서해가 적당히 포개져 있는 목포 앞바다가 아주 오랫동안 알고 지내는 친척처럼 친근하게 보였다. 무수히 잘게 끊어놓은 구간으로 많은 정거장을 지나고 출발한 지 15분쯤 되자, 말끔히 정리되어 영화의 세트장처럼 느껴지는 해안도로 중간에 집들이 다닥다닥 붙어 있는 온금동이 보였다. 잠시 한눈파는 사이 정류장을 조금 지나쳤으나, 평일 낮이고 사람도 없고 자동차도 없어서인지 버스 운전기사는 괜찮다며 정류장이 아닌 길 중간에 친절하게 내려주었다.

가까운 듯 멀리 섬들이 가뭇가뭇 보였고, 가까이에는 파랗고 빨갛고 회색의 지붕들이 반짝반짝 빛나는 해변의 모래처럼 언덕에 박혀 있었다. 대뜸 내린 곳에 붙어 있는 골목으로 접어들었다. 어차피 아무런 사전 정보가 없었으므로 어디로 들어가든 어느 방향으로 향하든 크게 문제가 될 것은 없었다. 뚫려 있으면 계속 앞으로 나가면 될 것이고, 막혀 있으면 돌아가면 될 것이다.

좁기도 하고 다소 넓기도 하고 가파르기도 하다가 완만하기도 한 아주 다양한 표정을 지닌 길이 끊어질 듯 이어졌다. 그 안에는 점방들이 있었고 말리기 위해 펼쳐놓은 그물도 있었고 재료와 색깔이 다른 의자 세 개가 담벼락에 바짝 붙어서 동네 주민처럼 앉아 있었다. 그리고 사람이 그리웠던지 우는 건지 웃는 건지 너무나 반기는 동네 개들이 있었다.

다순구미는 폭은 길고 깊이는 얕은 동네였다. 그래서 조금만 들어가도 동네가 산과 이어지고 길은 끝난다. 그러나 뒤를 돌아보면 잠깐 사이에 일망무제로 펼쳐지는 목포의 바다와 그 앞에 가지런히 놓여 있는 섬의 장관이 나타난다. 이 풍경만으로도 목포의 맛있는 음식을 먹은 것처럼 감동스러웠다. 아니 이런 풍경으로 인해 그 음식들이 더욱 강하게 남는지도 모른다. 그러나 멋진 풍광을 보며 한참 동안 동네를 걸어다녔지만 사람을 만나지 못했다. 오랜 시간 이어지던 동네가, 이제는 삶을 마쳐야 하는 시점에 이른 것이다.

이 동네는 오랫동안 낙후된 곳, 불편한 곳으로 남아 있었다. 그래서인지 언제라도 갈아엎고 아파트를 세우려는 시도들이 있었고, 몇 년 전 재개발사업 계획에 포함되어 풍전등화처럼 위태로운 곳이 되었다. 이제 와서 바다와 맞닿은 저 언덕에 남아도는 아파트를 건설하는 것이 무슨 의미가 있을까? 왜 우리는 산토리니를 보면서 열광하고 먼 거리를 일부러 시간 내서 찾아가면서, 막상 우리 주변에 있는 저런 풍경을 없애지 못해서 안달을 부릴까?

지금이라도 지난 100여 년의 역사와 기억이 담긴 이 골목을 유지하고 저 골목을 남겨놓아 아름다운 항구도시 목포와 오래된 시간과 흔적이 어우러지는 동네로 다시 살려내는 것이 우리를 위해서, 또 후세를 위해서 훨씬 현명한 선택일 텐데 말이다.

실향민의
고단함이 고스란히
담겨 있다

속초
청호동
골목

강원도 속초로 가는 고속버스를 타고 터미널에서 내리면 제일 처음 만나는 것이 속초해수욕장 입간판이다. 즉, 바다가 그 뒤로 있다는 신호처럼 보이는데 사실 바다는 보이지 않는다. 그리고 터미널과 해수욕장 입간판 사이로 2차선 길이 보이는데, 그 길을 쭉 따라 들어가면 '아바이마을'이라 불리는 속초시 청호동이 나온다.

'아바이'란 말을 국어사전에서 찾아보았더니 주로 이북에서 많이 쓰는 사투리인데, 평안도에서는 아버지를 부르는 말이고 함경도에서는 할아버지를 부르는 말이라고 한다. 아바이마을은 6·25전쟁 때 삼팔선 이북에서 황급하게 내려온 피난민들이 모여 살면서 만들어진 동네다. 20여 년 전 크게 히트했던 〈가을동화〉라는 드라마의 배경으로 나와 관광객이 많이 몰렸던 적도 있다고 한다.

사실 속초는 경주와 더불어 내가 가장 좋아하는 도시다. 경주야 워낙 오래된 도시인데다가 땅이 가지고 있는 안정감이 가장 큰 매력일 테고, 속초는 꽃미남 배우처럼 빼어난 용모를 가지고 있으면서 근육질의 몸까지 겸비한 설악산과 언제 보아도 마음을 시원하게 열어주는 동해가 같이 있는 동네라는 장점 때문일 것이다.

바다를 향해 몸을 길게 늘이며 맞닿은 도시 속초에는 산에서 내려오던 물이 바다로 들어가기 전에 만들어진 영랑호와 청초호 등 멋진 호수가 펼쳐져 있다. 더군다나 삶의 활기를 느낄 수 있는 포구 근처 어시장에서 싱싱한 먹거리를 먹을 수 있어 더욱 좋다.

설악산으로 등산을 가거나 한여름에 피서를 갈 때도 첫손에 꼽는 도시지만, 나는 신혼여행의 여정도 경주에서 시작해 동해안을 쭉 훑어 올라가 속초에서 마무리했다. 경주 시내를 돌아 감포로 빠져 감은사를 보고, 문무대왕릉을 지나 바다를 끼고 북쪽으로 7번 국도를 계속 따라 올라가다 울진, 삼척을 거쳐 속초에 이르는 길은 지금도 가끔 애용하는 경로다.

그사이 경주에는 고속철도가 개설되었고 속초도 도로 사정이 좋아져 예전에 비해 두 도시는 서울을 향해 무릎을 바짝 당겨 앉은 듯 훨씬 가까워졌다(물론 진짜로 움직인 것은 아니지만). 서울에서 속초까지 최근에 개통된 서울-양양 고속도로를 이용하면 두 시간 남짓한 시간에 도착할 수 있다. 그러나 전후좌우를 모두 생략하고 터널 몇 번 지나면 속초에 도착하는 멋없는 고속도로보다는 국도를 이용하는 편이 훨씬 즐겁다. 나는 주로 서울에서 홍천까지는 고속도로를 이용하고 홍천에서부터는 국도를 이용한다.

그런데 그 과정은 몇 악장의 교향곡을 듣는 것 같다. 처음엔 잔잔하게 흐르며 점점 분위기가 고조되다가 가슴을 마구 두드리는 4악장으로 들어가듯, 홍천과 인제를 지나 한계령 초입에서 미시령 쪽으로 갈라져서 산 속으로 들어가 미시령 터널을 지나면, 오른쪽으로 울산바위가 보이고 앞으로는 바다가 열리는 풍경에서 절정에 이르며 속초로 들어선다. 높다랗게 지어진 성채처럼 보이는 울산바위와 멀리 보이는 동해의 시원함은 언제 보아도 어떤 하늘 아래에서 보아도 장관이다.

그렇게 틈만 나면 드나드는 속초이건만, 아바이마을은 2016년 가을에 처음 갔다. 몇 년 동안 설계하고 짓고 있는 집의 건축주가 어느 날 저녁을 먹으러 가자며 청호동으로 우리를 이끌었다. 일찌감치 밤이 든 가을의 어느 날이었다. 자동차를 타고 영랑호로 넘어가는 큰 고가도로 아래로 내려가 조금 걸어가자 영랑호와 바다가 연결되는 좁은 물길이 나왔다. 물 건너 횟집으로 가야 하는데 '갯배'를 타고 가야 한다면서 갯배 선착장으

로 가자고 했다.

그리고 배라고 부르기 조금 모호한 물 위에 떠 있는 네모난 철판(사실은 FRP), '갯배'라고 불리는 철판 위로 올라섰다. 가운데에는 쇠줄이 달려 있었는데, 그 줄을 배 난간에 걸려 있는 네모난 끄트머리를 가진 쇠갈고리로 훑는 것이었다. 배 앞부분으로 가서 갈고리를 쇠줄에 걸고 뒷걸음질 치면 배가 앞으로 가게 되어 있었다. 무동력선이라고 할 수도 있고 인력선이라고 할 수도 있는 배였다. 그렇게 어둠 속에서 어른 네 명이 줄다리기를 하듯 쇠사슬에 쇠막대를 걸고 잡아당기며 배를 끌고 건너편으로 가게 되었는데, 요금은 200원이었고 돈통에 자율적으로 넣게 되어 있었다.

배에서 내려 횟집에 들어가 저녁을 먹으며 갯배에 대한 설명을 들었다. 그 배는 아바이마을이 있는 청호동에서 속초의 중심지인 중앙동이나 동명동으로 사람들을 옮겨주는 가장 빠른 교통수단이라는 것이었다. 갯배가 없으면 청초호 주변을 뱅 돌아 4킬로미터가 넘는 길을 돌아가야 한다고 했다. 무척 오랜 역사를 가지고 있으며 청호동 주민들은 공짜로 탄다고 한다. 그렇게 뭔지도 모른 채

갯배를 타게 되었고, 사연도 모른 채 아바이마을을 스치듯 지나갔다.

그리고 몇 달 후 속초의료원으로 문상 갈 일이 생겼다. 지도를 찾아보니 속초 고속버스터미널에서 아바이마을을 지나 다리를 거쳐 영랑호 근처로 가면 되는 곳이었다. 거리를 재어보니 4킬로미터 정도라 도보로 한 시간 거리이고, 조금 천천히 구경하며 걷더라도 두 시간 정도 거리로 보여서 한번 들러봐야지 마음먹었고 일찍 출발했다.

입춘을 앞두고 조금 날이 풀렸고 하늘은 아주 맑았다. 눈이 희끗하게 덮여 있는 강원도의 산들을 느긋하게 감상하다 내렸더니, 속초의 날씨는 서울과 달리 쌀쌀했다. 더군다나 터미널 주변은 바다가 보이지 않았지만 어디선가 바닷바람이 강하게 내 몸을 밀어붙였다.

터미널에서 내려 속초해수욕장 쪽으로 나가서 아바이마을 초입으로 들어섰다. 좁은 2차선 도로 양쪽 인도에는 눈이 쌓여 있어 걷기가 아주 어려웠다. 바로 인근에서는 높은 아파트 단지가 들어서려고 한창 공사 중이었다. 얼핏 보기에는 함경도에서 넘어온 실향민들이 청초호 모래 턱에 움집을 짓고 살기 시작하며 만들어졌다는 아바이마을의 느낌을 받을 수 없었다.

도로변에는 낮은 상점들이 늘어서 있었고 오래된 마을이라지만 별다른 정취라든가 연륜이 바로 느껴지지는 않았다. 다만 작은 마을 읍내의 풍경처럼 조악한 간판과 가게가 즐비했다. 조금 더 걸어 들어가자 중간

중간 보이는 좁은 골목들이 나타났고 그 사이로 작은 집들이 빼곡하게 달려 있었다. 한눈에도 그곳에서는 삶의 어떤 신산함이 느껴졌다.

골목을 몇 군데 돌아다녀 보니 지붕마다 고드름이 주렁주렁 달려 있었고, 바닥에는 눈과 얼음이 질펀하게 깔려 있어 조심조심 다녀야 했다. 오랜 시간 지어지고 덧붙여진 집들이 총천연색 색상표처럼 다채롭게 펼쳐져 있었고, 길 끝으로는 바다가 하나씩 달려 있었다. 아주 짙푸른 바다는 칼바람을 골목으로 불어넣고 있었다.

동네로 들어서자 점점 바다에서 불어대는 바람이 거세지기 시작했다. 바다를 향해 사선으로 뻗은 길과 바다 사이의 켜가 점점 줄어들며, 마을의 골목을 풀무삼아 바람이 설악산 쪽으로 세차게 몸을 밀어붙이고 있었다. 드문드문 동네 사람들이 지나갔고 왼쪽으로는 오후에 태양을 등진 설악산이 장엄하게 펼쳐지고 있었다. 오른쪽으로는 골목의 끝에 시퍼런 바다가 잠겨 있었다.

아바이마을이 조성된 곳은 원래는 사람이 살지 않는 백사장이었다고 한다. 그런 곳에 사람이 사는 동네를 만들었으니 황무지를 개간하는 것만큼이나 힘들었을 것이다. 지금은 마을을 일구었던 1세대 분들은 거의 없고 2세대를 지나고 3세대로 접어들며 사람이 많이 줄었다고 한다.

함경도에서 내려온 실향민들이 겪었을 힘든 삶의 여정이 이곳에 담겨 있다. 수시로 들이닥치는 해일로 집을 땅에 반쯤 묻은 채 살아야 했고, 두고 온 집과 가족을 시시때때로 그리워해야 했다. 불시에 떠나온 고향이 바로 가까운 거리에 있었기에 그런 그리움은 더했을 것이다.

아바이마을에는 그런 쓸쓸한 기억과 오래된 이야기가 세찬 바닷바람 사이로 끊임없이 떠돌고 있었다. 동네를 사진에 담으려고 스마트폰을 들었는데, 차가운 바깥 날씨 탓인지 금세 꺼지는 바람에 다시 켜고 찍으려면 꺼지고 해서 한참 씨름을 하다가 결국 포기했다. 그곳을 기억에만 담을 수 있었으므로, 몸이 휘청할 정도의 강풍과 맞서며 코가 시릴 정도로 파란 동해를 눈에 담으며 한참 머물렀다. 골목에는 지붕에 달린 고드름과 가끔 지나가는 바다 새들만 보이고 여전히 아무도 없었다.

오랜 양조장의
깊어가는
술맛처럼

영양
입암면과 영양읍
골목

　　선배 중에 평생 우리나라의 전통건축과 마을을 연구한 원로 건축학자가 있다. 그 선배는 젊은 시절 우리나라의 모든 마을을 다 가보리라 결심했다고 한다. 그리고 무작정 버스를 타고 내려서 한 군데씩 돌아보기 시작했는데, 50년이 지났으나 아직도 못 가본 곳이 너무나도 많다며 "우리나라가 징하게 넓더라"라고 우리에게 허탈하게 소회를 풀어놓은 적이 있다. 과연 우리나라는 넓기도 하고 깊기도 하다. 그것은 평면적인 넓이와는 관계없다. 우리의 땅은 주름이 많고 깊어서, 우리는 평생을 아무리 빠른 자동차를 타고 돌아다녀도 다 볼 수 없다.

경북 영양은 안동과 영덕 사이에 있는 곳이다. 행정구역상으로는 군郡이지만 전국에서 두 번째로 인구가 적은 군이라 무척 한적하다. 그래서 그곳을 가본 사람은 드물고 일부러 시간 내서 가기 전에는 발이 잘 닿지 않는 곳이기도 하다.

그러나 그런 입지를 가진 장소가 대부분 그렇듯 영양도 가기는 힘들지만 가보면 감탄하게 되는 곳이다. 사람들이 북적거리고 넓은 길에서도 사람들끼리 어깨가 부딪히는 도시에서 잠시 떠나 그곳에 가면, 차음遮音 성능이 뛰어난 창문을 닫은 것처럼 조용해서 내 마음속으로 하는 혼잣말까지 들릴 듯하다. 그 느낌이 청량하며 쾌적하다.

영양에는 대표적인 조선시대 정원인 서석지瑞石池와 사월종택, 조지훈 생가 등 유서 깊은 명문가의 건축 명작이 즐비하다. 그리고 조지훈, 오일도, 이문열 등 당대의 문인을 많이 배출한 문화적 배경이 만만치 않은 곳이다.

2017년 1월, 별다른 일이 없었던 토요일 새벽에 일어나자마자 무턱대고 눈을 비비며 영양으로 향했다. 영양에 대해 미리 공부도 좀 하고 가볼 곳도 알아보는 그런 준비가 전혀 없이 떠난 것이다. 서울에서 영양으로 가는 길은 중부고속도로를 거쳐서 영동고속도로로 옮겨타고 가다가 여주에서 중부내륙고속도로로 가는 길이 정석이었지만, 나는 조금 돌아가더라도 효율보다는 경치를 선택했다. 88고속도로에서 서울-양양 고속도로로 나가서 달리다가 춘천 조금 못 미쳐 중앙고속도로로 진입했다. 이른 시간이라 그 도로를 달리는 자동차는 별로 없었으나 근육이 우람한 산이 무척 많았다.

그날은 겨울 날씨답지 않게 내내 포근하다가 하필 갑자기 영하 10도까지 기온이 떨어진 날이었다. 그러나 춥기는 했지만 구름 한 점 없이 맑은 하늘이 찬 공기와 더불어 잠에서 덜 깨어난 내 몸의 감각들을 일으켜 세워주는 느낌이었다. 원주를 지나며 치악휴게소에 잠시 들렀다. 이른 시간인데도 어디로 가는지 행락객이 많아 휴게소는 붐볐다. 다행히 그들은 영양으로 갈 것 같지는 않은 행색이었다. 그리고 어찌나 춥던지 잠시 휴게소 바깥에 있었는데 손발이 찌릿하고 몸이 어는 것 같았다.

서안동에서 고속도로를 빠져나와 한적한 국도를 달리는 내내 투명한 공기와 수려한 산이 만들어내는 풍경은 영하 10도의 바깥 기온을 상쇄해주었다. 구름의 방해를 받지 않은 햇살은 무한정으로 땅 위로 쏟아져 마음이 점점 푸근해졌다. 어느덧 영양이었다.

반변천이라는 하천이 여러 번 굽이치며 영양을 휘감고 있는데, 영양으로 들어가는 초입에는 그 지류인 동산천이 원을 그리며 볼록한 지형을 만들고 있는 산해리 봉감마을이 있다. 그 안에는 넓은 터가 있고 가운데 커다란 탑이 우뚝 솟아 있다. 봉감마을에 있는 탑이라고 해서 봉감모전오층석탑이라고 부르는 그 탑은 수성암을 벽돌 모양으로 잘라서 쌓아놓

은 탑이다. 낮은 철책이 둘러쳐 있는 봉감모전오층석탑은 신라 말에서 고려 초에 조성된 것으로 추정될 뿐 다른 역사나 근원을 알 수 없다.

그런데 그런 사실이라는 것은 여기서 별로 큰 의미가 없다. 동산천이 휘어지는 맞은편에 높은 절벽이 우뚝 솟아 있었고, 한적한 터전에 내리쬐는 겨울 햇살은 아주 각별했다. 그리고 이런 한적함은 절대로 외롭거나 스산한 감회를 불러일으키지 않고 생동하는 기운이 느껴졌다. 나는 햇살을 온몸으로 쬐며 문득 우뚝 솟은 탑이 어떤 다른 세상에서 보내는 신호를 받아들이는 수신탑과 같다는 생각을 했다. 이런 기운을 받는 것만으로도 추운 겨울 무리한 원행遠行에 대한 보상을 충분히 받는 듯했다. 주변으로 민가가 몇 채 있고 자리 잡은 지 얼마 되지 않은 듯 보이는 절이 마을 집들과 포근하게 어깨를 맞대고 나란히 앉아 있었다.

조선시대 대표적 정원인 서석지로 향했다. 봉감리에서 나와 반변천을 따라 조금 들어가면 연당리라는 마을 한가운데 서석지가 있다. 나지막한 담장과 담장 모퉁이에 있는 큰 은행나무가 아주 인상적이다. 정영방鄭嵂邦이라는 사람이 광해군 때 낙향해 세상과 떨어져 한적한 곳을 찾아 자리를 잡은 곳이다. 넓지 않은 터에 서석지라는 연못이 있고, 연못 동쪽과 북쪽에 건물 두 채가 있을 뿐이다.

북쪽에 있는 큰 건물은 경정敬亭이라는 건물이고 동쪽에 있는 세 칸짜리 작은 건물은 주일재柱一齋라는 건물이다. 들어가면서 보이는 모습이나 덩치로 보아 경정이 이 정원의 중심이고 주인이라는 생각이 들지만 사실은 그렇지 않다. 이 정원은 모두 주인이 머무는 주일재를 중심으로 계획되어 있다. 경정은 대문을 들어서 바로 보이며 들어가는 입구가 한 군데이며 연못에 바로 붙어 있어 연못을 보기만 할 뿐 어떤 접촉도 할 수 없다. 경정이 연못을 빙 돌아 접근할 수 있지만, 반면 주일재는 정원 어디로도 출입이 자유롭고, 그 앞에 네모난 단을 만들어 소나무, 대나무, 매화, 국화를 심어놓은 사우단四友壇을 경영한다. 그리고 경정을 지긋이 바라보며 즐길 수 있다. 서석지에 잠겨 있는 기이하고 아름다운 돌들을 볼 수도 있다. 아름답기만 할 뿐 아니라 교묘한 프로그램이 심어져 있는 것이다.

서석지를 구경하고 영양군청과 영양읍사무소가 나란히 있는 읍내로 들어섰다. 평범한 토요일 점심 무렵이었다. 휴일의 나른함이 흐르는 오래된 읍내 풍경과는 대조적인 미끈한 현대식 군청 건물이 왠지 멀찌감치 앉아서 사람들과 어울리지 못하는 외톨이 같아 짠한 느낌이 들었다.

읍내 한복판에 있는 김밥집에 들어가 전국 어디에서건 먹을 수 있는 표준화된 김밥과 라면을 먹었다. 밖은 여전히 추웠지만 점심을 먹은 덕분에 한결 여유로워진 걸음으로 읍내 골목을 본격적으로 뒤지고 다녔다. 오래된 철물점, 조악한 간판을 달고 사람들을 향해 고함을 고래고래 지르는 듯한 노래방, 수더분하지만 깊은 수다를 품고 있는 다방, 풍채가 좋은 농협 마트 등이 있었고 군청 옆으로 난 골목으로 돌담이 보였다.

눈으로 쭉 따라 들어갔더니 길 끄트머리에는 대문이 달려 있었다. 호기심에 그 앞으로 걸어갔다. 문이 잠겨 있었고 틈으로 들여다보니 제법 큰 건물이 보였다. '여남강당'이라는 건물이었다. 그 건물은 영양 남씨의 시조인 남민南敏의 위패를 모시던 여남서원이 있던 자리라고 한다.

남민이라는 사람은 원래 당나라 사람인데, 신라시대에 일본에 사신으로 갔다가 귀국하는 길에 태풍을 만나 동해안에 표류하다가 영덕 근처로 대피했다고 한다. 이후 신라에 정착하게 되는데, 신라 경덕왕은 그의 정착을 승인하고 남민이라는 이름을 지어주었다. 그렇게 그는 당나라 사람 김충에서 신라인 남민으로 거듭났으며 영양 남씨의 시조가 된 것이다.

이 건물은 원래 후손이 조상의 신주나 영정을 모셔놓고 제향하는 향현사로 만들었는데 후에 서원으로 확장되었다. 그러나 얼마 지나지 않아 흥선대원군의 서원 철폐령에 의해 건물 대부분이 사라지고 정면 강당 네 칸만 남게 된 것이다. 아주 늠름한 건물이 내문이 잠긴 채 마당에 덩그러니 남아 있는 모습에, 추운 날씨가 갑자기 더 옷 속으로 파고드는 듯했다.

길지 않은 돌담을 따라 나오며 골목 끄트머리의 커다란 창고로 보이는 건물을 지나자 예사롭지 않은 근대식 건물과 마주쳤다. '전국에서 가장 오래된 양조장'이라고 쓰여 있었다. 막걸리를 만드는 양조장인데 아직도 가동되고 있었다. 양평에 있는 지평양조장과 더불어 우리나라에서 가장 오래된 양조장이라고 한다. 1925년에 사업을 시작했다고 하니 90년을 넘기고 100년을 향해 가는 아주 긴 시간이었다.

벌건 대낮이라 그곳에서 만든 막걸리를 먹어보지는 못했지만, 오래된 양조장의 모습을 볼 때 술맛이나 깊이를 마셔 보지 않아도 알 수 있을 듯했다. 또한 드러나지 않지만 은은히 담겨 있는 영양의 깊은 내공을 읽은 듯했다.

부산
초량동
골목

　　부산 하면 역시 바다다. 부산역에 닿으면 일단 나 같은 외지 사람들은 주로 바다 가까이 난 길을 따라 이동한다. 광안대교를 건너 해운대 방향으로 바다를 건너갈 때 미래도시를 방불케 하는 초고층 호텔과 주상복합 건물군群이 보여주는 다이내믹한 풍경은 부산이라는 도시의 역동성을 대변해준다.

　　그곳이 에너지가 넘치는 도시라는 생각은 부산 출신 사람들을 만날 때마다 더 확실해진다. 어떤 모임에서 처음 보는데도 유난히 살갑게 다가와 싹싹하게 인사를 하고 자기주장을 잘하면서 쉽게 가까워지는 멤버가 있다면 십중팔구 부산 사람이다. 매사에 적극적이면서도 붙임성이 좋은 기질은 그곳 사람들 모두 타고나는 것인가 싶기도 하다.

그런데 최근에 알게 된 〈부산에 가면〉(최백호)이라는 노래를 듣다 보면, 내가 생각하던 부산의 이미지와는 사뭇 다른 애잔한 느낌이 든다. "부산에 가면 다시 너를 볼 수 있을까/……/그 부산역 앞은 참 많이도 변했구나/……." 잔잔한 멜로디는 가수의 깊고 쓸쓸한 음색과 어울려 빛바랜 파도가 밀려오는 바닷가 풍경이 저절로 머릿속에 차오른다.

여느 도시들이 그렇듯, 혹은 그 이상으로 부산도 참 많은 변화를 겪은 도시다. 부산을 나름 여러 번 찾아갔지만 그때마다 낯선 느낌이 든다. 적어도 내게는 전모가 잘 드러나지 않는 곳이다. 나도 남들처럼 어릴 때 친구들과 멋모르고 피서를 가서 질리도록 광안리나 해운대 해변을 가득 채운 인파 속에서 헤매기도 하고, 혹은 범어사나 태종대 같은 관광지를 의례히 둘러보기도 했다. 그 정도로는, 혹은 출장 가서 볼일만 보고 돌아오는 일정으로는 도시의 안쪽을 도통 가까이 들어갈 만한 기회가 없으니 그럴 수밖에 없다.

2017년 봄 역시 일 때문에 부산에 갔다가 우연히 역 바로 건너편에 있는 원도심에 해당되는 초량동이라는 동네에 가보게 되었다. 예전에도 그 이름을 들어본 적은 있었지만, 6·25전쟁 이전부터 원주민이 많이 살았던 오래된 곳이라는 것은 이번에 알았다. 단지 길을 건너 한 겹 안을 들추었을 뿐인데, 방금 부산역 광장에서 본 떠들썩하고 복잡한 풍경과는 조금 다른, 부산의 생살을 만지는 듯한 느낌을 주는 곳이었다.

사실 원래 가려던 목적지는 따로 있었다. 그날 볼일을 생각보다 일찍 마치고 모처럼 생긴 여유 시간에 둘러볼 곳을 찾다가, 먼저 그 유명한 보수동 책방 골목으로 향했다. 몇 개의 중고책방과 카페와 그 밖의 용도의 가게 몇 개가 늘어선 길은 생각보다 깔끔하고 좁고 짧았다. 그곳에 오가는 사람들도 책을 사러 갔다기보다는 나처럼 구경 나온 사람이 대부분인 것 같았다. 처음에는 눈길을 주고 들어오라 손짓을 하던 가게 주인들이 골목을 몇 번 어슬렁거리며 왔다갔다만 할 뿐인 내게 슬슬 무관심해졌다.

혹시 좋아하는 루이스 칸Louis Kahn(미국 건축가)이나 카를로 스카르파Carlo Scarpa(이탈리아 건축가) 같은 건축가의 작품집이 혹시 있나 싶어 그 중 가장 책이 많아 보이는 대우서점에 들어갔다. 주인은 분명 비슷한 이름을 본 듯한데 하고 머리를 긁적이며 일단 안으로 들어가 둘러보라고 했다. 예술·건축 분야 서가가 제법 큰 편이었는데 한 시간 정도 머물렀지만 역시 마땅한 책은 없었다. 그리 드물지 않은 단행본이나 수업 교재나 참고서는 여러 권 꽂혀 있어서 아마도 학생들에게는 쓸모 있겠지 싶었다.

지금이야 인터넷에서 아마존 등의 외국 사이트나 도서 전문 사이트를 통해 외서를 쉽게 살 수 있지만, 내가 대학을 다닐 때는 외국 건축가의 책이나 괜찮은 잡지를 일반 서점에서 구하기란 어려운 일이었다. 대신 도매상들이 직접 책을 팔러 학교에 찾아왔다. 우리 학교에는 매주 목요일이던가, 전 학년에 걸쳐 설계 수업이 있는 날이면 설계실 복도 앞에 신간 서적을 늘어놓은 '책 아저씨'가 지나가는 학생들에게 아는 척을 하며 정가보다 할인된 가격으로 책을 팔았고, 심지어 어떤 수업에 참고하려면 어떤 책을 사야 하는지 족집게처럼 알려주기도 했다. 대부분 학생이다 보니 관대하게 외상으로 책부터 건네주는 일도 많았다. 그때 인연을 맺은 책 아저씨들을 졸업하고 나서 취직한 사무실에서도 만나게 되어 반가웠는데, 시간이 흐르며 연락이 점점 끊기게 되었다.

별 성과 없이 책방 골목을 벗어나 큰길로 나가니 건너편에 국제시장이 있었다. 나는 어디를 가든 가장 사람이 붐비거나 유명하다는 곳은 웬만하면 피하고 그냥 평범한 골목을 거니는 걸 더 선호한다. 크게 히트를 했던 동명의 영화를 보았다면 느낌이 달랐을 수도 있겠지만, 깡통시장을 지나 국제시장으로 접어드는데 별다른 감회는 없었다. 평일 낮이라 그랬는지 길은 한산했고, 노점들이 늘어선 교차로에 서서 보니 한쪽으로는 부산타워가, 한쪽으로는 목 언저리까지 집들이 차오른 보수산이 가까이 눈에 들어왔다.

매일 다를 바 없다는 듯 상인들은 삼삼오오 모여 두런거리고 있었다. 중간에 중고 레코드 간판을 보고 혹시나 인터넷에는 올라 있지 않은 절판된 음반이 있나 궁금해서 들어가 보았다. 젊은 점원은 컴퓨터로 검색을 하며 요즘은 자기들도 들어오는 목록을 홈페이지에 그때마다 올리고 있으니, 원하는 음반이 있으면 자주 사이트를 확인해보면 된다고 일러주었다. 모든 것은 간편해지고 단순해져서 오래된 가게를 뒤져 먼지 쌓인 선반에서 소위 '레어템rare-tem'을 찾는 일은 이제는 없을 거란 이야기였다. 처음 찾아간 부산의 유명한 시장들은 하드웨어는 얼핏 보기에는 예전과 다를 바 없는 듯하지만, 과거의 향수만으로 유지되고 기억되는 공간은 아니었다.

애초에 딱히 무엇을 사려던 생각은 없었지만, 시장을 한참 돌고도 빈손으로 택시를 타고 역으로 돌아가자니 허전한 감이 들었다. 시간을 두고 익히지 않으면 음식에 맛이 배지 않듯이, 잠깐 들른 터에 요행으로 특별한 무언가를 찾아내길 바란다는 것은 역시 무리한 욕심이었을 것이다.

택시기사와 몇 마디 말을 나누다 보니, 돌아가는 길에 산복도로를 한번 보고 가라고 했다. 내륙에서 달려나온 산맥의 힘줄들이 뻗어가다 해안에 이르러 급하게 멈춘 듯, 가파르게 바다를 향해 떨어져내리는 부산의 산줄기를 가로지르는 도로를 일컫는다. 언덕길을 돌아올라 산복도로 중에서도 부산항이 한눈에 내려다보인다는 망양로에 내렸다. 망양로 아래가 바로 초량동이고, 그 언덕배기에 어깨를 붙이고 자리한 집들을 훑고 내려가면 부산역이 나온다.

원래 우리나라의 전통적인 마을들은 초입에 양민들의 집이 지어지고, 경치가 좋고 마을이 한눈에 내려다보이는 높은 곳에 마을 어르신 역할을 하는 반가가 자리 잡는 경우가 많았다. 반면 근대 이후 발전한 부산이나 목포 같은 개항기 항구도시는 부두나 시장에서 일하기 위해 찾아든 노동자들이 기존의 주거지보다 점점 위쪽으로 숨 가쁘게 올라가 산동네에 정착했다. 경사지에 틈새도 없이 빼곡하게 채워진 집들은 6·25전쟁 이후 폭발적으로 유입되는 인구를 도시 인프라가 미처 감당하지 못한 결과일 것이다.

초량동 언덕에서 가장 바다가 잘 내려다보이는 자리에는 시인 유치환이 경남여자고등학교 교장을 두 번 지낸 인연을 모티브로 만든 '유치환의 우체통'이 있었다. 모두가 들어 알 만한 명사의 태어난 곳, 살았던 곳, 세상을 뜬 곳들이 저마다 이름을 빌려 사업을 벌이는 것도 참 어색한 일이지만, 그 작은 우체통은 제법 정감이 갔다.

　요즘 어느 도시나 주거와 상업 공간이 잘 짜인 도시계획하에서 만들어지는 신도심으로 사람들이 이동하면서 유서 깊은 원도심이 쇠락하게 되는 것이 일상이 되었다. 제주 올레길, 지리산 둘레길 등의 성공 이후 많은 지방자치단체가 오래된 길에 이름을 붙여 의미를 만들고 관광지화하는 노력을 기울이고 있다. 부산 역시 초량이바구길에 이어 산복도로 주변 지역 재생사업을 추진하고 있다고 한다. 그런 이야기를 들을 때마다, 인위적으로 무엇을 덧붙이지 않아도 되는 장소의 가치가 굳이 예산을 들여 시행한 불필요한 덧칠로 훼손될까봐 쓸데없는 걱정이 앞선다.

　근처 카페에서 초량동의 옛 모습을 담은 엽서를 하나 사서 간단히 글을 적고 우표를 붙여 우체통에 넣었다. 바쁘게 달려온 부산의 시간이 잠시 느려진 곳, 흘러내릴 듯 겹겹이 쌓인 흉터 같은 삶의 흔적들 너머로 비로소 제대로 부산의 바다가 보였다. 그 우연한 하루 동안의 산책을 담은 엽서는 1년 뒤 보내준다는 약속대로 나에게 무사히 도착했다.

중국
저장성 사오싱
골목

　　중국의 오래된 도시, 사오싱紹興에 간 적이 있다. 그곳에 있는 전시장에서 여러 가지 유물을 구경하다가 진시황 때 승상인 이사李斯가 전국에 내렸다는 비석의 탁본을 보았다. 물론 내용을 알 턱은 없었지만, 비석에 새겨진 글씨를 보는 것만으로도 큰 감동이었다. 최초로 중국의 공식 문자가 된 소전체로 써내려간 비석 글씨는 군더더기 없이 깔끔했으며 아름답고 영롱했다. 마침내 중국을 통일한 진나라 시대의 풍경 속으로 풍덩 빠지는 듯한 느낌이 들었다.

　　이사는 진시황을 도와 중국을 통일하는 데 가장 큰 공을 세운 지략

가다. 야망으로 가슴을 가득 채운 그는 순자의 문하로 들어가 정치를 배우고, 전국시대의 칠웅을 비교하고 연구하여 진나라의 왕인 정政(훗날 진시황)을 선택한다. 먼 거리를 마다않고 찾아가서 당시 진나라의 승상인 여불위의 문하에 들고, 결국 진나라의 관료로 발탁되어 최고 영예와 권력을 누렸던 성공한 정치인이다.

이사의 자식들도 출세해 맏아들 이유는 태수太守(지방행정 책임자)가 되었다. 어느 날 아들이 휴가를 얻어 오자 이사는 집으로 사람들을 초대해 술자리를 열었다. 수많은 관리가 찾아와 장수를 기원했으므로 그의 대문 앞과 뜰에는 수레와 말이 수천이나 되었다고 한다. 중국풍의 과장을 조금 걷어내고 보더라도 대단히 많은 사람이 왔던 모양이다. 그러자 이사는 한숨을 쉬며 "지금 다른 사람의 신하 된 자로서 나보다 윗자리에 있는 이가 없고 부귀도 극에 달했다고 할 만하다. 만물은 극에 이르면 쇠하거늘 내 앞날은 어떻게 될지 알 수 없구나"라고 말했다.

그리고 어김없이 그는 추락한다. 모든 제도를 개혁하고 분서갱유에 앞장서는 등 과감하고 냉정한 정치를 펼쳤던 이사는 환관 조고와 벌인 정쟁에서 패해 비참한 최후를 맞는다. 아들과 함께 모반죄로 처형되게 된 그는 아들에게 "내 너와 함께 다시 한번 누런 개를 이끌고 상채(이사의 고향) 동쪽 문으로 나가 토끼 사냥을 하려고 했는데, 이제는 그렇게 할 수 없겠구나"라며 울었다.

이와 대조적인 사람이 있다. 그는 문화적으로나 정치적으로 딱히 내세울 것 없는 월나라를 춘추시대의 중요한 나라의 반열에 올리고, 월나라 구천句踐에게 쓸개를 먹이며 절치부심하게 하여 마침내 오나라의 왕 부차夫差를 물리치고 춘추오패의 위치에 이르도록 도운 범려范蠡다. 그러나 그는 대업을 이루고 권력의 정점에 오르는 순간, 친구에게 "토끼를 잡으면 사냥개를 삶아 먹게 된다"(토사구팽兎死狗烹)는 유명한 말을 남기며 몸을 숨긴다. 그 뒤 유유자적하며 많은 돈을 모으고 평생을 편안하게 살았다고 전해진다. 사마천의 『사기』에 등장하는 그 어떤 호걸이나 천재도 월나라의 재상 범려처럼 현명하게 처신하고 행복하게 인생을 마감한 사람은 없었다.

사오싱은 바로 범려가 활약했던 월나라의 수도였으며 인물을 많이 배출한 도시로도 유명하다. 월왕 구천, 부차에게 바쳐져 결국 오나라를 병들게 했던 서시, 서성書聖이라 불리며 존경받는 천하명필 왕희지, 천재 화가이며 문장가였던 서위, 중국의 영웅이며 문학가인 루쉰魯迅, 현대 중국을 열었던 정치인 저우언라이周恩來 등 헤아릴 수 없다. 인물이 많고 역사가 깊으니 역사의 골이 깊고 시간의 골이 깊은 곳이다. 그리고 도시 또한 깊다. 시간의 켜가 아주 깊고도 유현한 느낌을 풍기며 차곡차곡 쌓여 있는 곳이다.

어느 이른 봄날에 상하이와 닝보寧波를 거쳐서 사오싱에 갔다. 도착한 날, 그곳에서는 굉장히 보기 힘들다는 눈이 소복하게 내리고 있었다. 아니 봄날에 눈이라니, 그런 생각을 하며 김이 뽀얗게 덮인 관광버스 창문을 통해 바깥을 내다보았다. 근대의 어느 도시 같기도 하고 현대 초입의 어느 도시 같기도 하다가, 아니 먼 옛날 월나라의 어느 시간 같기도 한 도시 사오싱이 흐린 날씨와 띄엄띄엄 흩날리는 눈으로 무채색의 도시가 되어 꿈결처럼 내 옆으로 지나가고 있었다. 평일의 저녁시간 퇴근 무렵이었는데, 시민들이 분주하게 집으로 돌아가고 있었다. 어느 지방 도시와 같은 풍경들이 이어졌다. 그러나 조금 들어가면 사오싱의 속살이 보인다.

　이곳을 잘 아는 사람의 안내를 받으며 어느 구석 골목 안에 그저 그런 살림집이 가득 들어차 있는 골목으로 들어갔다. 골목 한 귀퉁이에 있는 청등서옥靑藤書屋(서옥은 우리식으로 이야기하자면 서당이다)이라는 곳을 보기 위해서였다. 그곳은 천재 화가 서위가 살며 예술혼을 불태우던 글방 혹은 연구실이다. 명나라 시절 지독히도 불행했지만 재능이 탁월했던 시인이며 대화가인 서위는 그곳에서 태어나고 공부하고 불행을 받아들였다. 그는 모든 것에 능하지만 편안하지 않은 인생을 보낸 전형적인 천재의 모습으로 살았다. 우리를 그곳으로 안내한 사람은 서양의 불행한 화가 고흐와 비교하며 서위를 설명했다.

　하얀 담 중간에 문득 뚫려 있는 조그만 문으로 들어가면 돌이 깔린 마당이 나오고 다시 벽을 둘러친 집이 나온다. 눈이 그쳤지만 반은 쌓이고 반은 녹아 흙과 함께 엉킨 진창을 피해 집 주변을 돌아보았다. 집 안에는 서위의 그림이 남아 있는데 주체할 수 없는 에너지로 충만한 그림이었다. 눈이 오는 사오싱에서 서위의 자취를 더듬는 것은 무척 처연한 느낌이 들었다. 그 느낌은 슬프면서 이상한 충만감이었다. 잔뜩 흐린 하늘과 질척거리는 마당은 서위라는 사람을 느끼고 청등서옥을 기억하기에는 아주 적합하다는 생각이 들었다. 내친 김에 멀지 않은 곳에 있는 서위의 무덤에 가서 술을 한 잔 올리자고 했는데, 갑자기 내린 눈 때문에 그 계획은 이룰 수 없었다.

그 외에도 사오싱에는 구경할 곳이 많아 여기저기를 한참 둘러보았다. 그중 가장 인상적이었던 곳이 좁은 골목으로 들어가자 나타났던 아주 천연덕스럽게 잘 살아 있는 오래된 동네와 태연하게 동네를 누비고 다니는 물길이었다. 사오싱은 물의 도시다. 물이 집 사이로 자연스럽게 흘러다니고 그 물 위에 배를 띄우고 골목을 거스르기도 한다. 사오싱에서 태어나고 살았던 중국의 문학가 루쉰이 살던 집이 있는 동네도 그랬다. 루쉰의 집과 그 주변은 굉장한 관광지가 되어 사람들이 득실거린다. 그리고 그의 소설의 배경이 되었던 많은 곳도 역시 관광지가 되었다.

독특하고 폐쇄적인 가옥 구조가 미로처럼 얽혀 있고 자로 재고 앞뒤가 잘 맞는 계산처럼 집들은 질서정연하다. 큰길에서부터 보이는 루쉰의 옛 동네(루쉰고리魯迅故里)라는 간판을 보면서 들어가면, 모든 집과 길이

관광객을 반기는 듯한 표정으로 즐비하게 들어차 있다. 그리고 그 중심에는 루쉰이 태어난 집과 그가 살았던 집과 루쉰기념관이 있다.

　약간은 표준화된 관광지 모습에 약간 지겨워질 즈음 루쉰 집 건너편에 그가 다녔던 학교인 삼미서옥三昧書屋으로 향했다. 그 학교로 가려면 자그마한 개천을 건너게 되어 있다. 그리고 그 개천이 길이 되고 골목이 되어 집과 집 사이로 흐르고 있었다.

　그 모습이 무척 매혹적이어서 목적을 잊은 채 무엇에 홀린 듯 물길을 거슬러 올라가니, 사람들이 사는 집들이 나오고 그 집들이 모여 이루는 동네가 나왔다. 그리고 빠끔히 넘겨다본 집 안으로 빨래며 가재도구며 여러 살림살이가 그대로 보였고, 간혹 지나다니는 아이들과 수로로 내려가는 돌계단, 어떤 용도인지는 모르겠지만 물 위에 떠 있는 작고 뾰족한 배가 보였다. 어떤 사내가 담배를 입에 물고 연기에 눈이 매운지 한 눈을 찡긋찡긋하며 배를 저어서 나가는 모습도 보았다.

　너무나 잘 정비되어 있는 한 켜 바깥의 길과는 대조적으로 생활이 그대로 드러나 있는, 도시의 속살과 같은 마을이 그 안에 들어 있었다. 물길이 살아 있는 용처럼 굽이굽이 넘실넘실 동네를 휘젓고 다니는 모습이 생경하면서도 익숙했다. 시대가 변하고 문화가 변하고 또한 사람이 변하지만, 도시 내부에 촘촘히 흐르는 물길은 수천 년 동안 변함이 없었을 것이다.

사오싱에서 받은 다층적인 시간의 인상은 그런 시간을 초월한 연속성에서 나왔을 것이다. 더불어 우리가 더럽고 냄새난다고 덮어버리고, 길을 넓힌다며 덮어버린 서울의 무성했던 물길이 생각났다.

중국

후난성

평황 고성

　　평황 고성鳳凰古城은 중국 후난성湖南城에 있는 오래된 성곽이 남아 있는 마을이다. 산과 강을 끼고 성벽이 둘러쳐 있는 풍경이 멋지고, 새벽 안개가 낄 때나 저녁 무렵 마을에 불이 켜질 때 강가 풍경은 환상적이다. 또한 골목골목 오래된 집이 많이 남아 있는 전설 속 마을 같은 인상을 주는 곳이다. 이곳은 안후이성安徽城, 저장성浙江城, 리장 고성麗江古城과 더불어 중국 4대 고성 중 하나이며, 중국 정부에서 관광 등급을 AAAA로 지정해 놓은 곳이라고 한다. 등급의 의미는 잘 모르겠지만 무척 좋은 곳이라는 이야기일 테고, 또 한편으로는 한 해가 다르게 상업화된다며 아쉬워하는 소리가 들리는 곳이기도 하다.

행정구역상 위치는 후난성 샹시투자족먀오족湘西土家族苗族 자치주에 속하고, 인구의 절반 정도가 중국의 대표적인 소수민족인 먀오족과 투자족 등이다. 그래서 평황 고성에 가면 독특한 복장의 주민들을 만날 수 있고, 그들이 살아온 오랜 시간이 퇴적된 가옥과 마을의 구조를 볼 수 있다. 인근에 장자제張家界와 둥팅호洞庭湖 등의 유명한 관광지가 있어 요즘 부쩍 한국 관광객도 늘었다고 한다.

사실 나는 그곳에 대한 사전 지식 없이 우연히 가게 되었다. 여러 명의 건축가와 후난성과 구이저우성貴州省 부근에 사는 중국 소수민족의 주거를 보기 위해 여행을 다녀왔다. 버스를 타고 설렁설렁 주마간산으로 돌아보기에는 너무 아까운 풍광들이 창문 옆으로 휙휙 지나갔다. 중국이 넓다는 것을 그냥 걸어다니거나 버스를 타고 이동하면서 느끼기는 힘들다. 그러나 가끔 "조금만 가면 됩니다" 해놓고는 다섯 시간을 이동하고 "작은 도시입니다"라고 말하는데 인구가 몇 백만 명이 넘는 지경이라, 우리의 감각에 서너 배는 곱해야 된다는 것을 깨치며 감각을 조금씩 보정하고 있었다.

투자족이 사는 윈서촌云舍村, 먀오족이 사는 먀오왕촌苗王村 등을 둘러보고 평황 고성에 도착했다. 그날도 아침에 먼저 마을 한 군데를 들렀다가 잠깐 가자며 네 시간을 달려갔다. 중국을 자주 다니고 공부를 많이 하신 분들이 이끄는 대로 보라면 보고 먹으라면 먹는, 편안하지만 수동적인 여행이라 나누어준 자료를 적당히 뒤적거리다 버스에서 내렸다.

초입 주차장에는 관광버스들이 줄지어 서 있었고, 길가로 많은 음식점과 그 안에 가득한 관광객이 눈에 들어왔다. 아무리 좋은 구경도 아무리 뛰어난 절경도 인파에 묻혀버리면 어떤 느낌이나 감동이 모두 같이 묻혀버리게 된다.

평황 고성에 도착했다는데, 주차장의 풍경이 너무 산만해서 실감이 나지 않았다. 길 끝에 다리가 하나 보였는데 그 다리를 넘으면 성 안으로 들어가게 된다고 했다. 그러나 사람들 머리만 둥실둥실 떠다니는 모습을 보며 섣부른 걱정을 안은 채 들어갔더니, 그런 관광지의 번잡함은 금세 사라졌다.

평황 고성의 정문 역할을 하는 홍예교虹霓橋를 지나 성 안으로 들어갔는데, 들어갈수록 오래된 집들과 길들이 만드는 풍경으로 빨려들었다. 깊은 골목들이 옆으로 가지를 뻗고 있으며, 여기저기 아이들이 뛰어노는 풍경이 첫인상과는 사뭇 다른 모습이었다. 이곳의 젖줄인 퉈장강沱江에서 사람들은 여전히 배를 띄우고 빨래를 하고 야채를 다듬고 있었다.

그러면서 점점 그 땅에 잠겨 있는 이야기를 만나게 되었다. 수천 년 동안 한족과 겨루며 살다가 지금은 변방으로 밀려난 소수민족의 이야기도 있었고, 선충원沈從文이라는 소설가의 이야기도 있었다.

선충원은 20세기 초입인 1902년에 태어나 1988년에 세상을 떠난 중국 소설가다. 그의 집안은 평황 고성에서 여러 대에 걸쳐 살았으며, 그 역시 소수민족의 피가 섞인 한족으로 그곳에서 태어났다. 그 집안은 대대로 군인이었으며 먀오족 등 소수민족을 감시하는 일을 했다고 한다. 그의 조부는 한족이었지만 조모는 먀오족이었고 그의 어머니는 투자족이었다. 그런 출신 배경으로 인해 그는 변방의 소수민족에 깊은 애정을 갖고 있었으며, 소설을 통해 그들 삶의 모습을 많이 담아냈다. 사실 평황 고성이 유명해지고 사람들에게 알려진 것도 선충원 덕분이라고 한다.

평황 고성 안으로 들어가면 그가 살던 집이 있다. 가운데 마당을 놓고 건물이 사면을 둘러싸고 있는 중국의 전통가옥 배치 형태인 '사합원四合院 형식'의 집이었다. 지금은 사람이 살고 있지는 않고 그가 살았던 당시의 풍경을 재현해놓은 곳이었다. 우리와는 달리 네모반듯한 마당과 꽉 짜인 구성을 보이는 집의 한쪽 방에 마당으로 향한 창이 있었고, 그 앞에는 책상이 하나 놓여 있었다. 선충원의 책상이었다.

20세기 말 홍콩의 어느 매체에서 문학 전문가들에게 의뢰해 '20세기 중국 문학 베스트 100'을 뽑은 적이 있는데, 선충원의 소설 『변성邊城』이 우리가 너무나도 잘 아는 「아Q정전」이 들어 있는 루쉰의 소설집 『외침吶喊』에 이어 2위에 올랐다고 한다. 선충원은 30대 초반인 1934년에 『변성』이라는 소설을 내며 문학적으로 인정을 받고 베이징대학 등 명문대학

에서 학생들을 가르치게 된다. '변성'은 이름 그대로 중심이 아니라 변두리의 땅이라는 뜻이고, 한족들이 먀오족을 고립시키기 위해 둘러쌓아놓은 성이라는 의미도 있다.

> "나는 이 민족이 역사라는 거대한 운명의 수레바퀴에 짓밟힐 때, 그 변동의 와중에서 하루하루 '어떻게 살아야 하는가'를 고민했던 개인들의 사소한 욕망과 관념에 대해 소박하게 서술할 것이다."

선충원은 『변성』의 서문에서 저술 동기를 이렇게 이야기한다. 중국 근현대사의 격랑 속에서 그는 중국인들에게 소소한 삶의 이야기를 들려주며 용기와 삶에 대한 긍정을 불어넣어주고자 했던 모양이다.

쓰촨성四川省과 후난성 접경에 있는 차둥성茶洞城 인근 나루터에 늙은 사공과 손녀 취취가 누렁개와 같이 산다. 순진무구한 취취는 단옷날 성안으로 들어갔다가 그 지방의 지주인 순순의 아들 나송을 만나게 된다. 한눈에 취취에게 빠진 나송, 그리고 뒤늦게 취취를 만나 역시 사랑에 빠진 나송의 친형인 천보의 이야기가 이 소설의 큰 줄기다. 결국 사랑은 이루어지지 않는다. 그리고 어느 날 세상을 떠난 할아버지의 뒤를 이어 나룻배를 떠나지 않는 취취의 독백으로 이야기는 끝난다. 취취와 나송, 천보의 사랑 이야기와 더불어 그곳의 풍경과 그 안에 사는 사람들의 모습과 성정이 나오는데, 우리가 꿈꾸는 유토피아를 보는 것 같다. 거친 현실을 겪으며 선충원은 고향의 모습과 착하게 사는 인간의 본성을 많이 그리워했던 것 같다.

소설에 나오는 차둥茶洞이라는 곳이 바로 평황 고성을 의미하는데, 변성은 일종의 유토피아와 같은 곳이었다. 그 안에 사는 사람들은 한결같이 착하고, 평황 고성 근처 우링武陵에 사는 사람들처럼 서로 위해주고 대가를 바라지 않고 도와주며 산다. 내용으로 보자면 시시하고 싱겁기 그지없는 소설이다. 갈등도 없고 대단한 사건도 없이 강을 오가며 사람들이 느리게 움직인다. 그것이 우리가 원하는 이상향이며 사람들의 궁극적인 목적지라고 선충원은 생각했던 모양이다.

이상적인 사회에 대한 희구와 낭만적인 이야기를 쓰던 선충원의 문학적 행보는 비슷한 시기에 왕성한 활동을 했던 루쉰과는 무척 다른 방향이었다. 그리고 공산당이 정권을 잡은 후, 혁명에 대해 비판적이며 서정적인 경향의 그의 소설은 비판을 받게 된다. 결국 그는 「나의 학습」이라는 자기비판서를 내며 창작을 중단하고, 50대 이후에는 중국의 풍속사나 고고학을 연구하며 일생을 마친다. 그러나 그가 세상을 떠나는 해인 1988년 노벨문학상 최종 후보에 오르며 그의 소설이 주목받고 세계적으로 많이 읽히게 된다.

번잡했던 초입과는 달리 안쪽에 차분하게 이어진 평황 고성의 골목과 그 안에 담긴 생활을 통해, 중국의 변경이며 문화의 변경이지만 독자적인 문화와 정신을 잃지 않고 살아가는 소수민족의 저력과 애환이 담긴 이야기를 만날 수 있었다. 현대의 편리함과 번잡함이 주는 피로와는 상관없이 강을 건너면 만나는 평황 고성은 우리가 가끔씩 꺼내서 손가락으로 문지르며 꺼내보는 고향사진처럼, 막연히 그리워하는 이상향처럼, 아침 안개와 천천히 흐르는 강물에 포근하게 안긴 채 시간을 잃어버린 채 떠 있었다.

중국
구이저우성
먀오왕성

먀오왕성苗王城은 중국 구이저우성 퉁런시鋼仁市에 있는 오래된 마을이다. 성의 이름에서 알 수 있듯 중국 내 소수민족인 먀오족이 사는 마을이다. 먀오족은 사실 지금은 소수민족이지만 원래는 중국의 주도권을 놓고 한족과 자웅을 겨루던 민족이었다고 한다.

먀오왕성에 가기 전, 중국에 대해 조금 해박하다거나 젊은 시절 무협지를 탐독했다면 구이저우성이니 먀오족이니 하면 대뜸 몇 권의 책 제목이 나오고 여러 가지 이야기가 떠올랐을 것이다. 그러나 그런 쪽에 취미가 전혀 없었던 나에게 그곳은 그냥 중국 남쪽 어느 지방이고, 집의 모양과 기후가 조금 다른 어떤 곳일 것이라는 것 이외에는 별다른 호기심이 없었다. 그런데 막상 그곳에 가보니 음식이 중국의 다른 지방과는 달리 입에 잘 맞았고 사람들이 순박하고 친절했다. 그리고 현대화에는 특별히 관심이 없는 듯 유유자적하는 삶을 담은 듯한 동네 풍경이 편안했고, 한족의 주거와는 집을 앉히는 방법이 사뭇 달라 재미있었다.

중국에 처음 갔을 때 놀랐던 것이 중국인, 즉 한족의 건축 방식이었다. 집의 외부적인 생김새는 중국이나 한국이나 일본이 약간 다르지만, 나무로 뼈대를 짜서 만들고 기와로 지붕을 하는 큰 골격에서는 큰 차이를 느낄 수 없다. 그러나 집의 자리를 잡고 좌향을 정하고 입구를 정하는 모습이나 마당을 꾸미는 모습은 다르다. 즉, 자연을 대하는 태도의 차이라고 생각하는데 중국이 자연을 대하는 태도는 인간 위주라고 생각한다.

자연自然이라는 단어와 nature라는 단어가 가지고 있는 함의가 다른데, 한족이 자연에 집을 앉히는 방법은 nature에 가깝다고 생각한다. 자연에 대한 불손, 혹은 그 단어가 조금 지나치다면 인간의 교만함이 느껴진다. 그들의 태도를 보면 자연도 인간이 제어할 수 있다는 생각을 갖고 있다는 그런 느낌이다. 엄청난 경사지에 집을 앉히면서도 격자로 그리드 grid(격자 형식의 무늬)를 만들고 그 안에 공간을 만든다. 닝보에 있는 바오 궈사保國寺라는 송나라 시대에 지은 절을 보고 크게 놀랐던 장면이다. 이후 몇 군데 중국의 건축을 보았을 때나 정원을 보았을 때도 나타나는 그런 모습이 굉장히 특이하다는 인상을 주었다.

그러나 먀오족이나 투자족의 건축은 한족과는 사뭇 달랐다. 여행 첫날, 아침 일찍부터 투자족이 사는 원서촌이라는 곳을 둘러보았다. 높고 기묘한 모양의 산으로 둘러싸인 평지에 자리 잡은 아주 평화로운 곳이었다. 오래된 마을의 구성이 잘 남아 있는 것도 인상적이었지만, 처음 본 외국인이 집을 구경한다고 불쑥 들어서는데도 반가워하며 말도 통하지 않는 사람을 붙잡아놓고 인스턴트커피를 대접하는 인정이 마을 구경보다 훨씬 좋았다.

예전에 우리나라 어느 시골에 불쑥 들어간 듯했다. 우리에게는 이제 많이 사라진 사람 사는 정이나 자연과 더불어 사는 모습이 그곳에는 아직도 많이 남아 있었다. 어떤 집 입구에서 엄청나게 많은 새끼를 품고 편안하게 누워 잘 살고 있는 돼지를 보는 느낌은 마냥 포근했다.

점심 식사를 마치고 나서 우리를 태운 버스는 조금 더 산으로 올라가더니 넓은 주차장에 내려주었다. 어느 관광지에서나 늘 볼 수 있는 주차장의 전형에서 한 치도 어긋나지 않는 그곳에는 커다란 안내판이 있었고 멀리 성문이 보였는데, 성문으로 들어가는 길목에는 상점들이 좌우로 도열해 있었다.

놀이공원으로 들어가는 초입처럼 보이는 풍경에 다소 김이 빠졌다. 그것은 "이곳은 이미 관광지화·상업화되어 있어 껍데기만 남고 알맹

이는 없습니다"라고 우리에게 딱딱하고 사무적인 말투로 통보하는 것 같았다. 어쨌거나 성수기가 아니어서인지, 한가한 먀오왕성으로 우리 일행은 천천히 걸어 들어갔다.

먀오족에 대해서는 영화 〈동방불패〉에서 들었던 적이 있는데, 그저 중국의 다소 신비로운 소수민족으로만 알고 있었다. 화려한 전통의상, 그중에서도 그들의 특이한 모자를 본 것 이외에는 별달리 아는 바가 없었다. 지어놓은 지 얼마 되지 않아 보이는 성문을 들어서니 대뜸 큰 마당이 나오고, 역시 새로 지은 듯한 건물들이 마당을 에워싸고 있었다. 거기까지는 주차장에서 이미 예상한 대로였다. 영화의 클리셰처럼 우리는 그곳에 들어가지 않아도 그 안의 풍경을 예상할 수 있었다.

어느새 마당을 둘러싼 회랑을 돌아 동네로 들어가는 좁은 통로라고 해야 할지 골목이라고 해야 할지, 아무튼 폭은 좁고 옆을 둘러싼 벽이 높은 길로 들어섰다. 그러자 너무 화려해서 오히려 남루해 보이는 껍데기와는 달리 황홀한 내부, 동네의 골목 안 풍경이 펼쳐졌다. 아주 극적인 전환이었다.

동네는 제법 경사가 급한 산지에 집들을 앉혀놓은 구성이었다. 결이 잘 살아 있는 나무판처럼 자연스럽게 형성된 길과 집과 동네 마당이 마을에 펼쳐졌다. 점판암으로 보이는 판석을 켜켜이 쌓은 높은 담이 마을 안을 거대한 용처럼 굽이치며 흐르고 있었고, 바닥 역시 검은 돌이 깔려 있었다. 바다과 양쪽 벽, 삼면이 검은 돌로 둘러싸여 있는 골목은 꺾어지고 휘어지다 중간중간 우리에게 집으로 들어가는 대문을 디밀었다.

그 안에 있는 집들은 누각식으로 만들어져 있었다. 지형에 맞춰 앞뒤 높이가 다른 기둥이 집을 받치고 있는 그런 형식을 중국에서는 조각루品脚樓 형식이라 부른다. 골목에서는 집이 잘 들여다보이지 않았지만 집 안으로 들어가면 경사지에 자연스럽게 앉혀놓은 집들의 배치로 앞이 트이고 먼 곳까지 훤히 보였다.

길을 따라 걷다 보면 어디쯤 가고 있는지 위치를 가늠하기 힘들었는데, 오르기도 하고 내려가기도 하면서 마을을 한없이 돌게 되어 있었다. 동네 외곽은 골목처럼 휘어지고 감아 도는 물길이 둘러싸고 있었다. 크지는 않으나 장쾌한 느낌을 주는 협곡이 있었고 폭포가 있었다. 그리고 그 협곡을 건너는 홍예교가 하나 놓여 있었다. 홍예교에 들어서서 협곡을 보는 풍경이 아주 장관이었다. 좁고 높은 양안兩岸의 언덕과 짙은 녹색의 강물과 아름다운 홍예교가 만들어내는 화음은 훌륭한 음악처럼 짜임새가 견고하고 흐름이 아름다웠다.

먀오왕성은 일반적인 마을이라 보기엔 아주 묘한 구성을 보여주는 동네였는데, 그곳이 사실은 명나라 시대에 한족에 항거하기 위해 먀오족이 만들어놓은 요새의 성격을 가지고 있었기 때문이라고 한다. 11개의 골목과 11개의 성문으로 구성되어 있는 그곳에는 절벽동굴과 폭포, 협곡,

대나무로 에워싸여 보이지 않는 길 등 전쟁 시 적을 혼동시키고 전진과 후퇴가 쉽도록 아주 용의주도하게 구성하고 구축했다고 한다.

오늘날 먀오족은 중국 내 소수민족 중에서는 숫자가 많은 편이라고는 하지만 그 인구가 1,000만 명에 못 미친다. 그러나 먀오족은 상고시대에 한족보다 먼저 중국에 살았으며 중국의 중원을 차지하고 있었다고 한다. 양쯔강 중류에 세력을 형성하고 있던 먀오족은 양쯔강 상류에서 세력을 넓히며 남하하던 한족과 충돌하게 된다. 이때 먀오족이 조상으로 섬기는 구려九黎의 왕 치우蚩尤와 한족의 황제 헌원씨軒轅氏가 싸우게 되는데, 아홉 번의 싸움에서 계속 패배하던 황제는 먀오족에게 눌러 살던 염제족炎帝族과 연합해 줘루涿鹿라는 곳에서 치우의 먀오족을 물리친다. 이로써 한족은 오랜 시간 중국 대륙을 지배하게 되고 먀오족은 남쪽으로 이동해 기나긴 세월 동안 저항하며 민족의 생명을 유지하며 살아간다.

먀오족은 명나라 말기까지만 해도 어느 정도 세력을 유지했다고 한다. 그러나 한족을 몰아내고 만주족이 세운 나라인 청나라가 중국을 지배하게 되면서 지방 세력을 억압하는 '개토귀류改土歸流' 정책을 강력하게 펼쳐 급속히 줄어들었다고 한다. 사실 만주족 역시 중국에서는 소수민족인데, 먀오족이 한족이 아닌 다른 소수민족에 의해 급속히 세력이 줄어들었다고 하니 참으로 아이러니하다. 지금은 중국과 동남아시아, 미국 등지에 약 1,200만 명이 남아 있다고 한다.

강인하고 굴복하지 않는 기질로 오랜 시간 한족에 저항하며 자신의 정체성을 잃지 않는 먀오족의 역사가 먀오왕성의 산비탈에 돌을 깔고 세워 만들어진 마을 안에 또렷하게 아로새겨져 있었다. 그곳에서 비옥한 농경지 대신 척박한 산지에 자리 잡을망정 구속 없이 자유롭게 살기를 바랐던 먀오족의 후예들은 구김 없는 선량한 미소로 우리를 맞아주었다.

제 2 부

풍경을

굽이굽이

담다

서울
운니동과 익선동
골목

    안국동에서 종로 3가 탑골공원 쪽으로 내려가다 보면 많은 동네를
만나게 된다. 잠시 걸어 내려갔을 뿐인데 경운동, 익선동, 운니동, 낙원동
등 많은 이름을 지나치게 되고, 길 끄트머리에 우뚝 솟아 있는 낙원상가가
어서 오라는 듯 시선을 이끈다. 이 동네는 인사동의 동쪽 경계에 서면 건
너편에 보이는 아주 한적한 동네다. 관광객이 몰려와서 바글거리는 인사
동의 소란과는 무관한 듯 시치미를 뚝 떼고 있으며, 지나다니는 사람이 적
은 것도 아닌데 묘하게 조용한 곳이다. 그리고 유명한 떡집하며 아귀찜을
맛있게 하는 식당들, 놀랄만큼 싼 가격에 해장국을 먹을 수 있는 식당 등

이 즐비하다.

운니동에는 실험극장이라는 연극 전용 소극장이 있었다. 1970년 대 당시 우리나라에는 연극이 문화의 상징이고, 정기적으로 연극을 보지 않으면 지성인으로서 결격이 되는 듯한 묘한 분위기가 있었다. 그리고 여기저기 연극을 관람할 수 있는 소극장이 들어섰고, 영화보다 훨씬 비싸고 내용도 어려웠는데도 사람들이 몰려갔다. 대표적인 곳이 명동 영락교회 맞은편 언덕에 있었던 삼일로 창고극장이었고, 또 한 곳이 운니동 실험극장이었다.

우리는 어둡고 좁고 공기가 탁했던 소극장에서 강태기라는 배우가 주연했던 〈에쿠우스〉, 윤석화가 나왔던 〈신의 아그네스〉를 한 장면 한 대사도 놓치지 않으려는 듯 잔뜩 긴장한 채 학구적인 자세로 관람했다. 연극이 끝나면 장거리 달리기를 한 듯한 피로감이 몰려왔지만, 문화적인 포만감을 느끼며 어둑어둑한 극장을 나와 한적한 길을 걸어갔다.

그래서인지 나는 아직도 1990년대에 운현궁 복원을 하며 사라져 버린 실험극장 자리를 지날 때면, 잃어버린 신체기관의 기억처럼 실험극장의 환영을 보는 듯 한참 서 있다 간다. 원래 흥선대원군의 거처였던 운현궁 행랑이 있었던 자리는 일제강점기를 거치며 많이 훼손되었고, 실험극장과 작은 가게가 있는 건물이 들어서서 운현궁을 가리고 있었다. 그러다 서울시에서 복원하기로 결정을 하고, 건물을 구입해 철거하니 운현궁이 길에 드러나게 된 것이다.

　　새삼 알 수 없는 향수가 밀려온다. 그나마 고색창연한 천도교 중
앙대교당과 1970년대에 건축가 정인국이 설계해 지은 수운회관이 그 동
네를 지켜주고 있어 다소 위안이 된다. 예전에 수운회관 옆으로는 가톨릭
대학교 의과대학이 있었고 소극장과 카페를 찾아오는 젊은이가 많아서
활기가 있었지만, 지금은 그 활기가 다른 모습으로 바뀌는 중이다.

　　운현궁 앞을 지나 쭉 내려오면 낙원상가가 나온다. 세운상가처럼
아래는 차로이고 건물이 위로 떠 있는 형태인데, 그곳은 건물의 이름처럼
'낙원'이다. 일자로 쭉 뻗은 계단을 오르면 그 안은 음악이 강물처럼 흐르
는 곳이다. 악기점들이 건물 전체를 메우며 빼곡하게 들어서 있고, 그 안
에서 사람들이 악기를 고르고 조정하고 있다. 허름한 가게에 길에서 흔히
보는 아저씨 풍모의 남자가 앉아서 기타를 치고 있다. 그 다양한 사람들이
좁은 매장 안에 대충 앉아서 다양한 악기를 매만지는 소리를 들으며 걷고
있노라면, 여기야말로 천상의 낙원과 같다는 생각이 든다.

　　그래서 나는 인사동을 갈 때나 종로 쪽으로 일을 보러 갈 때는 일
부러 계단을 걸어 올라가 낙원상가 안을 꿰뚫고 지나간다. 지상의 낙원이
라는 말이 있지만 이곳은 실제로 낙원이다. 음악에는 소질이 없어서 다룰
수 있는 악기가 하나 있으면 좋겠다는 생각을 하고 여러 번 시도했지만 도
통 실력이 늘지 않았다. 그런데도 잘 다룰 수도 없는 악기에 대한 욕심은

늘 많아서 매장을 여기저기 기웃거리며 군침을 삼키기도 한다. 낙원을 지나고 내려가 오래전부터 있어왔던 식당에 들어가 아주 저렴하게 밥을 먹는다.

이 동네는 사람들이 붐비는 곳이면서도 늘 조용하다. 대부분 이곳을 잠시 지나치는 사람들이 아니라, 오랫동안 이곳에서 생활하고 시간을 보내는 사람들로 채워져 있기 때문이다. 그래서 그 안에 들어가면 복잡하고 좁고 붐비지만 조용하고 편안하다. 그리고 그 안으로 사람 사는 동네가 펼쳐져 있다. 무수한 집과 무수한 이야기와 가늘고도 길게 끝없이 이어지는 골목이 삶을 덮고 굼실굼실 기어간다.

새 주소로는 이런저런 동네의 유래와 전혀 상관도 없이 막 지은 듯한 이름의 '삼일대로'라 불리는 큰길에서 한 꺼풀 안으로 들어가면, 종로세무서 뒤편에 익선동이라는 동네가 있다. 서울의 다른 골목처럼 오랜 시간 지속된 곳인데, 익선동 166번지라고 한옥이 가지런히 모여 있는 블록이 있다. 일제강점기 때 정세권鄭世權이라는 사람이 1930년대에 급속한 인구 유입으로 가중되던 경성의 주택난을 타개하기 위해 북촌에 한옥을 개발할 때 같이 지어낸 곳이다.

정세권은 지금의 시각으로 보면 집장사 혹은 개발업자다. 그렇게 이야기하면 조금 폄하하는 듯한 느낌이 나는데, 당시로는 신선하고 획기적인 방식으로 개발을 한 사람이다. 정세권의 아이디어는 대지가 넓은 큰 집을 쪼개서 필지를 나누고 여러 채의 집을 짓는 것이었다.

가지런하게 길을 내고 그 안에 ㄷ자나 ㅁ자 도시형 한옥들을 넣었다. 마당에 장독대를 만들고 그 아래에 화장실을 만들어 넣고, 마루에 유리가 달린 문을 달고 처마에 물받이 홈통을 다는 등 새로운 라이프스타일에 맞는 '모던 한옥'을 개발한 것이다.

그리고 과감하게 민간사업자임에도 할부 금융을 채택해 입주 후 매달 집값을 나누어내도록 장기 융자를 해주는 방식으로 분양했다. 시장을 요동치게 한 진취적인 개발 전략이었고, 당시 경성의 인구가 폭발적으로 늘어나기 시작하면서 시작된 주택난을 일부 해결해주기도 했다. 또한 그는 조선물산장려회와 조선어학회 후원, 학교 건립과 기부 등에도 적극적이었다고 한다.

그렇게 지어진 도시형 한옥들이 가회동 31번지와 이곳 익선동 166번지에 남겨졌다. 북촌의 한옥은 10여 년 전부터 고쳐지고 정리되어 아주 비싼 몸으로 다시 태어났는데, 익선동은 그 사이 블록으로 묶어 개발하려던 계획이 중단되어 땅값만 천정부지로 솟아오른 채 잊혀서 여전히 퇴락해 서걱거리는 서민의 동네로 남아 있었다.

한적한 골목을 걷다가 3,500원짜리 식당 안내판을 만났다. 그 앞에서 보고 있자니 지나가는 사람이 우리에게 얼마 전까지 2,500원이었는데, 텔레비전에 한 번 나오더니 3,500원이 되었다며 투덜거렸다. 길을 돌아나가면 동네 사람들이 그렇게 밥을 먹고 쉬고 노는 가게들이 골목에 즐비하다.

이런 동네는 분명 특별한 곳이 아니다. 불과 얼마 전 우리가 살던 동네이고 집들이다. 그런데 우리는 까맣게 잊어버리고 방금 구호물자 박스를 열고 그 안에 담긴 온갖 희한한 미제 깡통에 열광하듯 동네를 보고 환호하고 한옥을 보며 괴성을 질러댄다. 그게 얼마나 시끄러운지 알고는 있는지…….

자동차가 못 들어가는 그 좁은 골목에도 어느 날부터인가 공사 인부들이 드나드는 것 같았다. 담이 허물어지고 대문이 열리며, 손님들이 잘 차려입은 쇼윈도의 마네킹처럼 창가에 앉아 놀고 있는 모습과 문득 맞닥뜨리게 되는 건 여기서는 조금 낯선 일이다. 또 한편에서는 부동산 소개로 찾아온 젊은 커플에게 동네 할아버지가 방을 안내하고 있었다.

익선동이 그렇게 변화하고 있다. 서울 한가운데 이런 고요함을 가만히 놓아둘 리가 없다. 몇몇 '선각자'가 그곳으로 들어가 시간의 때가 곱게 내려앉은 한옥들을 손보아 '모던'하면서도 '빈티지'한 느낌의 카페로 고치는 일이 도미노처럼 혹은 한겨울의 들불처럼 번져나가기 시작하면서 이곳은 서울의 또 다른 명소로 거듭나고 있다. 젊은이들이 몰리고 카메라를 든 사람들이 몰리면서 이곳 역시 사람은 자꾸 밀리고 커피나 피자, 여유와 낭만이라는 정체를 알 수 없는 '추상'으로 채워지고 있다.

그렇게 골목의 색깔이 조금씩 바뀌어가는 것 또한 이제 서울에서 흔히 만나게 되는 일상의 풍경이 되어가고 있다는 느낌이 든다. 사람들이 밀려나고 생활과 멀어진 도시의 골목들이 늘어나면서 이제 서울은 정체성이나 역사성이 모두 증발되어버린 채, 말린 안개꽃처럼 화병에 늙지도 않고 썩지도 않은 채 앉아 있는 모습으로 변하는 게 아닐까 하는 너무나 상투적인 고민을 다시 하게 된다.

서울
북아현동
골목

　아현동에서도 특히 신촌 방향으로 이화여자대학교와 경기대학교 사이에 있는 북아현동은 그 규모와 경사도, 복잡한 정도로 볼 때 우리나라 모든 골목을 통틀어 최고라 할 만하다. 무악재 안산에서 흘러내려오는 산의 흐름이 금화터널을 품고 마포 쪽으로 가는 중간에 생긴 북아현동은 그렇게 언덕과 골짜기를 메우며 집들이 들어섰던 동네다.

　워낙 자유롭게 자리 잡고 지어진 덕에 북아현동 골목의 표정은 정말 재미있다. 다양한 형태의 집과 다양한 형태의 대문, 예상치 못한 곳에서 불쑥불쑥 나타나는 계단과 예상할 수 없는 골목길 등 언제 가서 거닐어도 그 안을 다 알 수 없고 그 흥미가 닳지 않는 곳이다.

을지로에서 태어나 '옛이야기 지즐대는 실개천'도, '얼룩빼기 황소가' 노니는 들판도 없는 서울 한복판에서 자란 나에게 골목이란 아주 편안한 안식처였으며 세상에 다시없는 놀이터였다. 그러다 닐 암스트롱Neil Armstrong 선장이 아폴로 11호를 타고 달에 착륙하던 해에 아현동으로 이사를 가게 되었는데, 그때 골목 안에 여전히 초가와 판자로 지은 집들이 남아 있는 모습을 생전 처음 보았다.

아현동 골목은 그 형태가 을지로와는 사뭇 달랐다. 을지로 골목도 복잡하다고는 하지만 나름의 질서와 방향이 있었다. 그리고 무엇보다도 평지였다. 그러나 아현동은 골목이 다양한 경사로 이루어져 사뭇 삼차원적이며 입체적이었다. 그리고 방향성이나 체계가 아주 달랐다.

집들이 들어서 있는 골목은 경사로 이어지다가 급기야 어른들이 '가이당'이라고 부르던, 하늘에라도 오를 듯 솟구쳐 있는 계단을 만나 한참 기어 올라가기도 했다. 그런데 그 경사로를 올라 위에 올라갔을 때 시원하게 도시를 내려다보는 맛은 을지로 골목에서는 도저히 맛볼 수 없었던 특이한 경험이다.

아현동은 애오개 혹은 아이고개라는 이름을 한자로 음역한 것이라고 한다. 고개가 높아서 올라가며 '아이고' 해서 그렇다는 말도 있고, 아이의 무덤이 많아서 그렇다는 말도 있다. 예전에 북아현동에 어린 나이에

죽은 사도세자의 큰아들 의소의 무덤인 의령원懿寧園이 있었다고 한다.

두 가지 설 외에도 다양한 이유가 있었는데, 모두 들어보면 그럴듯하고 재미있다. 동네의 이름은 단순히 명칭일 뿐 아니라 상징이며 상상이며 무엇보다 어떤 장소의 실존적 증명이다. 이런 이름들을 도로명으로 획일화하는 일은 입체를 평평한 판 위에 올려놓고 평면적으로 펴고 두들겨서 그 성질을 없애는 것과 똑같은 일이라고 생각한다. 그리고 무엇보다도 가로 위주로 구성된 서양의 도시 체계와 다른 우리나라의 도시 체계와는 별로 어울리지 않는다는 점이 가장 큰 문제다.

물론 북아현동 골목이 아주 오랜 역사를 품고 있거나 그곳에 대단히 중요한 유적이 있는 것은 아니다. 하지만, 사람들이 자연 발생적으로 집을 짓고 길을 만들고 했던 우리의 근대와 현대의 시간이 오롯이 남아 있는 곳이다. 서울 사대문 안 동네들은 조선 초기에 만들어진 체계를 조금씩 개선하며 유지되었지만, 성 밖 동네들은 근대화 시기에 서울로 인구 유입이 폭발적으로 늘어나며 급속한 팽창이 이루어질 때 생겨난 동네가 많다.

박완서 작가의 소설을 보면 그 당시 서울의 성 밖 동네 모습을 볼 수 있다. 특히 『엄마의 말뚝』이라는 작품을 통해 현저동 언덕 동네에 다닥다닥 붙어 있던 집들과 골목에 대한 이야기를 생생하게 들을 수 있다. 어머니와 오빠와 함께 개성에서 서울로, 언덕 끝에 있는 작은 집으로 이사 들어온 이야기를 듣노라면 우리의 근대가 어떻게 펼쳐졌는지 알 수 있다.

근대화 시기 영국 런던의 골목길과 서민의 애환을 보여준 『올리버 트위스트』를 읽는 듯하다.

　그런 의미로 본다면 북아현동이나 현저동 골목길은 우리의 기억이며 추억이기도 하지만 어두운 과거이기도 하다. 지대가 높아서 물이 들어오지 않아 물을 퍼서 머리에 이고 양손에 들고 고갯길을 걸어 올라가야 했고, 날이 추워지거나 눈이라도 오는 날은 엉금엉금 기어서 오르내려야 했던 '경사진 삶'의 터전이었다. 그래서 우리는 기회가 되면 미련 없이 그 동네들을 깔아뭉개고 기억을 지워버리고 치부를 감추어버리는 '재개발'을 한다.

　사실 그런 불편을 감수하라고 누구에게 강요할 수는 없는 일이다. 아무튼 현저동은 이미 그 기억이며 자취며 하나도 남김없이 사라졌고, 북아현동은 지금 개발이 진행 중이다. 반은 깨끗이 지워졌고, 반은 아직 남아 있으며 사람들이 잘 살고 있다.

　골목길이 좁고 복잡한 것은 아주 일반적인 특징이긴 하지만, 북아현동 골목길은 그중에서도 도드라져서 자연 발생적으로 생겨나고 가지를 뻗고 그 진행을 예상할 수 없이 흘러나간다. 활활 타오르는 불꽃과도 같다. 그런데 어떤 길이건 그 길을 따라가면 끊어질 듯 절대 끊어지지 않고 흐르지만, 그 골목의 끝은 늘 앞이 툭 트인 호쾌한 전망을 볼 수 있는 정상이다.

내가 이사 갔던 1969년 무렵 시민아파트라는 이름으로 서울의 여기저기에 아파트가 지어졌다. 1969년 4월에 아현동에도 금화시민아파트가 들어섰고, 마포구 창전동에 와우시민아파트와 중구 회현동에 회현시민아파트 등이 들어섰다.

금화시민아파트는 1969년 준공 이후 꾸준히 확장해서 가장 많이 살았을 때는 2,000세대 정도 살았다고 한다. 행정구역상으로는 냉천동에 속하지만 북아현동 고갯길 끄트머리에 있어서 첨탑처럼 보이던 금화시민아파트는 마지막까지 남아 있다가 2015년 완전히 철거되어 역사 속으로 사라졌다. 나는 금화시민아파트에 가까운 미동초등학교를 다녀 그 근처를 자주 지나서 그 가파른 경사로를 아주 잘 알고 있다. 그렇게 높은 곳에 세운 것은 달동네를 아파트로 대체했기 때문이다.

대학 다닐 때는 아르바이트로 화장지 대리점에서 일을 했던 적이 있었는데, 그때 내가 맡은 구역이 서대문구였다. 작은 트럭에 화장지를 가득 싣고 천연동 쪽으로 올라가든지 아현동 쪽으로 올라가든지 마지막 방문지는 늘 금화시민아파트였다. 대부분 저녁 어스름 무렵에 그곳에 들어가는데, 프란츠 카프카Franz Kafka의 소설 『성』에 나오는 동네 같다는 느낌이 들었다. 그래도 그때는 아파트가 여러 동이 있었고 사람들이 복작복작 많이 살고 있었다.

30년 가까이 세월이 흐른 2009년 북아현동을 답사했던 적이 있다. 골목을 두루 살피고 마지막으로 금화시민아파트에 갔는데 벽의 칠이 다 벗겨지고 사람 대신 길고양이들이 살고 있었다. 건물은 모두 야금야금 새로 지은 아파트로 대체되고 언덕 위로 건물 두 동만이 남아 있었다. 원시림을 헤치듯 여기저기 널브러진 쓰레기를 피하고 헤치며 안으로 들어 갔다. 문 안에는 사람들이 살았던 흔적이 그대로 남아 있었다. 창호지 바른 살창이며 편지함에는 편지는 별로 없었고 청구서가 수북했다. 옥상에 올라 주변을 보니 인왕산, 북악산, 안산, 남산 등 서울의 모든 산이 같은 높이에서 보였다.

연탄아궁이가 있었던 구시대의 유물 같은 아파트들은 천수를 누리지 못하고 도시의 흉물이나 천덕꾸러기 취급을 받다가 일고의 가치도 없이 허물어진다. 이런 일들은 모두 어떤 시대와 그 시대의 가치가 역사에 의해 평가받는 형식이라는 생각이 든다.

북아현동에는 능동길, 농방길, 금화장길, 호반길 등의 크고 작은 길이 실핏줄처럼 얽혀 있다. 능동길은 의령원이라는 능의 기억이고, 금화장길은 백범 김구 서거 후 백범의 유품을 옮겨 모셨던 금화장이라는 집과 연관이 있고, 호반길은 작은 호수가 있었던 기억이고, 농방길은 지금은 많이 쇠퇴했지만 을지로 외곽에 촘촘히 자리하고 있던 가구 가게들의 기억이다. 한때 가구점들이 번성했고 나중에는 굴레방다리(아현고가도로) 쪽에 웨딩숍들이 생기며 혼수를 준비하는 예비 신랑 신부들의 필답 코스였던 적도 있었다.

　　이 좁고 복잡한 길에서 10년 전에 〈추격자〉라는 영화를 찍었다고 한다. 또한 이 골목을 아쉬워하는 사람들이 모여 사진을 찍어 전시를 하고 인근에 있는 예술대학 학생들이 구석구석에 예쁘고 재기 발랄한 그림을 그려주기도 한다. 그리고 여전히 마을버스가 가파른 길을 오르내리며 사람을 실어날라주고, 골목 어귀에는 여전히 동네 사람들이 자리를 펴고 이런저런 이야기와 소문을 퍼나르고 있다.

서울
남산골
골목

    남산은 하늘이 서울에 내린 축복이다. 서울로 말하자면 아주 특이하게도 산으로 둘러싸이면서도 큰 강을 앞에 둔 지형과 활달한 스케일을 가지고 있는 도시다. 그중에서도 남산은 서울 한가운데 서 있는 산이라 어디를 가건 쉽게 볼 수 있다. 방향에 따라 잘 깎아놓은 삼각형 같기도 하고 굼실굼실 기어가는 누에 같기도 하다. 도시가 커지며 하루가 다르게 건물과 길이 변하는 대도시 서울에서 한결같은 표정으로 같은 자리에 있는 '기댈 언덕' 남산은 두툼한 녹색 품으로 우리를 푸근하게 안아준다.

    남산을 삥 둘러 많은 사람이 기대어 살고 있다. 남산의 남쪽으로 한강을 굽어보며 미쭉하고 빤드르르한 집들이 언덕을 올라타고 있는 한남동 이태원부터, 미군 부대가 오랜 기간 차지하고 앉아 있다가 철수하면서 초록색 실몽당이처럼 군데군데 빈 땅이 더 많아 한적한 느낌이 드는 용산, 굴곡진 길들을 따라 집들이 그득그득 들어차 있는 후암동과 해방촌 등 무척이나 많은 동네와 집이 어미 배에 매달려 있는 강아지들처럼 모여 있다.

남산의 북쪽 언덕배기에 모여 있는 예장동, 필동, 남산동 등 남산골이라 불리는 동네도 남산의 넉넉한 품 안에 피어난 동네다. 남산 북사면에서 서울의 중심으로 흘러내릴 듯한 지형에 모여 있는 이 동네를 조선시대에는 남촌이라고 부르기도 했고 남산골이라 부르기도 했다.

지금이야 남산이 서울의 한 중심이지만, 예전에는 서울의 지리적 경계는 사대문 안쪽까지였다. 그런 면에서 보면 남산골은 궁궐과 먼 변두리였다. 궁궐과 가까이에 있는 가회동, 재동, 원서동 등이 모여 있는 북촌에는 권세가 높고 돈이 많은 세도가들이 큰 집들을 짓고 살았고, 궁궐과 멀었던 남산골에는 자존심은 강하지만 재산도 별로 없고 벼슬도 낮거나 아예 없는 '취준생' 선비가 많이 모여 살았다.

그래서 남산골에 관한 재미있는 이야기가 많이 전해진다. 대표적인 말이 '남산골샌님이 역적 바라듯'이라는 속담과 '남산골딸깍발이'라는 말이다. '남산골샌님이 역적 바라듯'이라는 속담은 일생을 공부에 매달려도 벼슬길에 오를 가능성이 희박한 남산골샌님이 혹시 반란이라도 일어나면 기존의 벼슬아치들이 쫓겨나고 그 기회에 벼슬자리나 하나 얻을 수 있지 않나 하며 바란다는 뜻이란다. 말하자면 가망도 없는 일이 성사되길 바라며 터무니없는 요행수를 꿈꾼다는 의미다. '남산골딸깍발이'라는 말은 가진 것은 없으며 자존심만 강한 남산골샌님들을 일컫는 말인데, 이희승 선생이 쓰신 「딸깍발이」라는 수필에 그 연유가 잘 나와 있다.

> "'딸깍발이'란 것은 '남산골샌님'의 별명이다. 왜 그런 별호別號가 생겼느냐 하면, 남산골샌님은 지나 마르나 나막신을 신고 다녔으며, 마른 날은 나막신 굽이 굳은 땅에 부딪쳐서 딸깍딸깍 소리가 유난하였기 때문이다."

연암 박지원이 지은 소설 『허생전』에서 주인공 허생이 부인의 구박 속에서도 꿋꿋이 7년 동안 공부했던 장소가 바로 남산골이었다고 한다. 아무튼 남산골에 살았던 샌님들은 가난하지만 자존심이 강하고 꼬장꼬장한 성품을 가진 사람들이었던 모양이다. 고지식하지만 밉지 않은 그런 사람들인데, 요즘 같은 세상에서는 그런 사람들이 좀 있었으면 하는 생각이 많이 든다.

남산골은 일본이 조선을 억누르며 제일 먼저 개조한 곳이기도 하

다. 일본인들은 남산 꼭대기에 있던 국사당國師堂을 인왕산 기슭으로 쫓아내고 그곳에 '조선신궁'을 세운다. 남산에 있던 국사당은 태조 이성계가 조선을 세운 이듬해에 남산의 산신인 목멱산신을 모시는 목멱신사를 세운 것이 국사당으로 개칭된 것인데, 이곳에서 기우제도 지내고 국가적인 행사를 진행했다.

일본인들은 자신들의 신사보다 높은 곳에 국사당이 있는 것이 못마땅하다고 생각해 강제로 이전시킨 것인데, 산 중턱까지 무지막지한 일자 계단을 설치하고는 그 끄트머리에 '조선신궁'이라는 일본식 사당을 만들었다. 집요하고 꼼꼼하게 조선인들의 기를 꺾기 위한 공작과 장치를 했던 일본 제국주의자들은 이런 만화와 같은 짓을 서슴지 않았다. 지금의 안중근기념관이 있던 높이쯤에 신사를 비롯한 부속 건물이 15채나 있었다는데, 어마어마한 참도參道와 돌계단은 서울 어느 곳에서도 잘 보였을 것이다.

물론 나는 조선신궁에 가본 적은 없지만 남산 야외음악당과 어린이회관, 안중근기념관은 다람쥐가 풀방구리에 드나들듯 자주 들락거렸다. 내가 보았을 때 이미 그 자취는 하늘까지 닿을 듯 길게 뻗은 계단만 남아 있었다. 중간에 남산 야외음악당이 있었고, 계단을 또 오르면 남산 어린이회관이 있었고, 안쪽 깊숙이 남산식물원이 있는 넓고 건조한 마당이 있었다.

일본인들은 신사를 건립하고 남산 주변으로 일본인들이 사는 마을을 만든다. 이후 명동과 충무로는 일본인들의 본거지가 되어 거리에는 그들이 끌고 다니는 게다下駄 소리가 요란했을 것이다.

해방이 되며 남산골은 빠르게 변모한다. 해방된 다음 날 일본인들은 성대하고 처연하게 남산을 폐쇄하는 행사를 하고 그 안에 보관되었던 물건들을 일본으로 옮겨간다. 이후 그곳에 스키장이 설치되기도 하고 국가기관이 들어오고 학교가 들어오며 또 다른 풍경이 만들어졌다. 서울예술전문학교(지금의 서울예술대학교) 등의 교육기관들과 수도방위사령부·중앙정보부 등의 정부기관들이 군데군데 들어섰으며, 서울 시민들을 위해 케이블카가 설치되고 남산타워와 야외음악당과 어린이회관 등이 지어진다.

그러나 세월이 지나며 군부대도 떠나고 남산 1호 터널 근처에 있었던 중앙정보부도 떠난다. 그리고 그곳들은 이제 문화적인 장소로 치환되고 있다. 아린 상처를 덮고 치유하는 연고처럼 문화는 남산의 상처를 덮어주고 있다.

그런 변화 속에서도 남산골의 풍경은 큰 차이가 없다. 그 안의 내용들이 바뀌었지만 산으로 오르는 길이 있고 야트막한 건물들이 있는 풍경은, 그 밀도는 여전하다. 그래서 나는 특별한 일도 없이 지하철 4호선 명동역에서 내려 남산길을 터덜거리며 걸어 올라가기도 하고, 중간중간 트여 있는 작은 골목들을 뒤지고 다니기도 한다. 그 길은 가파르지만 동네 풍경을 보는 재미와 시점마다 다른 모습으로 다가오는 남산을 보는 맛이 아주 좋다.

그 한가운데에 예장동이 있다. 예장동은 동네의 80퍼센트 정도는 산이다. 나머지 20퍼센트 안에 예전에는 서울예술전문학교, 숭의여자고등학교, 리라초등학교, 중앙정보부, KBS 방송국이 있었다. 중앙정보부는 서울시가 운영하는 유스호스텔이 되었고 서울예술전문학교가 있던 자리도 학교는 떠나고 극장과 교육원이 되었다.

나는 남산길로 접어들어 KBS가 여의도로 떠난 자리에 들어선 '서울애니메이션센터'에 자주 간다. 그 안에는 나의 낙원이 있기 때문이다. '만화의 집'은 서울애니메이션센터 한 귀퉁이에 있는 작은 건물인데, 그곳에 가면 아무런 제약 없이 하루 종일 만화를 볼 수 있다. 지금이나 예전이나 어린이들의 꿈은 온종일 아무 간섭 없이 만화를 보는 일일 것이다. 신분증만 맡기고 들어가면 서가에 가득한 만화를 마음대로 볼 수 있다. 어린 시절 기억을 더듬어 그때 본 만화를 골라보기도 하고 몇 년을 걸쳐 연재하며 도저히 끝날 기미가 보이지 않는 일본의 인기 만화들도 본다.

우리 집 아이들도 나나 그 또래의 다른 아이들처럼 만화를 좋아해서 아이들과 같이 간다. 만화는 어른과 아이가 만날 수 있는 아주 좋은 오작교이며 비무장지대다. 함께 만화를 보다가 잠시 나가 길가에 내놓은 벤치에 앉아 동네 어귀에 세워놓은 장승처럼 멀뚱하게 서 있는 로봇 태권V 모형과 더불어 남산을 바라보거나, 한적한 길을 거닐기도 한다.

추위가 가시고 찾아올 볕이 좋은 어느 봄날, 이제는 남산골샌님들의 딸깍거리는 나막신 소리도 사라지고 일본인들의 게다 소리도 사라지고 군화 소리도 사라진 위로 문화라는 포근한 이불을 덮고 누워 있는 남산과 눈을 가늘게 뜨고 마주 보며 해바라기를 하고 싶다.

서울
성북동
골목

　　사계절이 뚜렷한 우리나라에서 모든 계절이 각자의 개성과 장점
이 있어 어떤 때인들 좋지 않을까만은, 나는 특히 봄을 좋아한다. 춥고 긴
밤이 서서히 줄어들고 움츠리고 다니던 걸음이 한결 여유로워지며 뭔지
모를 희망이 스멀스멀 올라오는 계절, 봄은 언제나 기다려지며 희망이라
는 단어와 동의어 같은 느낌이 든다. 기다리고 기다리던 나의 봄은 노르스
름한 산수유 작은 꽃들이 수줍게 고개를 내밀 때 비로소 시작된다. 그렇게
시작된 봄은 산수유에서 매화로 넘어가며 점점 화려해진다.

"댁에 매화가 구름같이 피었더군요. 가난한 살림도 때로는 운치가 있는 것입니다. 그 수묵水墨 빛깔로 퇴색해버린 장지壯紙 도배에 스며드는 묵흔墨痕처럼 어렴풋이 한두 개씩 살이 나타나는 완자창卍字窓 위로 어쩌면 그렇게도 소담스런, 희멀건 꽃송이들이 소복素服한 부인네처럼 그렇게도 고요하게 필 수가 있습니까."

매화가 필 무렵이면 이 글이 떠오른다. 매화가 구름같이 피어 있다니 생각만 해도 그 풍성함에 봄이 가득 찬 듯하다. 화가이며 수필가였던 김용준이 쓴 「매화」라는 수필인데, 겨울을 이겨내고 봄을 맞으며 느끼는 잔잔한 감동과 대견함이 스며 있는 좋은 글이다. 그리고 불처럼 타버리는 화려함이 아니라 은은히 번지는 그윽한 매화의 봄을 시각적으로 잘 보여주는 글이라 생각한다.

김용준은 성북동에 노시산방이라는 집을 지어놓고 글을 쓰고 그림을 그리며 살았다고 한다. 그가 본 매화는 성북동 어딘가에 핀 매화였을 것이다. 그가 살았던 시절, 매화가 소담하게 피어 있던 성북동은 어땠을까?

삼선교 입구에서 시작해 삼청터널까지 이어지는 성북동은 소박한 골목부터 호화로운 주택가, 불쑥불쑥 나타나는 심산유곡의 유현함까지 볼 수 있는 다양한 모습을 가지고 있는 동네다. 지금이야 부富의 지도가 많이 바뀌었지만, 성북동은 평창동과 더불어 대표적인 서울의 부촌이었다. 언덕 위에 성벽처럼 높은 담장이 있고 그 안에는 궁궐처럼 큰 집들이 들어서 있는 곳이다. 그런데 그런 집들이 들어서며 부촌이 된 지는 그리 오래지 않았다고 한다.

사실 성북동은 성 밖에 있는 곳, 즉 성벽의 북쪽에 있는 외진 곳이었다. 북대문인 숙정문과 동소문인 혜화문에 면한 곳이라 서울과 바로 붙어 있기는 하지만, 본래 경기도 고양군에 속해 있었다. 조선 후기인 영조 때에 사람들을 이곳에 살게 한다. 『조선왕조실록』을 보면 영조 41년(1765) 영의정 홍봉한이 북성 주맥의 빈 골짜기에 인가를 두어 살게 할 것을 아뢰었다고 한다.

> "북성北城 주맥主脈의 동북쪽에 빈 골짜기가 하나 있어 지면이 매우 평평하고 넓은데, 나무꾼들이 함부로 들어가 벌채하여 민둥산이 되어 나무가 남지 않았습니다. 지금 만일 수십 호의 인가人家를 두어 살게 한다면, 가히 도성을 수호할 수가 있을 것입니다. 또 박전薄田 약간 경頃이 선잠단先蠶壇 근처에 있는데, 군사의 늠료廩料를 먹는 자로 하여금 그 땅에 살게 하되 그 밭을 경작하게 하고 그 세금을 감하여 주어 그들에게 생활을 정착하게 한다면, 가히 돌아가 농사를 짓게 하는 실효實效가 있을 것입니다."

그래서 어영청에 창고를 설치하고 백성을 모집하게 하는데, 땔나무를 하지 않으면 생활을 할 수가 없는데다가 산에 면해 있어 농지가 많은 것도 아니었다. 그래서 사람들에게 직물을 빨거나 삶고 공지에 널어서 표백하는 기술인 마전을 익히게 했다고 한다. 마전을 업으로 하는 사람들이 근대까지 살아서, 나이 드신 분들은 성북천 근처에 흰 광목이 넓게 펼쳐져 있는 모습을 기억한다.

성북동에는 두 얼굴이 있다. 서울 성곽에 붙은 언덕에 펼쳐진 오래된 골목을 가진 북정마을 등의 소박한 마을과 건너편 언덕 위에 1960년대 삼청터널이 개통되며 진행된 택지 개발로 이루어진 큰길에 면한 저택들이 공존한다. 만해 한용운, 조지훈, 김기창, 김환기 등의 문인과 화가 등이 살며 활동했던 흔적이 아직도 살아 있는 곳은 북정마을 근처다. 근대 이후에도 사람들이 모여 살기는 했지만, 본격적으로 이 동네에 집들이 들어선 것은 6·25전쟁 이후였다고 한다.

그리고 북정마을 건너편 언덕과 골짜기에는 고관대작의 별장이 많았다. 대표적인 한국 정원 가운데 한 곳인 성락원이 그렇고 길상사가 그렇다. 처음에는 기업가의 별장이었던 자리에 들어선 길상사는 한때 대원각이라는 유명한 요정이었다고 한다. 그곳을 대원각 주인이 법정 스님에게 기증하며 길상사로 거듭나게 된 것이다. 별장 터여서 그런지 길상사 자체도 절 분위기와는 좀 거리가 있고, 그 주변에 있는 집들도 우람하다.

성북동으로 들어가는 방법은 몇 가지 길을 통해서다. 가장 오래된 방법은 혜화동 로터리에서 고개를 넘어 혜화문을 지나 삼선교 쪽으로 마전 터를 지나 올라가는 방법이고, 조금 빠른 방법은 혜화여자고등학교 쪽 좁은 도로를 거슬러 고갯마루에 즐비한 기사식당을 지나며 문득 멈춰선 서울 성곽의 끊어진 부분을 보며 내려가는 방법이다. 아마 혜화문을 통해 나가는 길이 정상적인 출입 방법이었을 테고 서울 성곽을 뚫고 지나가는 길은 성곽에 숨어 있는 암문暗門을 지나는 길일 테니 비공식 루트였을 것이라는 생각이 든다.

두 가지 통로는 예전부터 있었을 것으로 추정되고, 삼청동에서 들어가는 길은 터널을 뚫고 만든 길이니 현대로 들어와 생긴 길이라고 생각한다. 삼청동에서 뱀처럼 굽고 굽은 산길을 유유자적 거슬러 터널을 지나는 길은 심산유곡으로 들어가는 것 같고 서울의 전경이 얼핏얼핏 보이는 눈맛이 있다. 어떤 방법으로 가건 길이 좋고 다양한 볼거리가 많아서 걸어도 좋고 자동차를 타고 느긋하게 경치를 보며 가도 좋다.

삼선교에서 올라가다 보면 선잠단 조금 못 미처 예전에 미술사학자이며 국립중앙박물관장을 지냈던 최순우 선생이 살던 '최순우 옛집'이 나온다. 1930년대에 지어진 근대 한옥을 1970년대에 선생이 고쳐 살던 집이라고 한다. 대갓집처럼 넓지 않고 조붓한 살림집을 알뜰하게 쓸고 닦아서 기품 있는 선비의 집으로 되살렸다. 들어서면 최순우 선생이 문을 열고 내다볼 것만 같다.

　　몇 년 전 최순우 옛집에서 나에게 성북동 풍경 전시를 하겠노라며 그림을 몇 장 그려달라고 요청한 적이 있었다. 그림을 그리기 위해 마음은 늘 있었지만 감행하지 못했던 성북동 나들이를 할 수 있어 좋았다. 때는 봄이 들어서고 한참 되었고, 봄이 가려면 아직 먼 딱 중간 정도의 시점이었다. 구름처럼 핀 매화는 보지 못했지만 성벽 밑으로 피어 있는 개나리들이 나를 반기고, 햇볕을 잔뜩 머금어 따끈하고 노릇노릇해진 성벽 돌들이 와글와글 떠들고 있었다. 산길과 골목길, 성벽길 등 참 다양한 질감과 표정의 성북동 속을 걸어다닐 수 있었다.

　　그러고 나서 우연히 길상사 맞은편 좁다란 골목길 안에 집을 짓고자 하는 사람을 만나게 되어 2015년 내내 그곳을 들락거렸다. 집을 지을 자리는 폭이 2미터 남짓한 길을 매개로 집들이 올망졸망 모여 있는 전형적인 서울의 골목길 안이었다. 가파르고 구물구물 휘어진 길로는 자동차가 들어갈 수 없었다. 우리는 한참 아래에 자동차를 세우고 집을 짓는 곳까지 힘들게 자재를 나르며 집을 지었다. 일은 힘이 들었지만 그곳은 조용하고 아늑했다.

　　아마 골목의 효용은 바로 이런 것이 아닐까 생각했다. 하루 종일 인적이 드물어 고요했고, 또한 지나는 사람도 늘 그 사람이 그 사람이었다. 그 골목길의 편안함과 안전함을 떠올려 보면, 폭이 4미터 이상인 도로

에 면해야만 집을 지을 수 있게 하는 건축 법규는 문제가 있다는 생각이 들었다. 사람의 편의를 위한 것 같지만, 결국 넓어진 길은 자동차들이 점령하고 사람은 자동차와 담의 틈으로 조심조심 걸어다녀야 한다.

도로 폭이 넓어져도 자동차를 피해야 하니, 결국 사람이 영유하는 폭은 50센티미터도 안 된다. 그에 비해 비록 폭은 2미터지만 그 폭을 온전히 사람이 소유하는 그 골목은 상대적으로 넓은 길이었다.

참 역설적인 상황이다. 편리를 추구하다 보니 기계에 인간의 권리를 양보하며 그것이 현대라고 착각한다. 아직도 골목을 없애고 넓은 길로 만드는 것이 도시의 발전이라 우기는 사람들에게 성북동 언덕의 좁고 구불거리는 골목으로 들어가 걸어보고, 다시 한번 생각해보라고 권하고 싶다.

서울
부암동 뒷골
골목

서울 종로구는 동쪽으로는 신설동 로터리에서 서쪽으로는 평창동 넘어 북한산의 반을 차지하는 동서로 긴 행정구역이다. 서울 옛 경계의 북쪽 반을 차지하는 길고 긴 영역인데, 그 안에는 무수한 역사적 자취와 더불어 서울을 감싸고 있는 내사산(북악산, 인왕산, 낙산, 남산) 중 남산을 제외한 세 개가 포함되어 있다. 그렇다 보니 그곳은 산도 깊고 골도 깊으며 역사 또한 무척 깊어서 우리가 생각하지도 못한 다양한 장소를 그곳에서 만날 수 있다.

나는 서울에서 오래 살았으며 틈나는 대로 많이 돌아다닌 편이라

구석구석을 제법 많이 안다고 자부한다. 그러나 사람들과 이야기하다 보면 상상하지도 못한 곳이 튀어나와 그 자부심이 덧없어질 때가 있다. 그것이 서울의 외곽이 아니라 중심에 있는 동네라면 더욱 심한데, 뒷골이라는 동네가 바로 그런 경우였다. 그곳은 서울 한가운데 있는 오지다. 말하자면 환하게 밝힌 등잔 밑처럼 가장 가깝지만 가장 어두운 곳이다. 위치는 청와대 바로 뒤, 북악산의 북쪽 기슭이다.

뒷골은 부암동 자하문에 맞닿은 골목을 한참 헤집어 들어갈 수도 있고, 백사실 계곡이나 북악스카이웨이를 통해 들어갈 수도 있다. 어느 길로 가든 그리 멀지 않은 곳이다. 산길을 따라 올라가다가 좁은 통로를 통해 마을로 이르게 되는데, 고개를 넘거나 숲을 지나면 예상치도 못한 풍경이 펼쳐진다. 가느다란 개천이 북악산에서부터 흘러 세검정 쪽으로 내려가고 있고 마구 자란 풀들이 길로 넘친다. 그런 바탕 위에 몇 채의 집이 사이사이 들꽃처럼 함초롬히 얼굴을 디밀고 있어서, 아무런 정보 없이 그곳에 뚝 떨어뜨려 놓는다면 강원도 어딘가에 있는 두메산골로 착각할 정도다.

이곳은 청와대 바로 산 너머 동네인지라 통행에 제약이 많았고, 개발이 까다롭기 그지없었다. 개발이 안 되는 곳이라는 것은 자본주의의 세상에서 저주이며 동시에 은혜이기도 한 아주 묘한 상황을 의미한다.

월드컵이 서울에서 열리던 해였을 것이다. 사람들이 광화문을 가득 메운 채 함성을 지르고 있을 무렵, 나는 경복궁 서쪽에 있는 동네에서 살고 있었다. 그때만 해도 지금의 '서촌 특수'가 없던 때여서 사람들이 몰려들지 않고 동네 분위기는 차분했다. 당시는 그 동네로 이사한 지 2년으로 접어들며, 동네 사람들도 제법 사귀고 자주 왕래하는 이웃이 생겨나던 무렵이었다.

친한 이웃 중에 나보다 연배가 조금 위라 동네 형으로 모시는 분이 있었는데, 틈만 나면 나에게 이런저런 동네 이야기를 들려주었다. 그 이야기는 말하는 사람 취향대로 과장을 섞기도 하고 근거가 약한 역사적인 사실을 덧씌우기도 한, 사실은 좀 싱거운 이야기였다. 물론 그런 이야기는 그가 지어낸 이야기가 아니고 그도 누군가에게 들었던 이야기에 자신의 상상을 조금 보태기도 하고 빼먹기도 하면서 전달했을 것인데, 사실 여부를 떠나 아주 재미있었다. 그래서 나는 토를 달지 않고 사이사이 추임새를 넣어가며 경청했다. 향토사, 즉 동네의 역사는 늘 그런 식으로 만들어지는 것인 모양이다.

어느 날 그가 엄청난 비급을 전수해주는 무림의 고수처럼 "뒷골을 아느냐?"며 짐짓 엄숙하게 물어보았다. 물론 처음 듣는 동네여서 머뭇거리고 있는데, 뜬금없이 그곳 야채가 아주 좋다고 이야기했다. 그러면서 그곳은 서울 속 시골이라고 덧붙여주었다.

조금은 싱겁기도 한, 자다가 봉창 두드리는 듯 전해준 나름의 고급

정보가 고맙기는 했지만, 나도 이 동네에 이사 와서 탐구해야 할 구석이 많았고 정해놓은 스케줄이 있었던지라 뒷골에 대한 탐사는 한참 뒤로 밀어놓았다. 그러던 중 계절이 몇 번 바뀌고 인왕산과 북악산에 가을 색이 제대로 박힐 즈음 마음먹고 동네 형이 전해준 뒷골을 찾아갔다.

그때는 지금처럼 인터넷으로 동네를 찾아보고 스마트폰이 손을 잡고 이끄는 대로 갈 수 있는 시절이 아니었기에, 한참 전에 들었던 대로 북악스카이웨이를 타고 둥그렇게 꺾어지는 길을 빙 돌아 나오는 길로 접어 들어갔다. 휘어져가는 중간에 계곡을 건너는 듯한 다리 조금 못 미쳐 긴 담에 문득 뚫려 있는 개구멍처럼 길이 하나 나온다. 정면에는 무장한 군인이 경계를 서고 있는 군부대가 나오고 오른쪽으로 내려가는 길이 보인다. 멀리 북한산 봉우리가 뾰쪽뾰쪽 서 있고 그 아래로는 우거진 숲이 보이는 길이다.

시멘트로 포장된 언덕길을 내려가니 붉은 벽돌로 길게 두른 큰 집이 한 채 보이고 이윽고 마을이 나왔다. 시멘트로 만든 작은 다리 조금 못 미쳐 옹색한 공지에 자동차를 세우고 동네를 보았다. 허름한 집이 보이고 집보다 훨씬 큰 규모의 비닐하우스가 보인다. 처음 보았을 때 자동차를 타고 공간뿐 아니라 시간까지 이동한 것 같은 느낌이 들었다. 토끼를 쫓아 그루터기 속으로 들어간 앨리스가 '이상한 나라'로 쏙 빠져 들어갔을 때 그런 기분이었을 것이다.

도시에서 시간은 늘 같은 속도로 이동하는 것은 아니라 생각한다. 양지와 음지가 있듯이 볕이 드는 곳과 그림자가 짙게 드리워진 곳이 생겨나고, 일찍 피었다가 이내 시들어버리는 곳이 있고 화려하지는 않지만 지속적으로 생명을 유지하는 곳이 생겨난다. 사람들이 몰려오고 화려하게 피어나서 금세 시들어버리는 동네를 보고 있노라면 '인생이 다 그런 거야'라고 나에게 일깨워주는 것 같다.

그곳은 2000년대의 서울이 아니고 1960년대 서울의 느낌이었다. 우선은 집들의 모양이 어느 시점에서 냉동시켜놓은 듯했다. 물론 변화와 발전이 좋긴 하지만 그런 도시의 성장이 반드시 사람들에게 행복을 가져다주는 것이 아니라는 것을 우리는 안다. 그런 발전이, 그런 영화가 얼마나 기반이 약하며 쉽게 무너져내리는 것인지, 휘발유에 불을 붙인 듯 화려하게 피어오르다 20세기가 끝나기도 전에 꺼져버린 모습을 우리는 직접 체험하지 않았던가.

그곳에는 서울 시내에서는 이제 보기 힘든 연탄재가 여기저기 쌓여 있었다. 또한 집과 집 사이 많은 틈은 풀들이 모두 점령하고 있었다. 좀 다른 세상이었다.

1968년 1월 21일 청와대 인근에 무장공비가 침투한다. 그 사건이 유명한 '1·21 사태'인데 대통령을 직접 겨냥해 벌어졌고, 경찰과 민간인의 피해가 컸던 사건으로 우리 사회는 큰 충격을 받았다. 국민의 충격보다 청와대에 있던 사람들이 더욱 놀랐던 모양이다. 놀란 가슴을 진정시키며 여러 제도를 도입하고 좀더 강화된 경계 태세를 갖추게 된다.

그 사건을 계기로 예비군이 창설되고 일반인에게 개방했던 청와대 주변은 꽁꽁 닫아놓게 된다. 북악산의 출입이 통제되고 군데군데 경비용 초소와 군부대가 배치된다. 부암동에서 성북구 동선동을 잇는 총 연장 10킬로미터에 달하는 북악스카이웨이가 개통되는데, 청와대 뒤 서울 성곽과 평행하게 달리는 그 산길은 청와대 경호를 위한 군사적 목적의 도로였다.

바로 그 시점에서 뒷골의 시간은 멈추었다. 물론 뒷골뿐 아니라 청와대 주변 우리가 흔히 서촌으로 부르는 동네도 개발할 수 없게 여러 가지로 제약이 만들어진다. 높이가 제한되고 청와대 방향으로 창문을 내지 못하게 만드는 아주 강력한 규제가 이루어진다. 그때 개발이 중단되며 냉동되었던 청와대 주변은 문민정부 때 그 경계가 해동되며 봄을 맞았다고 한다.

이후 몇 년을 걸러 가끔씩 그 동네에 가보았다. 꽃들이 만발한 봄에도 갔고 온 산에 든 단풍이 마을로 내려온 가을에도 갔다. 갈 때마다 갑자기 약간의 불안을 안고 들어가는데, 언제나 변화가 있긴 하지만 그 속도는 달팽이 속도처럼 느리기 그지없었다. 몇 년 새 있던 집이 사라지고 낡은 집이 새롭게 고쳐지면서도 10여 호의 밀도는 여전했고, 한가한 밭에서 오이가 자라고 동네 군데군데 심어져 있는 앵두도 잘 자라고 있었다.

지난 가을 초입으로 들어갈 무렵 어느 일요일에 그곳에 갔다. 부암동에서 백석동천으로 올라가 바위에 새겨진 글씨와 오래된 정자의 초석을 보고 개울을 따라 조붓하게 난 산길을 헤치고 들어갔다. 젖은 풀들이 발에 스치는 길을 걸으며, 문득 이곳이 예전에 안평대군이 꿈에서 보았던 '도원桃源'일지도 모른다는 생각을 했다.

서울
압구정동 로데오거리
골목

　　우리나라에는 로데오라는 이름이 붙은 거리가 많다. 대부분은 크고 작은 패션숍으로 채워진 거리인데, 미국의 패션 중심거리인 베벌리힐스의 '로데오 드라이브'에서 따온 것이라고 한다. 서울에만 해도 압구정동, 문정동, 연신내, 목동 등 여러 군데에 로데오거리가 있다. 그중 굳이 원조를 찾는다면 압구정동 로데오거리를 들 수 있다. 성수대교 옆 압구정동 한양아파트 맞은편 블록에 있는 로데오거리는 행정구역상으로 압구정동이 아니라 신사동이다.

　　그러나 원조 로데오거리는 요즘 아주 한적한 거리가 되었다. 나는 그곳이 한참 홍청거리던 시절에는 한 번도 들어가본 적이 없었다. 내가 어릴 때 그곳에는 놀 거리도 없었으며 나를 그곳으로 인도해줄 '근사한 친구'들도 없었기 때문이었을 것이다. 그러다 그곳에 정착하게 된 지 10년이 넘었다. 단지 지하철 3호선 구간 안에서 사무실을 구하려고 여기저기 부동산에 이야기를 해놓았는데, 그중 우연히도 적당하다고 추천받은 곳이 하필 로데오거리 한복판에 있었다. 그때가 2006년인데, 잠깐 있을 것이라고 생각하고 들어온 로데오거리에서 지금까지 머물고 있다.

압구정동 로데오거리가 어떻게 생겨났고 어떤 과정을 거쳐 유명해졌는지에 대해서는 다양한 설이 있다. 그중 가장 유력한 것은 1970년대 말 시작된 압구정동 개발에서 시작한다는 설이다. 농지였고 배밭이었던 지역에 갑자기 아파트촌이 조성되며 땅값이 폭등하고 떼돈이 몰려다닌 이야기는 아마 단군신화만큼이나 유명한, 사람들이 좋아하는 우리나라 신화다.

압구정동을 비롯한 강남 일대는 짧은 시간에 부촌이 되었다. 그에 손발을 맞춰 사대문 안에 있었던 명문학교들이 옮겨오는 등 군사작전을 펼치듯 박자가 착착 맞아떨어지고 아귀가 들어맞는 일들이 벌어진다. 한강변에는 강 흐름대로 전위에는 방벽과 같은 아파트들이 얹어지고 후방에는 상가건물들의 블록이 자리 잡게 된다. 지하철 3호선이 개통된 1980년대 중반에 본격적으로 압구정동으로 패션의 중심이 옮겨지고, 그

신호를 보내자 일제히 공격을 개시하듯 소비산업들이 강을 건너기 시작했다.

영동 일대 개발을 앞당긴 것은 1960년대 말부터 시작된 고속도로 건설과 제3한강교(한남대교) 건설이었다. 당시 그곳은 대부분 논과 밭이었고 서울로 들어오려면 나룻배를 타고 건너야 했다. 서울 외곽이었고 쉽게 접근할 수 없는 곳이었기 때문에 땅값이 무척 낮았다. 그곳을 개발해 인구가 폭증하는 서울의 주거 문제를 해결해보자는 개발 계획이 꾸준히 만들어졌지만 아무도 진지하게 듣지는 않았다. 사실 계획이야 그럴듯했지만 그 꿈을 이루기 위해 전제해야 하는 도시 인프라에 막대한 예산이 필요했기 때문이다.

그런데 어느 순간 상상할 수 없는 속도로 그 일이 이루어졌다. 제3한강교가 준공되며 아주 넓은 도로가 연결된 것이다. 한순간에 개발이 성사되고 도시 중심이 옮겨지게 된 것은 아무리 좋게 보려고 해도, 어떤 의도와 특혜의 개입이 없는 단순한 자연적인 성장이라고 하기는 어렵다. 당시 압구정동, 신사동 등의 땅값은 16년 만에 1,000배 안팎으로 상승했다고 한다.

압구정동 로데오거리는 그런 배경에서 태어났고, 1980년대와 1990년대를 관통하는 소비문화의 새로운 아이콘이 되었다. 한창때 그곳에는 오렌지족이 영역을 수호하는 원주민처럼 있었다고 하고 엄청난 활기가 그득했다고 한다. 그런데 나는 로데오거리가 지력이 다할 무렵 그곳에 들어갔다. 끝물이긴 했지만 그래도 우리가 들어가고 한 3년 동안은 젊은이들이 모여들었다. 밤새 놀았던 흔적이 널브러진 한적한 도로를 가로질러 출근해서 일을 마치고 퇴근할 무렵이면, 얼굴 가득 미소를 피워 올리며 무언가 즐거움을 기대하며 모여드는 천사 같은 선남선녀들이 양떼처럼 몰려들었다. 그 후 IMF가 닥치며 사람들 발길이 뚝 끊어지고 나서는 분당선 지하철역이 새로 개통되었지만 예전처럼 다시 살아나지 못하고 있다.

지금은 헐렁하고 무릎 나오고 색도 흐리멍덩해지고 여기저기 해진 오래 입은 물 빠진 청바지처럼, 부글부글 끓어오르던 사람들이 빠져나간 빈자리에 이제는 일본인이나 중국인 관광객이 왔다갔다 할 뿐이다. 이 거리는 9월에 접어든 해수욕장보다 한산한 곳이 되었다. 패션숍들은 중고 명품 가게가 되었다가 화장품 브랜드숍 등 패션보다는 관광객을 겨냥한 가게로 바뀌고, 거리의 색은 점점 희미해지고 있다.

그래서 조용해진 거리 풍경은 내가 지내기는 쾌적하지만 조금은 허전하다. 그 사람들이 왜 변심했는지, 사람들이 몰려다니는 메커니즘이 대체 무언지 생각해보기도 하는데 한 번도 결론은 내본 적 없다. 간혹 구청에서 거리를 다시 활성화하겠다며 요란하게 벌이는 행사로 거리가 시끄러울 때면 잠시 사람이 모이기는 하지만 이내 조용해진다.

꽃이 피었다 시드는 것처럼 사람들이 급격히 몰리는 곳은 늘 가파

르게 상승하고 빠르게 하강한다. 아마 자본주의는 그런 식으로 유지되고 확장되고 정체성을 확보하는 모양이다. 신사동 가로수길에 멋진 가게가 많이 떴다고 했다가, 경리단길에 어떤 식당 주인의 이름을 딴 골목이 생겼다고 하다가, 다시 성수동이 대세라고 하고, 마포 연남동 철길을 정비하자 연트럴파크라며 치켜세운다. 떠도는 소문을 따라 메뚜기처럼 사람들은 한철 뛰어놀 동네를 만들었다가 다시 부수고 떠난다.

　　침체된 로데오거리 옆으로 몇 년간 공사하던 지하철이 마침내 개통되며 부흥할 것이라는 기대가 한창일 때, 어떤 일간지에서 로데오거리를 분석하는 기사를 본 적이 있다. 긴 취재 기사였는데 말미에 "문제는 접근성이 아니고 콘텐츠이다"라고 결론을 내렸다. 냉정하게 말해 압구정동 로데오거리에는 독자적인 콘텐츠가 없다. 물론 그런 현상은 로데오거리뿐 아니라 대다수 우리나라 도시가 안고 있는 약점이기도 하다. 단지 유명인이 많이 온다거나 소문난 맛집이 많다거나 독특한 상점들이 있다는 정도의 특징은 이제 어느 한 지역만 갖고 있는 장점은 아니다.

　　로데오거리 초입에 어서 오십쇼 하는 의미로 세워놓은 애니메이션에서 방금 튀어나온 듯한 이상한 조형물을 지나 큰길로 나선다. 그 건너편에는 주택가로 흘러들어오는 유흥가의 흥청거림을 30년 넘게 지켜본 거대한 방벽과 같은 아파트가 서 있다. 로데오거리 모퉁이의 빵집에서 갓 구운 빵을 사며 창문 너머로 그 거대한 방벽을 보았다. 단순하면서도 강력한 덩어리가 몸을 크게 비틀면서 서 있는 물이 오르는 회화나무와 어우러지면서 한편으로는 감동스럽기까지 했다.

로데오거리 입구의 상징 같았던 그 빵집도 없어지고 나서, 그 자리에 다시 다른 가게가 들어오기까지 한참 걸렸다. 맥도날드 1호점이 나간 자리에 들어와 '패션 거리'의 자부심에 위기를 안겼던 유니클로 건물도 몇 년째 비워져 있다. 이 동네에 있었던 가게들이 매출보다는 브랜드 이미지나 상징성 때문에 자리를 지키고 있었던 것을 생각하면, 몇 년 사이 사람들의 기호가 달라진 것뿐만 아니라 산업 구조가 근본적으로 변한 것 때문이 아닐까 하는 생각이 든다. 남아 있는 가게들이 주로 식당이나 카페 등 온라인으로 살 수 없는 무엇을 팔고 있다.

누군가에게 이 거리는 사진 몇 장 남기러 어쩌다 찾아가는 골목이기도 하지만 누군가에게는 오래된 삶의 터전이기도 하다. 로데오거리의 한때를 채워주던 바람 혹은 거품이 꺼진 자리에 원래부터 있었고 지금도 있는 가게들이 남아 있다. 그 가게들은 사람이 살기 위해서는 반드시 필요한 물건을 파는 가게들이다.

로데오거리 초입에 있는 작은 문구점은 자잘한 문구 외에 잡지도 팔고 도장도 파주고 바람 빠진 공도 팽팽하게 채워주는 곳인데, 심지어 아이들 초등학교 숙제로 꽃씨가 필요했을 때 꽃집에도 없던 꽃씨를 그곳에서 샀던 적도 있다. 뭐든지 이야기하면 다 나오는 만능 캐릭터의 그 문구점, 아파트들이 지어질 무렵부터 있었다는 시장 안의 만둣집, 30년이 넘었다는 중식당, 잠잠하게 그늘에 앉아 있다 눈인사를 건네는 그런 곳들이 이 거리를 '동네답게' 만들어준다.

담양
창평 삼지내마을
골목

전남 담양 근처는 땅이 편안하고 기후가 온화한 곳이다. 또한 그곳에는 무수한 정자와 많은 학자와 아름다운 자연의 이야기가 촘촘히 박혀 있다. 명옥헌, 소쇄원, 식영정, 독수정, 면앙정, 화순 적벽 등의 볼거리와 다양한 먹거리 등 발길을 이끄는 곳이 너무나 많아 마음이 바빠진다.

특히 창평은 김제, 정읍 근처같이 일망무제의 너른 들은 아니지만 부드러운 산의 능선과 산에 포근히 안겨 있는 들이 널찍하며 비옥한 곳이다. 당연하게도 그곳의 살림살이는 경제적으로 여유가 있었고, 그런 여유는 예술과 철학으로 승화되었다고 한다. 그래서 그런지 창평의 넓고 포근한 들판을 보면 시원한 눈맛과 더불어 애간장을 녹이는 듯한 리듬이 느껴진다. 유장한 가야금 산조를 듣는 듯하다. 다른 어떤 구경거리보다도 그런 리듬에 몸을 얹고 이곳을 거니는 것이 가장 즐거운 여흥이다.

창평에는 임진왜란 때 의병장으로 큰 공을 세우고 금산에서 그의 아들과 장렬하게 전사했던 제봉 고경명高敬命 선생의 후손들이 사는 동네 '삼지내마을'이라는 곳이 있다. 삼지내라는 지명은 이곳은 세 곳에서 오는 물, 즉 월봉산에서부터 흘러나오는 월봉천과 운암천, 유천이 만나는 동네라는 의미라 한다.

그리고 이 동네를 더욱 유명하게 만들어주는 것은 우리나라 최초의 '슬로 시티'로 지정된 마을이라는 것이다. 1999년 이탈리아 소도시에서 시작된 슬로 시티 운동은 "자연 생태를 슬기롭게 보전하면서 느림의 미학을 기반으로 인류의 지속적인 발전과 진화를 추구해나가는 도시"의 가치를 찾는다는 뜻이다. 최초, 최고를 아주 좋아하는 우리네의 정서로 볼 때 이곳에 무슨 특별함이 있을까 궁금할 수도 있지만, 기대했던 특별함은 언뜻 눈에 들어오지 않는다. 첫인상으로는 오래된 고택과 돌담이며 동네를 관통하는 실개천이 잘 보존된 곳이라는 정도다.

그렇게 특별하지 않지만 특별한 곳이 삼지내마을이다. 사람의 얼굴이나 인격이 다양한 것처럼 집도 그 느낌이나 품격이 다양하고, 마을 역시 아주 다양한 얼굴과 성격을 보여준다. 삼지내마을은 아주 조용하고 성실하지만 굳은 내면을 갖고 있는 모범생 같은 느낌을 준다. 겉으로 드러나는 화려함은 없지만 산이나 물이나 길이 모두 평범한 듯 비범하고 빠진 부분 없이 잘 갖추어진 곳이다.

이 마을에서 가장 큰 인상을 주는 곳은 3.6킬로미터나 이어지는 둥근 화강석을 진흙으로 쌓은 토담길이다. 마을 근처의 돌들을 흙으로 붙여 쌓은 담은 이끼가 앉아 있는 소담한 기와와 어우러지며 길고 긴 이야기를 풀어나가듯이 동네를 휘감으며 꿈틀꿈틀 기어가고 있다. 그리고 그 담의 아래로 얕은 도랑이 같이 흘러간다. 구불거리는 도랑의 물길과 그 물길과 평행하게 이어지는 토담을 따라 길을 걸을 때, 정지용이 노래한 '옛이야기 지즐대는 실개천'이 생각난다. 햇살이 따뜻한 날도 좋고 비가 주룩주룩 오는 날도 아주 좋다.

인간이 살면서 누리는 큰 즐거움 중 하나는 좋은 길을 걷는 것일 것이다. 특히 포실한 흙길을 목적 없이 천천히 걸을 때 사람들은 많은 생각을 하게 되고 땅과 직접 교감을 할 수 있다. 아스팔트와 콘크리트로 무장한 도시의 길들은 관리가 편하고 자동차가 속도를 내기는 좋지만, 그 땅으로는 빗물이 스며들 수 없고 식물이 자라지 못한다. 결국 그런 환경 속에서 인간은 오랜 시간 탁자 위에 놓아둔 식빵처럼 바싹 마르게 된다.

도시의 불행은 그 지점에서 시작된다고 생각한다. 속도가 인간을 지배하고 편리가 인간을 소외시키는 것이다. 3킬로미터 남짓의 이 돌담길

은 너무 길지도 않고, 열리고 닫히고 좁았다가 넓어지는 다양한 풍경을 담고 있어서 지루하지 않고 포근하다.

마을 안에는 창평 고씨 집안의 오래된 집들이 구불구불 흐르는 시내에 여러 채 꿰어져 있다. 다양하고 자유로운 형태의 민가들도 볼 만하다. 특히 오래된 느티나무와 한옥 건물이 인상적인 창평면사무소 뒤에 있는 2층 한옥은 아주 특별하다. 지어진 지 80년 남짓 되었다니 아주 유서가 깊거나 건축적으로 대단한 곳은 아니다. 전통 주거 건축의 형식에서는 조금 벗어나 있지만, 생활을 하며 필요에 맞게 자유롭게 변형해서 지어진 우리 옛집의 건강함이 보인다. 지금은 사람이 살고 있지 않아 조금 아쉽기는 하지만, 시대에 맞게 적응하며 건강하게 유지되는 삼지내마을을 상징하는 듯해서 보기 좋다.

크지 않은 동네는 아무리 느릿하게 걸어도 이내 끝이 보이고 바로 넓고 유장한 전라도의 들판이 나온다. 멀리 무등산이 보이고 가까이는 오뚝하게 들판에 서 있는 2층 누각인 남극루가 보인다. 옛 창평 동헌에서 현감의 출퇴근을 알리는 북을 쳤다는 문루를 이곳에 옮겨놓고 정자처럼 썼고, 이름은 옮기면서 새로 지었다고 한다.

창평의 그 너른 들은 고경명과 동문수학했던 조선의 문인인 정철을 키워낸 곳이고 그를 보듬어준 곳이기도 하다.

이 몸 삼기실 제 님을 조차 삼기시니

한 생 연분이며 하날 모랄 일이런가

나하나 졈어 잇고 님 하나 날 괴시니

이 마음 이 사랑 견졸 대 노여업다.

이 글은 사랑하는 임에 대한 애끓는 마음을 표현한 사랑 노래다. 그런데 여기에서 임은 연모하는 이성이 아니고 한용운의 임처럼 추상적이고 포괄적이지도 않은 바로 자신의 고용주인 임금이다. 조선시대 가사문학의 백미인 이 글의 제목은 '사미인곡思美人曲'이고, 지은이는 조선시대의 유명한 정치인이자 문인인 송강 정철이다. 그러므로 그가 이야기하는 임은 바로 당시의 임금, 선조였을 것이다.

나는 이 글을 무척 좋아해서 가끔씩 소리 내서 읽어본다. 옛날 말인지라 내용은 알 듯 말 듯하지만 애틋하고 특히 입안에서 굴러다니는 말의 맛이 아주 좋다. 좋은 길이 발을 즐겁게 해주고 몸을 즐겁게 해주듯, 좋은 글이란 마음을 건드리고 머리를 깨우치는 효능 말고도 입을 즐겁게 해준다고 생각하는데, 특히 정철의 글들이 그렇다. 『구운몽』을 썼던 서포 김만중은 『서포만필』에서 정철의 가사를 들어 동방의 이소離騷라 하며 우리나라의 참된 문장이라고 칭송했다.

정철이 이 글을 지은 것은 치열하던 정치 활동을 잠시 뒤로 물리고 어린 시절 아버지와 같이 살았던 곳이며, 그의 학문과 정신의 고향인 창평에 머물 때였다. 정철의 인생은 참으로 파란만장했다. 궁궐이 가까운 장의동(청운동)에서 태어나고 누나가 임금(인종)의 후궁(귀인 정씨)으로 들어간 덕분에 궁궐을 들락거리며 화려한 어린 시절을 보냈다. 그러나 10세가 될 무렵 집안이 을사사화에 연루되는 바람에 귀양 가는 아버지를 따라다니면서 그의 운명은 고달파진다.

함경도를 전전하다가 15세에 아버지가 유배에서 풀려나며 할아버지의 묘소가 있는 창평으로 옮기는데, 여기서 신비한 인연으로 김윤제라는 학자를 만나며 정철에게는 새로운 인생이 열리게 된다. 이어 스승의 소개로 창평과 담양 인근의 훌륭한 학자들이 팔 걷고 나서서 그를 키운다.

정철을 가르친 스승들의 면면을 보면 놀랍다. 김인후, 임억령, 기대승, 송순 등 당대 최고의 학자·문인들이다. 이후 정철은 장원급제하며 화려하게 세상의 중심으로 복귀해 때론 낭만적인 문인이고 때론 냉철한 정치인, 혹은 유능하고 인자한 지방관으로 아주 다양한 얼굴을 세상에 보여준다. 아마도 정철은 이곳의 풍경을 보면서 다시 아름다운 시인으로 돌아왔고, 고경명은 나라를 지키겠다는 굳건한 마음을 키웠으리라 짐작해 본다.

그러나 나는 삼지내마을의 살풋한 돌담길을 거닐다 문득 창평의 너른 들과 품을 열어 푸근하게 안아주고 있는 무등산을 보고 있노라면, 단지 세상사 바쁠 게 뭐 있겠나 하는 여유로워지는 마음에 입가에 미소가 저절로 일어날 뿐이다. 땅이 깨어나며 화려하게 살아나는 봄이 되면 저절로 그곳의 구불구불한 돌담길이 떠오른다.

일본
도쿄 메지로
골목

　　나는 우리와 무척 비슷하면서도 너무나도 다른 일본에 비교적 자주 간다. 일 때문에 갈 때도 물론 있지만, 주로 계획을 세우지 않고 대충 묵을 곳을 한 곳 정하고 특별히 여기저기 보러 다니지도 않으며, 그냥 그 동네를 며칠 배회하는 게 여행의 전부다. 그러다 보니 내가 다니는 곳은 주로 이름난 장소보다는 사람들이 사는 평범한 골목이다. 사실 여행이라기보다는 '목적 없는 임시 체류'라 하는 것이 더 적합할 것이다.

　　관광객이 뜸한 그런 골목을 다니는 가장 큰 이점은 무엇보다도 속도를 내지 않고 천천히 다니게 된다는 것이다. 여기저기 볼 곳을 정해 다니다 보면 늘 시간에 쫓기고 마음이 바빠서 그곳에 사는 사람들의 모습을 놓치기 쉽다. 그렇게 관광객이 뜸한 동네를 다니다 보면 그 동네 사람들이 약간 당황해하면서도 대부분 친절하게 대해주어 편안하게 지낼 수 있다는 점이 그중에서도 가장 좋다. 어떤 여행 안내서에도 없는 재미있는 이야기들을 직접 캐내는 즐거움은 무엇과도 바꿀 수 없기도 하다.

일본이라는 곳은 분명 다른 민족이 사는 다른 국가가 확실하다. 하지만 좋건 싫건 오랜 시간 문화의 교류가 이루어져왔고, 자동차의 진행 방향 외에는 모든 제도나 사회적 시스템이 한국과 비슷해서 외국에 갔을 때의 이질감이 상대적으로 적다. 물론 그것이 단점이 되기도 한다. 다시 말해 일단 편하고 큰 이물감은 없어 좋으나 새로운 문화를 접할 때의 문화적인 충격이나 그에 따른 자극이 상대적으로 적다. 사실 일본을 자주 가게 된 이유는 우리의 문화 속에 일본적인 것이 얼마나 들어 있는가 하는 의구심과 그런 비교를 통해 드러나는 우리의 정체성은 과연 무엇일까 하는 의문에서 비롯되었다.

일본에 가본 사람이라면, 번화가부터 동네 골목길까지 예외 없이 구석구석 먼지 한 점 없이 깨끗한 모습을 본 적이 있을 것이다. 오래전 처음으로 도쿄에 갔을 때, 호텔에 짐을 풀고 근처 동네를 보러 나갔다가 그 연유를 알게 되었다. 10시가 넘은 늦은 밤이었고, 호텔 주변은 평범한 일본 서민들이 사는 동네였다. 어두운 골목에 사람이 별로 없었고, 서울과

별반 다를 것이 없는 풍경이었다.

　그런데 어느 집 앞을 지날 때, 그 집 주부로 보이는 아주머니가 앞치마를 곱게 두르고 빗자루와 쓰레받기로 대문 앞을 정성스레 쓰는 모습과 마주쳤다. 청소하는 것이 뭐 그리 놀랄 일은 아니고 무슨 사정이 있을 수도 있겠지만, 그 늦은 시간에도 나와서 안방을 청소하듯 꼼꼼하게 집 앞을 청소하는 모습은 생소했다.

　그리고 그다음 날은 일요일 아침이었다. 아침 일찍 다시 동네를 산책하고 있는데, 사람들이 어떤 집 앞에 모여 있는 모습이 눈에 띄었다. 궁금해 다가가서 보니 그 집 2층에서 어떤 사람이 뛰어내리겠다고 소리치고 있었고, 밑에서 사람들이 달래는 상황이었다. 결벽증을 가진 사람의 책상처럼 깔끔하게 정돈된 주택가 골목과 2층 베란다에서 소리 지르는 사람 사이의 아주 묘한 대조가 인상적이었다.

　화창한 날 피어난 벚꽃의 화려함과 일본 열도에 그득한 습기를 동시에 만나는 듯, 두 개의 모순된 사실이 같은 프레임 안에 공존하는 느낌, 그것이 일본을 궁금하게 하고 찾아가게 만드는 것 같다.

　골목을 걷다 보면 집집마다 대문이 꽁꽁 닫혀 있고 창문에는 커튼이 드리워져 있다. 분명 사람이 사는 곳인데 인기척이 별로 없고 밤에 걸어다녀도 불이 꺼져 있고 아주 조용하다. 일본인들은 타인에게 폐를 끼치지 않는 것을 가장 큰 사회적 덕목으로 삼는다는 이야기를 들은 적이 있다. 주택가 골목에 들어가면 왁자지껄하고 소란스런 우리의 골목 풍경과는 무척 다르다. 깨끗한 골목길 안에는 길을 막고 주차한 자동차는 단 한 대도 없다. 집 앞 조그만 틈에 자동차를 몇 센티미터의 틈만 남긴 채 말끔하게 주차한 모습을 보면 무섭다는 느낌이 들 정도다.

여행을 통해 나는 도쿄에 검은 눈과 흰 눈이 있다는 사실을 알게 되었다. 실제 사람이나 동물의 눈이 아니라 동네 이름인데, 하나는 메구로 目黑이고 하나는 메지로目白라는 동네다. 몇 년 전 신주쿠나 하라주쿠 같은 번화가에 가까우면서 조용한 주택가를 끼고 있는 메구로에 마침 적당한 호텔이 있어서 묵다가, 문득 '왜 동네 이름을 검은 눈이라는 의미로 지었을까?' 하는 의문이 고개를 들었다. 누구의 눈이 검다는 이야기일까? 그런 궁금증은 거기서 전철로 몇 정거장 떨어진 곳에는 메지로, 즉 '흰 눈'이라는 동네가 있다는 것도 알게 되며 더욱 증폭되었다. 왠지 시적詩的이기도 하고 많은 상징을 포함하는 이름이라고 생각했다.

그래서 전철을 타고 무작정 메지로역으로 향했다. 역에서 내려 잠시 둘러보니, 아주 한적하고 평범하기 그지없는 전형적인 일본의 주택가였다. 황족이 주로 다녔다는 학습원 대학이 있는 것이 조금 특별하다면 특별할까, 폭이 좁은 도로로 작은 자동차들이 천천히 지나다니고 있었다. 길가에는 여느 주택가와 마찬가지로 문방구, 옷 가게, 신발 가게, 반찬 가게, 도시락 가게 등이 늘어서 있었다. 오랜 시간이 반질반질하게 코팅된 채 침착하게 가라앉은 색을 몸에 두르고 앉아 있는 그 가게들 사이를 지나 조금 더 안으로 들어가 보았다.

그리고 땅을 썰어놓았을 때 그 단면이 보이는 것처럼, 오래된 집들과 많은 시간이 있었다. 동네가 존속했던 세월만큼이나 다양한 시대의 건물들이 모여 있었는데, 약간의 파열음도 없이 사이좋게 골목을 채우고 있었다. 비싼 재료를 썼다든가, 최신 유행에 따르는 형태의 건물들은 별로 없었다. 그러나 성실한 가장과 부지런한 주부가 시간을 들여 잘 정리해놓은, 낡았지만 편안하고 깔끔한 집을 갔을 때와 같은 느낌을 받았다. 대체 생활의 어수선함을 모두 어디에 감춰놓은 것일까? 일본의 골목을 걸을 때마다 그 점이 너무 신기했다.

조금 더 들어갔더니 점점 집들이 커지더니 푯말이 하나 눈에 띄었다. '도쿠가와 빌리지.' 도쿠가와, 무척 익숙한 이름이었다. 그리고 그 옆에 있는 집의 문패를 보니 한문으로 '덕천德川'이라고 쓰여 있었다. 그럼 우리가 아는 도쿠가와 이에야스德川家康와 정말 무슨 관계가 있는 걸까?

호텔로 돌아와 열심히 조사해보니 역시나 그 동네는 도쿠가와 이에야스의 후손들이 살고 있다고 한다. 좁고 긴 형태와 아담한 크기의 일반적인 일본식 주택들과 달리, 무사의 갑옷처럼 어깨가 넓은 그 동네의 집들은 고개를 살짝 기울인 채 크고 깊은 눈으로 우리를 내려다보고 있었다.

검은 눈, 흰 눈……. 그 동네 이름의 근원은 도쿠가와 이에야스가

천하를 통일하고 에도막부를 세우면서 시작된다. 그때 도쿠가와의 핵심 측근인 덴카이天海 선사라는 사람이 있었다. 그가 막부의 안녕과 국가 태평을 위해 도쿄에 다섯 개의 절(흑·백·적·청·황)을 지었는데, 다섯 군데 중 지금은 흑과 백만 남게 된 것이다. 우리가 묵었던 메구로에 있는 '다이엔사大圓寺'가 당시 덴카이 선사가 지은 절이라고 한다. 그곳에도 가보았는데 규모가 그다지 크지 않았고 해질녘 어스름이 내려앉는 마당에 고요한 염불소리만 울리고 있었다.

소설가 김영하는 도쿄 번화가를 '볼륨을 줄인 대형 텔레비전' 같다고 했다. 사람이 많고 도시는 크고 넓고 또한 복잡하다. 그러나 그 안은 고요하다. 일본에 가면 문득 그 고요함이 익숙하지 않으며 때론 당혹스럽기까지 하다. 화창한 일요일 오후 하라주쿠 큰길가 인도를 걸어보면 알게 된다. 대표적인 번화가인 그곳은 일요일을 즐기기 위해 나온 사람들로 그득하지만, 꽤 긴 거리를 걷는 동안 내 가방을 치는 사람도 없고 내 어깨에 부딪히는 다른 어깨도 없다. 극성이 같은 자석처럼 사람들 사이에는 언제나 적당한 거리가 유지된다.

번화가가 소리를 줄인 대형 텔레비전 같다면, 일본의 골목은 그 반대다. 나는 영상은 사라지고 소리만 두런두런 남은 메지로 골목에서 500년도 훨씬 더 된 옛이야기를 오랫동안 듣고 있었다.

일본

도쿄 아오야마

골목

　　도쿄의 아오야마靑山는 하라주쿠역에서 오모테산도表參道라 부르는 긴 길을 지나면 나오는 동네다. 번화가답지 않게 뒤로 큰 숲을 배경으로 소박한 시골역 같은 분위기로 서 있는 하라주쿠역을 나와 신호등을 하나 건너면 아름드리 가로수가 머리를 조아리며 도열해 있는 듯한 큰길이 펼쳐진다. 가로수 뒤로는 명품 상가가 큰길에 줄지어 서 있고, 휴일에 그 길 초입에서 약한 내리막길로 이어지는 오모테산도를 바라보면 사람들의 머리가 길에 가득 찬 모습을 볼 수 있다.

　　그 길에서 세상의 온갖 명품 브랜드를 거의 다 만날 수 있고, 내로라하는 세계적인 건축가의 작업을 많이 볼 수 있다. 명품 상가 자체가 세계적인 건축가의 경합장처럼 되어 있다. 오모테산도는 일본을 근대화하는 데 큰 역할을 했던 메이지明治왕을 기리는 메이지신궁으로 가는 길이다. 하라주쿠역 뒤의 큰 숲이 바로 메이지신궁이다. '산도'라는 말은 신사로 이어진 길이라는 뜻인데, 신사로 가는 길이 소비의 고속도로가 된 것은 일본의 근대화와 현대화의 방향을 암시하는 듯한 느낌이 든다. 오모테산도의 명품과 그곳을 찾아온 사람들의 밝은 표정을 실컷 보고 네거리에서 길을 건너면 아오야마가 나온다.

도쿠가와 이에야스의 중신이었던 아오야마 가문의 저택이 있어서 '아오야마'라고 불리게 된 이 지역은 1964년 도쿄올림픽 이후 디자이너 작업실과 상점이 많이 들어서며 지금의 모습으로 만들어졌다고 한다. 오모테산도보다는 길이 좁지만 이곳 역시 굉장한 명품거리다. 크고 작은 개성이 강한 건물들이 이어지는데 그곳에서 단연 눈에 띄는 건물은 다이아몬드 조각을 이어 붙여 만든 듯 반짝이는 건물이다.

그 건물은 바로 2008년 베이징올림픽 주경기장을 설계한 스위스 건축가 헤르초크 앤드 드 뫼롱Herzog & de Meuron이 설계한 프라다 매장이다. 사선으로 교차하는 거대한 프레임은 망사를 뒤집어쓴 것처럼 보이는데, 사선과 날카로운 예각의 틀 안에 유리를 올록볼록하게 끼워 넣어 날카로움이 느껴지지 않게 해준다. 그리고 유리를 통해 들여다보이는 내부와 외부는 풍경을 왜곡해 독특한 느낌을 준다.

하얗고 초현실적인 내부 공간에 정중하게 손님을 맞이하는 그림 같은 표정의 종업원들을 통해 명품이라는 현대 소비사회의 새로운 상징이 한껏 부풀려진다. 제2차 세계대전 이후 패망한 패전국의 자존심을 되살려준 일본의 다양한 브랜드와 서구의 명품이라는 이미지를 끌어들인 아오야마와 하라주쿠의 거리는 그런 하나의 상징처럼 보인다.

그리고 길 끝에 이르면, 일본을 대표하는 두 건축가를 만나게 된다. 한 명은 안도 다다오安藤忠雄이고 또 한 명은 구마 겐고隈研吾다. 안도 다다오는 전성기인 1989년 콜레지오네Collezione라는 콘크리트 상업 건물을 이곳에 지었다. 안도 다다오는 오사카에서 태어나 공업고등학교 기계과를 졸업하고 건축가가 되겠다는 열망 하나로 독학으로 건축을 공부해 성공한 건축가가 된 독특한 이력을 지녔다.

그는 일본을 대표하는 현대적인 건축가로 개성이 강하고 존재감이 뚜렷한 기하학적인 구성의 노출콘크리트 건물을 많이 설계했다. 콜레지오네는 오랜 그의 건축 경력을 통틀어 전성기라 평가되는 시기에 지어져 좋은 평가를 받았던 건축물이다. 많은 건축가의 필답 코스인 그 건물은 네모 안에 원이 들어가 있고, 또 네모는 다시 큰 원 안에 갇혀 있는 구성이다. 아주 기하학적이며 정연하지만 매우 불친절하다. 사람들은 원의 외곽을 따라 올라가며 미로 속을 헤매게 되고 건축가의 자의식에 압도된다. 사람들을 압도하며 자신의 건축에 따르라는 엄중한 선언처럼 보인다.

그곳을 나와 건널목을 건너면 아오야마 길의 끝에 네즈미술관Nezu Museum이 있다. 그곳은 제2차 세계대전 이전에 철도사업으로 돈을 벌었던 네즈 가이치로根津嘉一郎가 수집한 동아시아 지역 컬렉션을 전시하는 미술관인데, 2009년 구마 겐고의 설계를 통해 다시 태어났다.

남성성과 자의식 과잉의 콜레지오네에 비해 네즈미술관은 복잡한 심경을 가진, 그러나 부드럽고 정중한 일본의 성격이 드러나는 건축이다. 대나무와 깊은 그늘로 길게 사람을 끌어들이는 소박하지만 엄정한 진입로를 거치면, 과장된 크기와 칼로 베어낸 듯 날카로운 지붕이 있는 새로 지은 미술관으로 들어서게 된다. 그 안은 넓은 정원에 조경이 다양하고, 네 개나 되는 다실 등 여러 건물로 꾸며져 있다. 역시 일본의 정원답게 마무리가 깔끔하고 군더더기 없으며 정연하다.

나는 그 안을 걷다가 문득 언젠가 우리나라에서 배로 실려왔을 조선시대 문인석 한 쌍을 만났다. 정교하게 칼로 베고 깎아 만든 것 같은 일본의 집과 정원 사이에서 울퉁불퉁한 화강석으로 둥글둥글 매만져진, 얼굴에 푸근한 웃음을 담은 채 두 손을 모으고 공손히 서 있는 문인석은 그 공간을 부드럽게 눅여주고 있었다. 한국과 일본의 비슷한 듯 근본적으로 다른 정서와 미감을 극단적으로 보는 듯했다.

내가 일본에 가서 제일 놀랐던 것은 아름다운 정원도 아니고 유명한 건물도 아니고 그곳의 사람들이었다. 어느 날씨가 무척 좋은 일요일 오후, 아오야마에서 하라주쿠 쪽으로 향하는 중간, 오모테산도의 길고 완만한 내리막길은 놀러 나왔거나 쇼핑하러 나온 도쿄 시민들로 그득했다. 그 길을 지나 하라주쿠역까지 가려면 여러 번 사람들과 부딪히는 것은 뻔한 일이었다.

그러나 내려가는 동안 신기하게도 내가 몸을 비틀거나 이리저리 피해 다닐 필요가 없었다. 모세가 지팡이를 내리찧자 홍해가 갈라지듯, 자석의 같은 극성끼리 밀어내듯 길이 열리고 아무런 충돌 없이 지나갈 수 있었다. 누군가 가까이 다가오면 경보음이 울리고, 사람들은 그것에 반응해 적당히 피해주는 것 같았다. 그런 도시가 신기했고, 그래서 도쿄 거리를 거니는 일은 정지된 이차원 화면 속을 홀로 거니는 느낌이 들기도 했다.

얼마 전 출장을 간 길에 네즈미술관을 다시 방문했다. 그날은 평소 음을 소거한 듯 고요하고 적막하던 미술관이 입구부터 정원까지 온통 사람들로 붐비고 있었다. 뭔가 다른 장소를 잘못 들어간 듯 생각될 정도였다. 심지어 늘 잠겨 있던 다실 문이 열려 있어 다회에 초대된 손님들 틈에 끼어 전통식으로 차 한 잔을 대접받기도 했다. 알고 보니 1년에 한 달 정도 미술관의 대표작을 공개하는 행사의 마지막 날 운 좋게도 찾아갔던 것이다.

그날의 네즈미술관과 다시 바라본 아오야마 거리는 이차원 화면

이 삼차원으로 바뀌듯 사람들로 떠들썩했고 생기가 감돌았다. 그동안 알고 있던 모습과는 사뭇 다른 모습을 보게 되었다. 미술관을 나와 우리는 아오야마의 큰길에서 벗어나 골목 깊은 곳, 사람이 사는 골목까지 들어가 보았다.

그저 단편적인 정보로만 접근하는 도시는 지도상에서 아이콘으로 널리 알려진 화려한 모습에서 출발할 수밖에 없다. 그러나 큰길에서 방향을 꺾어 골목 안으로 한 켜씩 들어가다 보니 화려했던 상업적인 층위는 점점 엷어지고, 바통을 이어받듯 집이 하나둘 나타나며, 그곳에 사는 사람들이 눈에 들어왔다. 수채화 물감이 섞이는 듯한 자연스런 조화를 볼 수 있었다.

여행을 하다 보면 점적인 시점에서 시작해 선적과 면적 영역으로 발전해나간다. 평면적인 감상에서 시작해 점점 입체적이고 다차원적 경지로 가는 것이다. 처음에는 소문난 명소들을 지도에 찍어놓고 찾아 들어가서, 정해진 위치에서 정해진 각도로 정신없이 카메라에 담고 또 장소를 옮겨 비슷한 행동을 반복한다. 오로지 하루에 얼마나 많은 곳을 정복해나가는지가 목적인 양 정신없이 돌아다니는 것이다.

그러다 어느 날 점들이 이어지며 선이 되고 면이 된다. 그리고 시간이 지날수록 그런 발품이 모두 덧없다는 생각이 든다. 그래서 새로운 곳을 찾아다니지 않고 간 곳을 계속 간다. 가서는 보는 것이 아니

라 어정어정 걸어다니기만 한다. 수만 장 찍던 사진이 모두 부질없다는 생각이 들며, 결국 게으른 여행객이 되는 것이다. 그러면 사람이 보이고 동네가 보인다. 사람 사는 동네와 그곳에 머무는 사람들을 만나게 되는 것이 바로 여행의 종착점이라는 생각이 든다. 그날 본 것은 아오야마의 맨얼굴이었다.

일본
교토 니시진
골목

　　니시진西陣은 일본의 고도古都 교토에 있는 한적하고 평범한 동네
다. 평범하다는 표현은 교토의 다른 지역에 비해 대단한 관광 포인트가 없
다는 이야기지만, 그렇다고 맹숭맹숭하기만 한 그저 그런 골목은 아니다.
관광객이 많이 찾는 골목이면서도 생활로 가득 차 있는 동네다.

　　말하자면 요즘 우리나라처럼 사람이 많이 찾게 되면서 카페가 생
기고 국적불명 거리 문화가 이식된다거나, 급격히 동네가 시끄러워지고
생활이 닳아 없어져서 주민이 점점 줄어드는 그런 동네가 아니라는 이야
기다.

이곳은 '뜨는 동네'임에도 사람들은 50년 전처럼, 혹은 100년 전처럼 잘 살고 있다. 그게 참 신기하다. 니시진은 어떤 동네 지명은 아니다. 교토를 동서로 나누어볼 때 서쪽에 있는 동네이며, 교토의 대표적인 산업 중 하나인 섬유산업의 중심지였다. 이곳에서 만드는 비단을 니시진오리西陣織라고 해서 최고급 비단의 상징처럼 떠받들었다고 한다. 고급 기모노를 만들기 위해서도 많은 사람이 니시진을 찾았다고 한다.

2016년 5월에 나는 니시진이 정확히 어딘지도 모르고, 누군가 그 골목에 한번 가보라기에 스마트폰 앱에서 제공하는 지도를 검색하고 버스 노선을 찾아보았다. 여행의 필수품인 지도가 스마트폰으로 들어간 것은 참으로 획기적인 변화다. 우리가 통상 여행을 할 때는 지도를 가방에서 꺼내고 줄을 쳐가며 동선을 파악하고, 관광 안내소에서 얻은 그 지역 관광지도를 뚫어지게 쳐다보면서 교통편을 파악해 움직인다. 심지어 떠듬떠듬 주변 사람에게 길을 물어보며 찾아가기도 한다.

그런데 그런 귀찮은 일들을 이제는 하지 않아도 된다. 이를테면 모든 것은 직관적인 통신기기를 통해 선적인 흐름이 아니라 점에서 점으로 이루어지고, 우리는 과정을 생략하고 직접 문을 열고 목적지로 들어가게 된 것이다. 그런데 이런 환경이 편리하기도 하고 신기하기도 하지만 가끔씩 불안한 느낌이 들기도 한다. 편한 만큼 우리는 기계나 새로운 정보기술에 예속되는 것이고 언젠가 그런 공급이 끊어지면 혹 한 치 앞도 내다보지 못하는 청맹과니가 되지나 않을까 하는 그런 불안 말이다.

그런 면에서 교토는 참 특이한 도시다. 겉모습은 아날로그적이나 내면은 첨단 디지털로 채워져 있다. 가령 버스 정류장의 차량 정보는 그림판이 움직이는 고전적 장치로 보이는데 사실은 디지털 신호로 버스가 오는 시간을 정확하게 안내해준다. 우연히 걷다 들어간 골목에 세계적인 브랜드의 가게들이 포진해 있지만, 도시의 풍경은 1970년대 혹은 그 이전의 서울을 걷는 것 같다는 생각이 든다. 사람들의 정서도 그렇고 동네 풍경도 그렇다. 특히 니시진의 골목은 바로 그런 풍경으로 이어지는 곳이다.

버스를 타고 다이도쿠사大德寺 앞에서 내려 한 겹 뒤의 골목으로 접어들었다. 조용한 골목 안에서 낮게 깔리는 기계음과 툭탁거리는 소리가 간헐적으로 들려왔다. 나중에 알고 보니 아직 남아 있는 작은 섬유공방에서 나는 소리였던 모양이다.

어디가 어딘지도 모른 채 바둑판처럼 정연하게 뻗은 골목을 한없이 돌아다녔다. 문득 오래된 목욕탕을 고친 카페가 나오기도 하고, 건물 옆으로 길을 따라 잉어가 유유히 헤엄치는 수로를 건너 들어가도록 되어 있는 기름 가게를 만나기도 했다.

처음 니시진에 갔을 때는 그렇게 우연에 기대어 풍경을 즐기며 하염없이 돌아다녔고, 두 번째는 그곳을 잘 아는 사람과 함께 갔다. 로버트 파우저Robert Fouser 교수는 미국인인데, 일본에서 13년을 살았고 공교롭게

도 우리나라에서도 13년을 살았다고 한다. 그래서 그는 영어 · 일본어 · 한국어를 아주 유창하게 하고, 한국어의 아주 미묘한 단어 차이까지도 잘 알고 있어서 가끔 우리를 놀라게 한다.

그는 얼마 전 한국 생활을 마치고 미국으로 돌아갔는데, 교토에 한 달 정도 체류할 예정이라 해서 마침 우리도 교토에 갈 일이 있었던 터라 일정을 맞춰 교토에서 그를 만났다. 내가 아는 일본어는 열 마디가 채 안 되는지라 일본에 가면 그냥 속 좋은 사람처럼 벙긋벙긋 웃기만 하고 다녔는데, 말을 옮겨줄 사람을 만나니 아주 좋았다. 사실 미국인을 통해 일본인과 대화하는 상황은 아무리 생각해도 웃기는 일인데, 함께 택시를 타고 가면서 택시기사에게 일본어로 목적지를 말하는 미국인과 동행한 것은 기묘한 경험이었다.

그를 교토 중심에 있는 오래된 시장 길 데라마치寺町에서 만나 차를 마시며 이런저런 이야기를 하다가, 그가 기거하는 게스트하우스 구경을 가기로 했다. 그가 머물고 있는 집은 니시진의 한 귀퉁이에 있는 아담한 집이었다. 그 집은 폭이 좁고 깊이가 깊은 마치야町屋라는 일본의 독특한 가옥 형태였다. 일본 거리를 걷다 보면, 정면으로 창과 문이 하나씩 나 있는 집을 많이 보게 된다. 거리로 면한 창은 대부분 나무로 만든 살을 두르고 불투명한 유리로 되어 있다.

길을 걸을 때마다 집 안을 전혀 예상할 수 없는 그 집들이 너무나 궁금했지만 들어갈 기회가 전혀 없었다. '저 안에 사는 사람들은 어떻게 바람을 들이고 빛을 들이며 살고 있을까?' 모든 방이 남쪽을 향하도록 집을 좌우로 길게 펼치는 우리와는 완전히 반대되는 방식이었다.

큰길에서 조금 들어가 집들이 얼굴을 마주 대고 있는 좁은 골목 안에 그가 머물고 있는 집이 있었다. 집 안으로 들어가면 길게 통로가 연결되고, 그 안으로 방과 계단이 줄줄이 꿰어져 있다. 그래서 일본인들은 그런 공간을 '우나기노 네도코ウナギの寝床(뱀장어의 잠자리)'라는 별칭으로 부르기도 한다. 들리는 말로는 도요토미 히데요시豊臣秀吉 시절에 집집마다 거리에 면한 폭을 기준으로 세금을 부과하는 바람에 그리되었다고 하는데, 설득력은 있지만 완전히 수긍이 가는 설명은 아니다.

왜냐하면 그런 정책으로 주거 형식이 잠시 바뀌더라도 시간이 흐르면 사람들은 탄성에 반응하듯 원래 원하는 모습으로 돌아가게 되는 법이다. 그런데도 이런 방식을 지금껏 고수하는 것은 아마 일본인들이 지닌 어떤 정서적 지향점이 원래 그런 방향이었기 때문이지 않을까 생각한다.

우리는 '뱀장어의 잠자리'에서 긴 집의 꼬리처럼 달려 있는 손바닥보다 조금 큰 정원을 보며 차를 마셨다. 하늘이 손수건만큼 보였고 작은 마당에는 오밀조밀하게 여러 가지 나무와 풀과 돌이 잘 정돈된 옷장처럼 수납되어 있었다.

니시진을 답사하기 시작했다. 모퉁이마다 놓여 있는 지장보살을 모시는 작은 함들과 거리에 작은 얼굴을 내놓고 모여 있는 집들……. 그래서 골목은 말할 수 없이 조밀하다. 그렇게 바짝 맞닿아 있는데도 너무도 조용한 골목과 간헐적으로 들리는 섬유공방의 기계음…….

한국과 일본을 모두 잘 아는 파우저 교수는 몇 가지 재미있는 비교를 했다. 일본 거리는 너무나도 깨끗한데 상대적으로 집은 좁고 짐이 많아 어수선한 느낌이고, 한국 거리는 지저분한데 집은 넓고 깨끗하다는 것이다. 그리고 일본인에 대해서는 정확성과 예측 가능함을 장점으로 이야기했고, 한국인에게는 '이해할 수 없을 정도의 낙천성'을 장점으로 꼽았다. 그런 말을 들으며 걷자니 어느 골목이나 한 치 흐트러짐도 없는 수도자 같았다.

그런 고요함은 교토 어디를 가도 느껴진다. 사람은 많은데 부딪히지 않고, 집은 가득한데 불빛이 없는, 의아할 정도의 침묵은 이 오래된 도시 전체를 감싸고 있다.

교토에서 가장 유명한 길로 첫손에 꼽히는 '철학의 길' 같은 곳을 찾아가도 마찬가지다. 긴카쿠사銀閣寺로 들어가다가 오른쪽으로 꺾어져서 난젠사南禪寺까지 물길을 따라 걸어 내려가는 그 길은, 봄에는 벚꽃이 한숨이 나올 정도로 만개하며 절경을 이룬다. 당연히 전 세계에서 온 관광객으로 북적이는데도, 관광지라면 흔히 생각하듯 요란한 상점가도 없고 사람에게 치일 정도로 힘들지 않게 다닐 수 있다는 게 신기할 지경이다.

구석구석을 열심히 관찰하고 사진을 찍는 우리를 마침 나와 있던 동네 사람이 신기한 듯 쳐다보았지만, 남의 일에 간섭하지 않는 일본인 특유의 심성 때문인지 적당히 모른 척해주었다. 그런 고요함과 편안함 때문에 가끔 일상의 고단함과 소란스러움이 무겁고 버거울 때면 교토의 그 한적한 골목을 느린 걸음으로 걷고 싶어진다.

일본

교토

철학의 길

그 이름도 거창한 '철학의 길'은 일본 교토 동쪽에 있는 작은 오솔길이다. 불교 사찰인 긴카쿠사의 옆구리에서 시작해 난젠사까지 이어진, 약 2킬로미터 되는 길이다. 이름이 '철학의 길'이 된 이유는 아주 간단하다. 일본의 대표적인 철학자이며 교토대학교 철학과 교수였던 니시다 기타로西田幾多郎가 학교로 출퇴근할 때 다니던 길이었기 때문이라고 한다.

그런 연유도 물론 있겠지만 사실 헤겔과 하이데거 등이 거닐었다는 독일 하이델베르크에 있는 '철학자의 길'이 자연스레 떠오른다. 또는 그 지역에 연고가 있는 유명인의 이름을 한사코 집어넣는 요즘 우리 지방자치단체의 명소화 전략이 생각난다. 물론 평생을 1분도 어기지 않고 시계보다 더욱 정확한 시간에 거닐었다는 칸트의 고향 쾨니히스베르크(지금의 칼리닌그라드) 산책길도 생각난다.

그러나 그런 이름에 대한 이런저런 허튼 생각들을 걷어내면 그 길은 정말 아름답고 편안하며 떨칠 수 없는 매력을 지닌 곳이다. 1968년에 조성해 1972년부터 '철학의 길'이라는 이름으로 부르기 시작했다는데, 봄에는 벚꽃이 장관이고 가을에는 그윽하게 단풍으로 물들어 사시장철 사람들이 몰린다. 물론 관광객으로서는 때맞춰 사진에 나오는 환상적인 풍경을 만나는 일은 그리 쉽지 않지만 말이다.

산책과 철학이라는 단어의 쌍은 아주 잘 어울리며 단어 간의 순응이 부드럽게 잘된다. '철학의 길'뿐 아니라 교토라는 도시 자체가 산책하기 좋은 도시다. 그 도시는 걷는 속도로 보아야 제대로 보인다. 몇 집 걸러 사찰이 나오고 모퉁이를 돌면 정원이 나오는 역사 도시라는 의미도 있지만, 몇백 년 쉼 없이 이어진 교토 사람들의 생활과 자부심이 동네를 가로지르며 늠실거리는 실개천과 같은 속도로 흘러다닌다.

'그런 건 예전에 우리가 사는 서울에도 지천에 깔렸지'라는 생각에 아쉬운 건 어쩔 수 없다. 우리는 실개천들을 오염시켰고, 냄새난다고 피했으며, 길을 넓힌다고 아예 시멘트로 덮어버렸다. 우리의 정체성과 자존심도 그때 같이 묻혀버렸다.

그러나 교토에는 여기저기 오래전에 우리가 잊고 있었던 실개천이 흐른다. 철학의 길에도 걷는 내내 그 개천이 우리를 따라다니며 말을 건다. 그게 참 좋다. 물론 졸졸졸 시냇물 소리가 들리는 정도로 고적하지는 않지만, 그렇게 많은 사람이 있으면서도, 전 세계에서 찾아오는 관광객을 겨냥한 많은 기념품 가게와 찻집이 들어서 있으면서도 그곳은 아주 조용하고 쾌적한 온도와 습도를 유지하고 있다.

나의 산책은 좀더 북쪽에 있는, 동네 작은 책방이지만 2010년 영국 『가디언』에서 '세계에서 가장 아름다운 서점 베스트 10The world's 10 best bookshops'에 이름을 올려 유명해진 게이분샤惠文社가 있는 이치조지一乘寺 부근에서부터 시작된다. 한 량짜리 기차가 요란하지 않게 살금살금 동네를 가로지르고, 차단기가 내려진 건널목에서 사람들이 딸랑딸랑하는 귀여운 경고음을 들으며 서 있는 한적한 주택가다. 그곳에서 슬슬 걸어 내려온다. 빵집과 잡화를 파는 상점이 깨끗하게 정돈되어 들어서 있고 전통 양식의 오래된 집들과 근대의 서양식 건물과 현대식 번쩍거리는 건물들이 의좋은 형제처럼 아무런 파열음을 내지 않고 만들어내는 동네 풍경을 보는 것은 즐거운 일이다.

긴카쿠사 입구에 다다라 고개를 왼쪽으로 돌리면 검은 돌에 '철학의 길'이라는 글자가 새겨져 있고, 벚나무가 도열한 호젓한 길이 도로와 평행하게 달린다. '철학의 길'의 서곡이 그곳에서 시작된다. 나는 어쩌다

보니 그곳의 봄·여름·가을·겨울을 모두 보았다.

　이름만 들어보았던 일본 교토에 처음 가게 된 때가 2014년이니 그리 오래되지는 않았는데, 일이 계속 생겨서 옆집 드나들 듯 자주 가게 되었다. 교토에는 갈 곳도 많고 볼 것도 많지만, 나는 여러 번 가면서도 늘 가는 절만 가고 가는 정원에만 가는 아주 소극적이고 옹색한 방문객에 머물고 있다. 처음에는 버스를 타고 갔던 '명소'들이 걸어서도 그리 멀지 않은 거리에 있다는 걸 알게 되면서 그 지점을 연결하는 길들을 찾아내고 거니는 게 더 흥미로워졌다.

　물론 일본의 자부심이기도 한 교토에 사는 사람들은 무척 자존심이 강하다고 한다. 그런 자부심과 자존심은 불편을 감수하더라도 자신들의 긍지인 역사와 전통을 지킨다는 마음으로 연결되는 것 같다. 가끔 교토를 우리나라 경주와 비교하는 소리를 듣기도 하는데, 교토와 경주는 좀 다르다. 경주를 치켜세우려는 열망만 가득하고 정작 경주가 갖고 있는 정체성과 자존심은 점점 사라지는 이상한 현상을 우리는 몇십 년에 걸쳐 보아왔다. 경주뿐만 아니라 우리나라의 역사적인 도시들이 갖고 있는 근본적인 딜레마다.

　표지석을 보고 2차선 도로와 작은 개천 사이의 흙길로 한참 걸어 들어간다. 작은 개천은 우리가 들어가는 방향과 반대로 흘러내려가는 물이다. 그 물길은 교토대학교를 거쳐 다카노강高野川으로 가는 중이다. 그 길의 끝에는 긴카쿠사로 들어가는 입구가 나오고 그 옆으로 작은 길이 보이는데 본격적인 '철학의 길'은 그곳에서 시작된다.

커다란 잉어가 수심이 얕은 개천을 유유히 흘러다니고 그걸 보느라 개천에 거의 빠질 듯 목을 빼고 들여다보는 어린아이가 있는 풍경은 사시사철 늘 똑같다. 빽빽하게 심은 벚꽃이 계절을 알려주는데, 사실 벚꽃이 만개하거나 단풍이 짙은 성수기보다 단풍이 지고 나서 우수가 드리워진 늦가을이나 초겨울이 오히려 철학의 길에는 더 적합하다는 생각을 한다.

철학의 길 중간에는 차를 마실 수 있는 요지야ょーじゃ 카페라는 곳이 있다. 화장용 기름종이와 화장용품을 만드는 회사에서 운영하는 체인인데, 전통적인 일본 2층 가옥을 개조해서 만들어놓은 곳이다. 길지 않은 길이지만 중간에 한 번 쉴 겸 그 안에 들어가면 잘 꾸며진 정원을 보며 차를 마실 수 있어 자주 쉬었다 간다.

처음에 안으로 들어가니 사람들이 어떤 안내선이라도 있는 것처럼 넓은 방에 줄지어 나란히 앉아 정원을 감상하고 있었다. 무릎을 꿇고 앉아서 풍경을 감상하고 차를 마시고 조용조용 이야기하는 사람들 사이에 엉거주춤 책상다리를 하고 앉아 있자니, 물에 섞인 기름 덩어리처럼 생뚱맞게 둥둥 떠다니는 듯했다. 혹은 조용한 선정禪定에 빠진 것 같기도 하고 깊은 물속에 가라앉는 것 같은 묘한 느낌을 안고 걸쭉한 말차를 마셨다. 바깥에는 그 말차를 바닥에 뿌려놓은 듯 이끼가 잔뜩 낀 정원의 녹색

바닥이 보였다.

　길이 거의 끝나갈 무렵 어린아이들이나 젊은 여성들이 관심을 보이며 멈춰서는 곳은 길고양이들이 모여 있는 장소다. 고양이들은 관심을 끌기 위해 아양을 떠는 사람들을 노련하고 여유 있는 몸짓으로 끌고 다닌다.

　내리막이긴 해도 거의 평지로 구성된 철학의 길은 갑자기 오른쪽이 열리며 교토 시내가 내려다보이는 지점에서 끝난다. 특히 해질녘 붉은 황혼과 낮은 산의 흐름 안에 포근히 안겨서 깜빡거리는 오래된 도시의 저녁 풍경이 푸근하다. 거기서부터 가파른 경사를 내려가 왼쪽으로 꺾어지면 아주 큰 절의 경내로 들어갈 수 있게 되는데, 그 길로 쭉 들어가면 굉장히 큰 절인 난젠사에 닿게 되어 있다.

　매번 나의 교토 산책길은 그렇게 이치조지 근처 숙소에서 철학의 길을 따라 내려가 난젠사 주변, 특히 정원이 아주 좋은 무린안無隣庵에 가거나 거기서 조금 더 걸어서 기온祇園 쪽으로 가는 걸로 반복된다. 언제 가도 변하지 않는 풍경은 어떤 의미에서는 답보를 의미하겠지만, 나에게 그런 풍경은 안도를 준다. 언제나 그 자리에 앉아서 우리를 바라보고 있는 든든한 후견인 같은 느낌이랄까.

　세상이 너무 변하고 나 또한 그에 못지않게 변하지만 어딘가, 누군가는 변하지 않고 세상에 휘둘리지 않기를 바라기도 한다. 교토가 그런 곳일 것이다. 꽃이 피고 잎이 무성해졌다가 떨어지고 눈이 덮이는 계절의 변화와 상관없이 그 사이사이 한결같이 피어난 작은 골목들과 언제나 단정하고 조용한 집들이, 늘 사분사분 이야기를 하고 겸손한 표정을 짓는 교토 사람들이 말을 건네온다.

일본

교토 이치조지

골목

　일본 교토에는 불교 사찰이 1,500개가 넘고 신사는 200개가 넘는다. 인구 150만 도시에 사찰이 1,500개라면 1,000명당 절이 하나 있다는 이야기인데 동네 구석구석 불교 사찰이 있다는 말이다. 산술적으로 따지자면 하루 종일 유명한 사찰과 신사만 구경하고 다녀도 1년은 족히 걸릴 정도의 엄청난 숫자다.

　그러나 유명한 관광지가 늘 그렇듯 사람이 몰리는 곳에 가면, 제대로 그곳의 역사를 느낄 수도 없고 그곳에 담긴 이야기를 들을 수도 없다. 더군다나 최근 교토로 가는 관광객이 많이 늘다 보니 기요미즈사淸水寺, 긴카쿠사金閣寺(금각사) 같은 유명한 사찰들은 같은 처지의 관광객들과 이리 저리 쓸려 다니다 비슷한 사진을 몇 장 얻어 나오는 게 다반사다. 그곳을 찾는 개개인에게 그런 사진 몇 장이 무슨 의미가 있겠는가. 나 역시 관광객 처지로 그곳에 들락거리지만 유명하다는 곳은 그 도시를 대부분 이해한 다음에 가서 볼 요량으로 뒤로 한참 밀어놓았다.

우선은 사람이 사는 동네를 찾아다닌다. 조사를 하고 가는 것이 아니라 발길 닿는 대로 아무 곳이나 가고, 마음에 드는 곳이 있으면 그곳에 머물며 조금씩 탐사 범위를 넓힌다. 그건 어릴 때 서울의 골목을 뒤지고 다니며 놀던 시절 터득한 나만의 여행 방식이다.

그런 나의 기준과 여러 가지 우연이 겹쳐서 알게 된 곳이 이치조지라는 동네였다. 이치조지는 교토 동북부에 있는 조용한 주택가다. 지명은 분명 절의 이름에서 유래한 듯한데, 그런 이름을 가진 절은 예전에 사라졌는지 동네에도 없고 지도에도 없다. 그곳은 아주 유명한 관광 코스인 철학의 길 끄트머리, 긴카쿠사銀閣寺(은각사)에서 조금 더 북쪽으로 가면 나온다.

이치조지라는 동네에는 첫눈에 확 들어오는 특별함이라고는 없다. 일본 전통 가옥과 현대식 집들이 섞여 있는 정연한 골목이 이어지다가, 중간중간 물길이 나오고 심지어 작은 논이 나오기도 한다. 주택가 사이에 논이 있는 풍경은 뜬금없기도 하지만 편안하다.

그 위로 기찻길이 포개진다. 기찻길 위를 달리는 기차는 사실 한

량 혹은 두 량짜리로, 아주 짤막해서 '길으면 기차'라고 우리가 부르던 동요가 무색해진다. 기차가 지날 때 스피커에서 딸랑딸랑 신호음이 나오는데, 전혀 위협적이지 않고 정겹게 들린다. 그리고 차단기가 내려진다. 자기 갈 길을 가던 자동차나 자전거나 사람은 막아선 차단기 앞에 멈추게 되고, 딸랑거리는 소리를 들으며 서로를 멀뚱히 쳐다볼 밖에 달리 할 일이 없다.

이윽고 짧은 기차가 마주한 시선을 쑥스러워하며 금세 가로지르고 2~3분 만에 길은 다시 열린다. 동네의 풍경만 보자면 평화롭고 목가적이다. 영락없이 1960년대 서울의 어느 후미진 동네에 뚝 떨어진 느낌이 들어 마음이 봄볕을 받은 눈처럼 한없이 녹아내린다. 그래서 이 동네에서 발을 멈추게 되었고, 차단기에 멈춰진 것처럼 그냥 서 있게 되었다.

그러나 동네가 눈에 익을 즈음 찬찬히 들여다보니 다른 켜가 보이기 시작했다. 사실 이치조지 주변은 교토대학교, 교토조형예술대학교 등 대학들이 바로 맞닿아 있어, 젊은이들의 밝은 기운이 조용한 주택가에 잔잔하게 배어 있다. 대학가 주변은 학교와는 상관없이 일단 유흥가가 되어버리는 우리네 풍경과는 달리 서점이 있고 중고서점도 있다. 사실 대학교 앞에 서점이 있고 학생들이 있는 풍경에 감동하는 것 자체가 아주 이상한 일이긴 하다.

이치조지역 근처에 게이분샤라는 작은 서점이 있다. 공동주택 1층

상가에 아기자기하게 꾸며진 그 서점은 사실 세계적으로 유명한 서점이라고 한다. '세계적'이라는 수식에 혹해서 그곳을 찾아갔지만, '세계적'이라는 느낌을 주는 대단한 점은 없었다. 제법 큰 동네 슈퍼마켓이 앞에 있어 자전거를 타고 장을 보러온 주부나 깡충거리며 하굣길을 서두르는 초등학생들이 지나다니는 길가에 있는 아주 평범한 외모의 서점이다.

서점 한 구석에는 공예품이나 미술품이 펼쳐져 있다. 그 옆으로 작은 탁자 위에 예쁜 문구가 진열되어 있는 칸, 직원들이 엄선해서 배치한 책들이 꽂혀 있는 칸, 아기자기한 생활용품이 가지런히 정리되어 판매되는 칸으로 이루어져 있다. 문구든 책이든 뭔가 하나 사들고 나올 수밖에 없는 묘한 매력이 있다. 나는 흔하지 않은 필기구를 사거나 노트를 사고 전시를 보고 나서는 서점에 가서 건축 책을 뒤적거리다 나온다. 뻔한 행동이 갈 때마다 반복된다.

요즘 우리나라에서도 작고 개성이 있는 서점이 만들어지기 시작했다. 동네에 흔히 있던 서점, 문방구, 구멍가게가 어느 순간 커다란 블랙홀처럼 반경 몇 킬로미터의 상권을 모두 말려버리는 대형 매장에 고사해버린 후 10여 년이 지나자 다시 사람들은 '동네 가게'를 아쉬워하고 있다. 우리는 너무나 쉽게 버리고 너무나 간단하게 그리워한다.

사실 이치조지라는 지명은 라면거리로 더 알려져 있다고 한다. 게이분샤를 지나 서쪽으로 조금 나가면 약간 건조한 4차선 도로가 나오는

立石クリニック
6722-1131

데, 그 길을 따라 일본식 라면을 파는 가게가 줄지어 있다. 처음에는 '식당이 많구나' 정도로 생각했는데 알고 보니 아주 유명한 곳이었다.

　　소문을 듣고 그중에서 닭국물을 진하게 우려내는 라면집을 찾아갔다. 무척 더웠던 여름의 한낮이었는데, 가게 앞에 사람들이 그늘에서 조용히 줄 서서 차례를 기다리고 있었다. 그곳을 찾은 사람들은 아주 평온하다. 기다림에 대한 짜증이나 조급함은 없어 보인다.

　　교토에서는 자주 그런 풍경을 목격했다. 공중화장실에 들어가기 위해 늘어선 줄 안에서도, 잘 꾸며진 정원을 앞에 두고 나란히 앉은 사람들 사이에서도 보았다. 그런 담담한 표정은 일본이라는 시스템에 대한 대단한 만족이거나 대단한 체념으로 보인다. 40여 분 동안 줄을 선 채 조금씩 앞으로 나가다가 식당으로 들어갔다. 주방에 면한 바와 테이블 세 개에 열댓 명이 간신히 앉을 수 있는 작은 규모였는데, 먼저 들어간 사람들이 나온 음식을 먹기 전에 정중하게 사진을 찍고 있었다. 물론 라면의 맛은 특이했지만 느끼했다.

　　라면을 먹고 길을 나서서 눈에 보이는 골목을 따라 올라간다. 언제나 그렇듯 낡은 길과 집들은 깔끔하고 고요하다. 이치조지역에서 동쪽으로 언덕을 올라가다 보면 일본의 전설적인 검객 미야모토 무사시宮本武蔵를 모시는 신사와 은퇴한 정치인이 조성한 바람도 물도 구름도 운행을 멈출 듯한 정원 시센도詩仙堂가 있다.

시센도는 일본의 에도시대 정치가이며 도쿠가와 이에야스의 가신이었던 이시카와 조잔石川丈山이 59세에 만든 별장 형식의 집이다. 그는 조경에 조예가 깊었다고 하는데 크지 않지만 아기자기하게 가꾸어진 다양한 정원이 아주 볼 만하다. 특히 그곳의 중심에 있는 방에는 중국의 유명한 시인 36명의 초상화가 걸려 있어 집의 이름이 그렇게 정해진 것이라고 한다.

들어가는 입구는 작은 출입구와 대나무로 둘러친 담을 통해서다. 대나무 담은 올라가는 계단으로 계속 이어지는데 계단이 급해서 위에 있는 시설물이 보이지 않는다. 그리고 다시 풀로 지붕을 엮은 작은 문이 나오고 시센도의 내부로 들어가게 되어 있다. 들어가는 입구는 마른 정원이 옆으로 만들어져 있고 안에서 보는 정원은 다양한 정원수가 화려한 풍경을 보여준다. 이를테면 액자 정원인데 사람들은 액자에 걸린 풍경을 감상하듯 무릎 꿇고 앉아 선정에 잠긴 듯한 거룩한 표정으로 정원을 응시하고, 나는 그 사람들을 바라보았다.

일본의 정원이나 중국의 정원은 늘 그런 감상의 대상이다. 그런 의미로 본다면 우리의 조경이야말로 특이하다는 생각을 하는데, 우리에게 정원은 우리가 몸을 부딪치고 같이 뒹구는 개념이고 우리의 친근한 뜰이기 때문이다. 시센도 옆으로는 모래정원과 대나무숲 등 일본 정원의 여러 양식이 모여 있는, 단풍이 아름다운 불교 사찰 엔코사圓光寺가 있다. 근처에는 왕의 쉼터인 이궁 슈가쿠인리궁修學院離宮도 있다.

　　이치조지에서 일상의 풍경과 그런 역사적 문화유산을 가르는 경계는 교토의 주요 관광지를 거의 다 거치는 5번 버스가 다니는 4차선 도로다. 그 건널목 앞 오래된 과자점에서는 일본 정원의 하얀 모래에 놓인 돌을 이미지화한 달콤한 케이크를 파는데, 한 조각 떠먹으면 입안으로 다양한 시간과 풍경이 달콤하게 녹아든다.

일본

나오시마섬 혼무라

골목

　　'예술섬'으로 불리는 일본 나오시마섬直島은 특이한 관광지다. 일단 그곳은 세계 각국에서 몰려온 관광객들로 그득하다. 구리제련소가 있던 섬이 시대가 바뀌며 쇠락해졌고, 어떤 기업이 장시간 투자하고 개발해 구리산업 대신 예술로 뒤덮어 예술섬이 된 이야기는 너무나 유명하다. 항구도시 다카마쓰高松에서 나오시마섬으로 배들이 오가며 그 이야기를 듣기 위해 찾아오는 사람들을 부지런히 나르고 있다. 베네세재단에서 운영하는 미술관 영역으로 가는 사람도 많지만, 오래된 마을인 혼무라本村 지역 골목을 구경하는 사람도 많다.

이에ᜂ프로젝트는 오래된 마을을 예술로 살리는 아트 프로젝트다. 낡은 민가 일곱 개를 보수해 '집'이라는 공간 그 자체를 예술 작품으로 만든 것이다. 마을에 빈집이 점점 늘어나자 나오시마섬에 미술관을 건립하는 등 오랫동안 열심히 투자하고 있는 베네세재단 측에 협조를 요청해서 시작되었다고 한다.

이 프로젝트의 성공은 세계 곳곳의 마을에 자극을 주었고, 특히 우리나라는 가장 많은 자극과 충격을 받은 것으로 보인다. 많은 공무원, 예술과 도시 전문가, 건축가가 방문해서 연구하고 그 성공을 우리의 마을에 이식하고자 노력하는데, 사실 이 마을의 성공을 쉽게 일반화하고 모방할 일은 아니라고 본다.

가령 우리는 어떤 일 특히, 도시 재건이나 마을 살리기 사업을 착수하면 제일 먼저 비슷한 성공 사례를 찾아보고 연구하는 일로 시작한다. 그리고 그 성공의 외양을 그대로 적용하는 것을 가장 안전한 방법으로 생각하고 이식한다. 그러나 어떤 장소건 역사와 지역적 특수성이 있다. 그런 특수성을 감안하지 않고 그대로 적용하는 것은 정말 바보짓이라고 생각한다. 더군다나 성공 사례를 참고하되 그 방법을 그대로 이식하지 않는 것이 성공의 지름길이라는 것을 모를 리가 없을 텐데도, 그렇게 하는 것은 이해하기 힘들다. 그런 식의 개발은 아무리 성공해도 성공 사례의 '짝퉁'이 되기 때문에 아무런 생명력이나 정체성이 없다.

마을로 들어가면 평범한 집들이 들어차 있는 골목이 나오고, 중간 중간 조금씩 개조한 집이 나온다. 어떤 집은 시간을 전시하는 집이고, 어떤 집에는 방 안에 동백꽃 송이가 깔려 있는 그냥 전시장이고, 어떤 집은 건축가 안도 다다오 박물관이고, 어떤 집은 절을 개조한 미술관이다. 그러나 단순히 미술관이나 전시장이라는 말로는 다 표현되지 않는 묘한 예술 공간들이다. 예술과 일상적인 생활의 역사와 평범한 섬 주민들의 삶의 편린이 조합되어 아주 기묘한 화학반응이 일어난다.

사실 오늘날의 예술이라는 것은 경계가 아주 희미하다. 공기와 물처럼 인간이 하는 모든 행위라고 이야기할 수 있을 정도로 넓디넓고 아주 보편적인 행동이라는 생각이 들기도 한다. 그리고 그 가치는 작품 가격으로 나타나는데, 이런 식의 동네를 예술로 만드는 작업은 돈으로 환산하고 일부가 독점하는 자본주의 예술의 폐해에 대한 새로운 도전이라고 생각된다.

큰 공터를 앞에 두고 있는 커다란 집 입구에 사람들이 줄을 서 있다. '미나미데라南寺'는 제임스 터렐James Turrell이라는 작가가 만든 〈달의 뒷편〉이라는 작품이다. 집은 검은 나무로 지어져 있고 예전에 절이 있던 자리에 안도 다다오가 설계해 지었다. 그 줄의 끝에서 기다리면 안내하는 할아버지가 나오고 사람을 여덟 명 정도씩 끊어서 두 줄로 안으로 인도한다. 어두울 테니 벽을 손으로 더듬으며 들어가라는 말이 들린다. 문도 없이 벽을 돌아서 들어가는데 갑자기 눈앞이 캄캄해진다. 요즘은 아주 만나기 힘든, 그야말로 '칠흑 같은' 어둠이고, 내가 아무리 손을 들어 눈앞에 들이대도 전혀 보이지 않을 정도다. 그렇게 몇 번 방향을 꺾어서 걸어 들어가면 이제 벽 쪽에 붙어 있는 나무 벤치에 앉으라고 한다. 그리고 끝이다.

우리가 보는 것은 어둠이고 정적이다. 몇 분을 그렇게 아무런 소리도 없이 앉아 있다 보면, 전면에 희뿌연 얼룩 같은 것이 어렴풋이 보인다. 그리고 벽 쪽으로 가느다란 빛이 보인다. 안내한 이는 우리에게 이야기한다. 저 빛은 원래부터 있었노라고. 그리고 우리가 알아채는 데 몇 분이 걸렸다고 하면서, 이리로 다가와서 확인해보라고 한다. 사람들은 부스스 일어나서 그 빛을 확인하러 걸어간다. 맞은편 벽의 끝에는 희미하게 빛을 비추는 광원光源이 있었다. 우리는 기껏 어둠에 익숙해졌는데 다시 빛의 세계로 나가는 것이 아깝다는 생각을 하기도 하며, "예술은 사기"라고 말한 백남준의 말을 언뜻 떠올리기도 한다.

미나미데라를 나와 길을 조금 걸으면 작은 집에 '안도뮤지엄'이라는 이름이 걸려 있다. 겉에서 보기에 그리 크지 않은 집인데, 뮤지엄이라 이름 붙인 게 재미있다 생각하며 들어간다. 역시 절대 카메라를 들이대지 말라는 경고를 받는다. 그들은 친절하고 상냥하지만 무척 단호하다. 물론 전시장에 경건하게 작품을 감상하러 들어가는 것은 당연하지만, 일본의 많은 장소는 엄숙과 경건을 좀 지나치게 강요한다.

사찰, 박물관, 정원, 심지어 차를 마시러 들어간 찻집조차 그런 자세를 강요하고, 사람들은 모두 무릎을 꿇고 앉아서 경건하게 경청하고 응시한다. 그러나 그 안에서 보이는 것은 좀 전에 제임스 터렐이 우리에게 보여준 것처럼 아주 희미하고 밍밍한 광원 정도일 경우가 많다. 이런 것을 허무하다고 해야 하는지 아니면 '인생이란 그런 것이다'라고 관조해야 할지……. 아무튼 카메라 렌즈를 땅으로 향하게 어깨에 걸어 메고 안으로 조심스럽게 들어간다.

그 작은 집 안에는 앨리스가 사는 이상한 나라처럼 신기한 공간이 펼쳐진다. 작은 집 안에 구멍을 파고 감쪽같이 건물을 들어앉혀 놓고 있었던 것이다. 기존의 나무 구조물을 이리저리 피하며 콘크리트 구조물을 설치해 반 층 낮은 방을 만들었다. 그 아래로 들어가면 토굴 같은 방이 나오고, 그 입구에는 안도 다다오의 데뷔작이며 출세작인 '스미요시 주택' 모형이 전시되어 있다. 어둑하고 좁은 방 안에는 박물관 입구 마당에 설치된

투명한 유리 고깔이 불러들이는 빛이 은은히 퍼진다. 그 희미한 빛과 작은 토굴이 전부다.

　　모두 다 그런 식이다. 오래된 작은 신사를 개조해 언덕 위에 설치된 작품은 유리로 만든 계단이 지하의 토굴로 빛을 끌어들이고, 우리는 한 사람이 겨우 들어가는 좁은 통로로 들어가서 그 빛을 반드시 보고 나오고야 만다. 마을 곳곳은 컬트적인 벽화 대신 실로 사람이나 고양이 등을 유머러스하고 부담 없이 가볍게 그려넣거나, 대문에 다양하고 다채로운 휘장을 걸어놓는 등 과하지 않은 장식으로 꾸며져 있다. 어떻게 보면 그 과하지 않음, 즉 절제가 이 예술섬에서 가장 돋보이는 미덕일지도 모르겠다.

　　그곳에 조금 떨어진 테시마豊島라는 섬에 가면 바닷가에 자연의 형상을 닮은 완만한 능선 형태의 하얀 콘크리트 덩어리가 있는데 군데군데 둥그런 구멍이 뚫려 있다. 니시자와 류에西沢立衛라는 일본 건축가가 설계한 테시마미술관이다. 안내를 받으며 줄을 지어 그 안으로 들어가면 벽과 바닥이 구분이 힘든 콘크리트 내부가 있는데 뚫린 구멍으로는 하늘이 보인다. 그리고 바닥에 이슬방울처럼 물방울이 굴러다니는데 그게 전부다. 사람들은 그냥 그 공간에서 경건함을 유지하면 된다.

　　이곳에 오는 사람들은 모두 열심히 들여다보고 진지하게 탐구하며 섬을 즐긴다. 인구의 감소세가 이전보다 줄었다고는 하는데 아직도 여기저기 빈집은 많이 있고, 늘어난 관광객 때문에 민박은 늘 부족하고 항구는 늘 부산하다. 그 안에서 느낀 감정은 봄, 여름, 가을, 겨울 네 계절을 한 장소에서 동시에 겪는 듯 이상하고 오묘했다. 미야자키 하야오宮崎駿의 애니메이션 〈센과 치히로의 행방불명〉에서 센이 부모와 함께 동굴을 지나고 개울을 건너서 들어간 마을처럼, 바닥에 고요와 경건과 많은 분량의 예술이 잔뜩 고여 있다가 사람들이 다가가면 하나씩 일어난다.

　　과연 관광객이 늘어났다고 해서 마을과 섬이 놀라운 발전을 이루었다고 볼 수 있을까? 예술이 투입된다고 해서 모든 병이 고쳐지고 되살아나고 꽃이 피고 나비가 나는 것이 아니다. 예술은 만병통치약이 아니다. 물론 비어지고 버려지는 동네보다야 낫고 훨씬 가치 있는 일이긴 하지만, 자칫 '예술만병통치교'라는 이상한 종교로 번져서 애먼 동네마저 모두 근본 없는 예술로 회칠되는 일은 우리가 가장 경계해야 할 일이라고 생각한다. 요즘 들어 부쩍 늘어난, 예술을 앞세우는 동네 개조주의자들에게 드리고 싶은 고언이다.

체코
프라하 황금소로
골목

    프라하는 체코의 수도다. 그리고 그 이전에는 보헤미아왕국의 수도였다. 집시들이 보헤미아왕국 외곽에 집단 거주하면서 보헤미안이라는 말이 떠돌이 방랑자를 의미하는 일반명사가 되었다고 한다. 그래서인지 보헤미아왕국의 수도라는 말이 주는 느낌은 자리를 못 잡고 떠도는 영혼들의 도시처럼 들려 왠지 아릿하다.

    프라하는 우리가 생각하는 유럽의 이미지와 가장 근접한 도시라 생각한다. 책으로 읽었고 상상으로 키워왔던 유럽이라는 이미지와 많이 부합되기 때문이다. 중세 유럽의 느낌이 물씬하며 돌이 깔린 울퉁불퉁한 포도鋪道에 면한 다양한 양식의 울긋불긋한 집들이 현실의 도시라기보다는 동화 속 도시와 같은 느낌으로 다가온다.

프라하 하면 몇 가지 떠오르는 이미지가 있다. 10여 년 전 무척 사랑받았던 텔레비전 드라마 〈프라하의 연인〉의 여자 주인공이 살던 집과 소원의 벽이 있던 광장 등이 생각나며 아름다운 도시의 기억이 되살아난다. 또 하나는 밀란 쿤데라Milan Kundera의 『참을 수 없는 존재의 가벼움』이라는 소설과 그 소설을 바탕으로 만든 영화 〈프라하의 봄〉이다. 역사의 격랑에서 흔들릴 수밖에 없는 개인의 삶을 담담하게 펼쳐놓은 그 소설과 영화는 아주 강렬했고, 아직도 많이 읽히고 보는 작품이다.

그렇지만 프라하를 가장 인상적으로 혹은 잊을 수 없는 도시로 만든 사람은 바로 프란츠 카프카라고 생각한다. 카프카는 삶의 형상을 우화적으로 써서 현대문학의 문을 열었다고 평가받는 작가다. 사실 카프카에 대해 이런저런 설명을 붙이는 것 자체가 불필요한 짓일 것이다. 그는 길지 않은 생을 프라하에서 살았는데, 생전에는 대단히 각광받고 주목받는 작가는 아니었다고 한다. 보험회사에서 일하며 오후에 퇴근해 잠을 자고 일어나 저녁 10시부터 새벽 2시까지 규칙적으로 글을 썼다고 한다. 어떻게 보면 그의 그런 평범한 생활이 오히려 자유로운 창작을 할 수 있는 편안한 배경이 되었을 것이라는 생각이 든다.

최근 카프카의 일기를 묶어서 만든 책을 읽었다. 그런데 그의 일기는 그의 소설처럼 침침하고 눅눅했다. 어둡고 침울한 꿈 이야기가 이어지는데 읽는 것 자체가 젖은 솜이 든 자루를 메고 가는 것처럼 길고 힘들었다. 아마 카프카는 다른 사람 눈에는 보이지 않는 안경을 하나 쓰고 살았던 것은 아닐까 하는 생각이 들었다. 안경에 달린 렌즈는 잿빛으로 물든……

아일랜드의 수도 더블린 하면 더블린을 배경으로 『더블린 사람들』, 『율리시스』라는 대작을 썼던 소설가 제임스 조이스James Joyce가 있고, 미국의 뉴욕은 『뉴욕 삼부작』 등 뉴욕에 대해 많은 소설을 썼던 폴 오스터Paul Auster가 있다. 터키의 이스탄불에는 노벨문학상을 받은 소설가 오르한 파무크Orhan Pamuk가 있듯, 카프카가 쓴 대부분의 소설 배경은 프라하다. 많은 도시가 그 도시를 배경으로 혹은 소재로 글을 쓰고 생각을 펴낸 문학가들을 도시의 자산으로 삼고 밖으로 크게 자랑한다.

그러나 카프카의 프라하는 좀 다른 인상이다. 그의 소설 속 공간은 구체성이 아주 옅고 추상적인 공간이며 장소들이다. 물론 그는 자신이 본 프라하의 성, 광장, 도시를 가로지르는 다리 등을 보면서 창작을 했겠지만, 그의 소설 주인공이 보편적인 인간의 고통을 다룬 것처럼 배경 역시 구체적인 장소로서 프라하를 말한 것이라기보다는 보편적인 현대인의 어떤 배경으로서 도시를 지향했다는 생각이 든다.

'정착하지 못하고 떠돌았던 경계인'이라 불리는 카프카는 고작

41년 동안 세상에 머물며 내놓은 작품도 몇 권 되지 않은 변방의 소설가였지만, 사후 알려진 그의 글은 세상을 흔들었다. 그의 소설은 간밤에 꾸었던 악몽을 감정을 최대한 배제하고 들려주는 것 같이 메마르고 공포스러웠다. 카프카의 오묘한 문체와 이야기는 중세로 시간여행을 하는 듯한 착각을 만들어주는 프라하에 또 다른 색을 입혀주고 있다.

프라하는 동구권의 공산주의 벨트가 무너지며 여행이 자유롭게 되는 순간부터 세계적인 관광 명소가 되었다. 지금은 전 세계에서 몰려온 관광객들이 그득하다. 카를교Karlův most, 화약탑, 유명 건축가 프랭크 게리Frank Gehry의 '댄싱 빌딩' 등 많은 명소가 있는데, 그중에서도 황금소로Golden Lane는 유명한 골목길이다. 좁고 긴 골목길에 늘 관광객의 발길이 끊이지 않는다. 프라하 성의 북측 외곽에 있는 이 길은 성벽과 바로 붙어 있다. 원래는 성의 경비병들의 숙소로 만들어진 곳으로, 골목 안 서로 다른 얼굴을 가진 다양한 집에 들어가 2층으로 올라가면 성벽과 붙은 복도와 통하게 되어 있다.

그 복도는 성의 경비와 유사시 방어의 목적으로 만들어진 통로라는데, 이곳에 연금술사들이 살게 되어 황금소로라는 이름이 붙여졌다고 한다. 이후 이곳을 서민들에게 임대해 주게 되지만, 연결되어 있어 쓸모 없는 2층을 빼면 1층의 면적이 작아 그곳을 쓸 수 있던 사람은 아마도 무척 제한적이었을 것이다. 지금은 기념품을 파는 작은 가게들로 꾸며져 있는데, 오밀조밀한 집들의 정면 문설주 위에는 일련번호가 적혀 있다.

그중 22라고 쓰여 있는 집에 유독 사람들이 많이 몰린다. 그 22호 집이 바로 소설가 카프카가 살았던 집이다. 평생 프라하에서 살았던 카프카의 일생에서 이곳에서 살았던 기간은 짧다. 그는 1916~1917년 사이 잠시 이곳에 살면서 글을 썼다고 한다.

카프카가 하나의 상징인 것처럼 황금소로도 하나의 상징 같다. 궁 안에 뜬금없이 나타나는 골목이며, 동화 속 집처럼 알록달록하며 원래의 크기를 80퍼센트 정도 축소해놓은 듯한 그 모습이 비현실적이다.

황금소로를 찾아가는 경로는 조금 특이하다. 도시의 길을 따라 들어가는 마을이 아니라 입장료를 내고 프라하 성으로 들어가 관람하게 된다. 프라하의 명소 비투스대성당과 이르지교회를 지나 건물을 끼고 왼편으로 들어가면 나온다. 20여 채의 집을 지나며 그리 길지 않은 골목을 따라가다 보면, 금세 길이 끝나며 건물이 하나 막아선다. 그리고 그 앞에는 문 두 개가 나타난다.

그 문을 통해 들어가면 각각 전혀 다른 성격의 공간을 만나게 된다. 오른쪽 문으로 들어가면 체코의 영화감독 요세프 카즈다Josef Kazda의 유품과 영화 필름들이 보관되어 있는 장소가 나온다. 왼쪽 문은 달리보르카탑으로 이어지는데, 이곳에는 지하 감옥과 죄수들을 고문했던 흔적이 그대로 남아 있는 아주 으스스한 곳이다. 좁은 길과 비현실적으로 아기자

기하고 알록달록한 집들, 골목을 내리누르는 두텁고 높은 성벽, 막다른 길과 그 문 너머의 상반된 공간은 카프카의 소설 같다.

> "K는 밤늦은 시각에 도착했다. 마을은 깊이 눈 속에 파묻혀 있었다. 성이 있는 산은 안개와 어둠에 둘러싸여 있어서 전혀 보이지 않았고, 커다란 성이 있음을 알려주는 아주 희미한 불빛조차도 눈에 띄지 않았다. K는 국도에서 마을로 통하는 나무다리 위에 서서 아무것도 없어 보이는 허공 속을 한참 쳐다보았다."

나는 『성』이라는 길고 지루한 소설로 카프카를 처음 만났다. 450쪽 정도 되는 장편소설이었다. 어린 시절 명작이라기에 아무 생각 없이 펼쳐 들었다가, 도저히 끝까지 읽을 수 없었다. 이후 몇 번 시도한 끝에 겨우 마지막 쪽까지 다 읽었는데, 그 끝이라는 것이 이야기를 하다 잠시 자리를 비운 것처럼 진정한 끝이 아니었다.

골목이라는 것이 원래 시작도 없고 끝도 없으며 어디선가 들어오기도 하고 어디론가 홀연히 빠지기도 한다. 카프카의 소설을 읽다 보면 내가 어떤 모르는 동네로 끌려와서 골목 한가운데 놓인 느낌이 든다.

『성』은 미완성으로 끝난 카프카의 대표작이며 마지막 소설이다. 황금소로의 집에서 그 글을 쓴 것은 아니었다 한다. 그래도 세계에서 가장 큰 성이라는 프라하 성과 성에 속해 있지만 성 안이라고 할 수 없는 언저리에서 성을 바라보는 느낌은 내내 성에 대한 소문만 듣다가 끝나는 소설의 느낌과 너무나 비슷하다. 나는 선과 악, 현실과 환상이 동시에 나타나는 카프카의 소설 속으로 들어가 K가 된 듯한 착각 속에 빠져서 길의 끝에서 만나는 문화와 야만을 상징하는 문 두 개를 바라보았다.

제3부

기억을

오롯이

품다

서울
옥인동
골목

     서울 종로의 옥인동은 옥동과 인왕곡이 합쳐진 지명이다. 조선시대의 한양 지도인 〈수선전도〉를 보면, 인왕산에서 한 줄기 시원하게 흘러내리는 계곡 옆으로 옥류동이라고 써놓은 것이 보인다. 지금은 물길이 전혀 보이지 않지만, 원래 그곳은 옥같이 서늘하고 맑은 색을 지닌 물이 흐르던 동네였을 것이다. 마음의 눈을 열고 상상 속으로 들어가 옥인동을 걸어보자.

     옥인동은 서울의 우백호인 인자하지만 근엄한 모습을 하고 있는 인왕산의 가슴에 포근히 안겨 있는 마을이다. 산은 크고 우람하며, 산으로 길이 크게 휘어지며 흘러들어간다. 통인동에서 길을 건너 예전 군인아파트가 있었던 수성동 계곡 쪽으로 접어들면, 멀리 보이던 산이 갑자기 눈앞으로 다가서며 쿵 소리가 들리는 듯하다. 지금은 크고 작은 집들이 우리와 산 사이에 자꾸 끼어들지만, 예전에 작은 집들이 들어차 있고 물길이 흐를 때를 상상하면 굉장한 장관이었을 것이다. 그리고 그 안에는 많은 시간이 잠겨 있다.

그 속에는 조선이 새로 만들어져 나라의 기틀이 다져지던 시간이 있고, 겸재 정선이 인왕곡에서 청풍계를 오가며 그림을 그리던 시간도 있고, 송석도인松石道人이라 불렸던 천수경千壽慶을 비롯한 한 무리의 문인들이 모여서 여항문학閭巷文學(조선시대 후기 한양에서 중인층이 중심이 되어 주도했던 한문학을 뜻하며, 위항문학委巷文學이라고도 한다)을 일구었던 시간도 있다. 또한 조선이 망하고 일제가 강점하던 시절 친일파들이 득세하며 호령하던 시간도 있다.

그래서 나는 그곳을 '보이지 않는 시간의 순례'라고 제목을 붙여 사람들과 답사했다. 병 바닥에 고여 있다가 자극을 가하면 떠오르는 침전물처럼, 많은 시간과 기억의 조각이 우리가 찾아가면 바닥에서부터 희뿌옇게 회오리치며 일어나는 곳이다.

내가 옥인동이라는 마을에 대해 관심을 갖게 된 것은 서울 중구 필동에 수도방위사령부가 떠나고 그 자리에 남산골 한옥마을이 들어서면서부터였다. 종로구 삼청동의 김춘영 가옥와 관훈동의 박영효 가옥, 도편수 이승업 가옥 등 서울 곳곳에 흩어져 있던 한옥 몇 채를 이전 복원한 그곳을 1990년대 초에 개장되고 얼마 지나지 않았을 때 찾아갔다.

남산골 한옥마을에 들어서면 제일 처음 만나게 되는 집이 바로 '순정효황후 윤비친가'라고 가운데 마당이 있는 네모반듯한 집이다. 골격이 늠름하고 집 안의 공간이 호방하면서도 구석구석은 아기자기한 집인데, 단순하면서도 기품이 있다.

들어가는 입구에 붙여놓은 설명을 읽어보니, 그 집은 옥인동에 있는 조선의 마지막 왕비였던 순종의 계비 윤씨가 황후로 들어오기 전에 살았던 집이라고 한다. 다만 그 집이 너무 낡아서 옮기지 못해 이곳에 그대로 복원했노라 적혀 있었다.

집은 아주 단순했다. 네모난 마당을 주변으로 집들이 둘러싸고 있었다. 대문을 들어서니 행랑채처럼 문에 바짝 붙어 있는 사랑채가 나왔는데, 위치가 남다른데다 낮고 아기자기한 공간이 펼쳐져 있었다. 그리고 마당을 내려다보는 높고 우람한 대청과 안방, 즉 여성의 공간이 낮고 단아한 남자의 공간을 내려다보는 아주 특이한 구성이었다.

내가 본 우리의 옛집 중에서도 정말 특이하다는 생각이 들었고, 옥인동에 있다는 원래의 집이 보고 싶어졌다. 그런데 마음을 그렇게 먹었으나 행동으로 바로 이어지지 않아 몇 년을 우물우물 끌다가 옥인동 근처 통

의동이라는 곳으로 이사 가서 살게 되며 그곳을 찾아갔다.

　　지금이야 서촌이라는 동네는 사람들이 카메라를 들고 찾아가고, 커피 마시러 찾아가고, 답사하러 일부러 찾아가는 곳이 되었지만, 1990년 대 초에 옥인동을 비롯한 경복궁 서쪽 동네는 아무도 아는 사람이 없는 곳이었다. 청와대 인근에 있어 경비가 삼엄하고 제약이 많아 땅값이 오르지 않는 서울 속의 벽촌 같은 곳이었다.

　　인왕산을 바라보며 옥인동 군인아파트 맞은편 골목으로 들어가서 또 좁은 골목길로 접어들었다. 그러자 낡고 여기저기 기울었지만 화려한 화강석 계단석과 소맷돌과 더불어 집이 한 채 몰락한 양반댁 마님과 같이 꼿꼿하고 단호한 자태로 앉아 있었다.

　　그 위로 나뭇가지가 아치를 틀어놓은 입구처럼 축 늘어져 있었다. 그 가지로 만든 아치를 지나자 집의 전모가 보였다. 집은 우아함과 화려함을 시간의 옷으로 가린 채 나를 내려다보고 있었다.

　　나는 이내 감동에 사로잡혔다. 화려한 문살과 정교하게 쌓은 석축, 우아한 소맷돌에서 아름다운 비례와 손맛이 생생하게 느껴졌다. 구한 말의 어느 솜씨 좋은 목수와 솜씨 좋은 석수가 서로 경쟁하며 정성을 들여 만든 집일 것이었다.

　　그 안에 사람들이 살고 있어 안으로 들어가보지는 못하고 대문 틈으로 슬쩍 들여다보았다. 짐으로 가득한 마당과 여기저기 손을 많이 본 퇴락한 집의 모습이 원래의 호방한 형태를 가늠할 수 없을 정도로 변형되어 있었다. 그 집은 많은 시간이 켜켜이 쌓여 있는 옥인동을 상징하는 것 같았다.

　　남산골 한옥마을에 재현된 집처럼 매끈하지는 않았지만, 곱게 늙은 여인처럼 아직도 젊은 시절의 미모가 우러나오는 모습이었다. 다만 그 집이 순정효황후 윤비가 시집오기 전에 살던 집이 아니라 윤덕영의 첩이 살던 집이라는 이야기도 있고, 여러 가지 논란이 집 주변으로 불어왔지만 그 집을 보았을 때의 감동은 아직도 생생하다.

　　그렇게 옥인동이라는 동네를 처음으로 가보게 되었다. 그리고 어두운 극장에서 조금씩 눈이 열리며 형체들이 눈에 들어오듯 그 동네에 잠겨 있는 시간들이 하나씩 떠올랐다.

　　옥인동 군인아파트 부근은 겸재 정선이 장년이 되어 이사해서 생을 마칠 때까지 살았던 집터가 있던 곳이었고, 그때의 모습을 그린 그림으로 많이 남아 있다. 10여 년의 시간 간격을 두고 그린 〈인곡유거仁谷幽居〉와 〈인곡정사仁谷精舍〉라는 그림을 보면, 정선이 어떤 집을 짓고 살았고 그 동네가 그때는 어떤 모습이었으며, 10여 년 동안 정선의 살림살이가 어느 정도 일어났는지가 아주 생생하게 보인다.

　　정선은 옥동고개를 넘어 청풍계로 마실을 가기도 하고(〈옥동척강玉洞陟崗〉), 마루에 앉아 부채질하며 한가한 시간을 보내기도 했다(〈독서여가讀

書餘暇)). 정선이 보고 그렸던 지점으로 그림을 들고 가서 현재의 모습을 보노라면, 요즘 화제가 되고 있는 '증강현실(현실 세계에 가상 물체를 겹쳐 보여주는 기술)'을 200년의 시간차로 느낄 수 있다.

한편 일제강점기로 넘어오면 친일 행위로 크게 부귀영화를 누렸던 친일파의 거두 윤덕영의 자취가 많이 남아 있다. 바로 인접한 통인동은 이완용이 거의 다 차지했고, 옥인동은 윤덕영이 차지하고 있었다. 그는 그곳에 프랑스에서 설계 도면을 얻어다 중국인 인부와 독일인 감독을 고용해 '벽수산장'이라는 장원을 만들었다.

벽수산장은 인왕산에 갑자기 불끈 솟아오른 봉우리처럼 동네의 풍경과는 아주 이질적인 자태를 뽐내고 있었다. 들어가는 입구에 웅장한 돌 장식물들과 거창한 다리를 걸어놓고 그 안에서 한때의 부귀영화를 누렸다고 한다. 해방 이후 그곳은 6·25전쟁 당시 북한이 서울을 점령할 때 조선민주주의인민공화국의 청사로 사용되기도 하고, 수복 후에는 미군과 유엔에서 사용하다가 1966년에 큰 불이 나서 스러졌다고 한다.

순정효황후 윤비는 윤덕영의 동생인 윤택영의 딸이다. 윤택영은 첫째 부인과 사별한 순종의 계비로 자신의 딸이 간택되게 하고자 백방으로 로비를 했고, 그 때문에 많은 부채가 생겼다고 한다. 그래서 옛날 신문을 보면 '부채왕' 윤택영에 대한 이야기가 많이 나온다. 아버지와 달리 순정효황후 윤비는 마지막 순간까지 옥새를 지키는 등 꼿꼿하고 의연하게 살았다고 한다.

옥인동 골목은 예전에 오랫동안 계곡이 있었고 소나무숲이 있었던 곳이 근대를 거치며 메워지고 채워진 곳이다. 그래서 그곳에서 예전의 자연을 느끼기란 쉽지 않지만, 땅의 흐름과 골목의 흐름 속에 예전의 자취가 점점이 박혀 있다가 갑자기 나타나기도 한다. 휘젓지 않으면 절대로 모습을 보여주지 않지만, 이야기를 듣고 들어가면 오래된 문이 열리듯이 시간의 문이 열리며 우리에게 장관을 보여주는 곳이다.

서울
돈암동
골목

　　조선시대의 한양 지도인 〈수선전도〉를 보면 지금의 돈암동 부근
을 적유현狄踰峴으로 적고 있다. 적유현이라는 이름을 직역하자면 '오랑캐狄
가 넘은踰 고개峴'이며 병자호란 때 청나라 군사, 즉 되놈이 그 고개를 넘어
한양으로 쳐들어왔다고 하여 붙여진 '되너미고개'의 한자 표기다. 그런데
일제강점기에 지명을 일괄적으로 한자로 바꾸는 과정에서 의미보다는 소
리를 성의 없이 한자로 표기하는 바람에 돈암동으로 변했다고 한다. 결국
돈암동은 '되너미고개', 즉 지금의 미아리고개에서 유래된 동네다. 나는
돈암동이 도타울 돈敦 자와 바위 암巖 자로 구성되어서 동네 어딘가 두툼

한 바위가 하나 있었다던가 하는 일반적인 동네 이름의 작명 방법을 생각했는데 역사적인 사실이 그 안에 들어간 것이었다.

1976년은 조용필이라는 가수가 혜성같이 나타나서 〈돌아와요 부산항에〉라는 노래를 발표했고, 그 노래가 엄청난 성공을 거둔 해다. 또 그해에는 '금과 은'이라는 남성 듀오가 〈빗속을 둘이서〉라는 앨범을 발표해 조용필 못지않게 성공했는데, 그 앨범에 담긴 노래들은 모두 감성적이면서도 밝고 경쾌했다. 그 앨범에는 오래된 노래를 리메이크한 곡이 몇 곡 있다. 〈처녀 뱃사공〉은 가사 내용과는 달리 아주 흥겨운 편곡으로 사랑받았으며, 〈단장의 미아리고개〉는 가사 내용처럼 아주 절절했다. 당시 포크송이 대세였던 가요계에 젊은 가수들이 트로트를 재해석하고 편곡해 부르는 시도는 아주 신선했다.

단장斷腸이라는 표현은 장이 끊어질 정도로 슬프다는 표현인데, 아마 우리가 아는 슬픔에 대한 표현 중 가장 강하다고 생각한다. 오랑캐가 넘어온 고개이고 같은 민족끼리 무언지도 모르는 이념으로 싸움을 하고 가족이 헤어지는 정경이 눈에 선하다. 그리고 나는 '금과 은'이 〈단장의 미아리고개〉를 노래하던 해에 만원버스에서 온 몸이 압축되는 고통을 받으며 그 고개를 매일 넘어 다녀야 했다. 수유리에서 돈암동으로 가자면 그 고개를 넘어야 했기 때문이다.

당시 나는 북한산 백운대가 훤히 보이는 수유리에 살고 있었다.

고등학교로 진학을 할 때, 내가 살던 집 바로 옆에 시설이 좋고 멋있는 교정校庭을 가지고 있는 고등학교가 있었는데도 나는 멀리 돈암동 어귀에 있는 학교로 배정되었다. 전혀 예상도 하지 못했고 그 학교에 대한 정보나 돈암동이라는 동네에 대해서는 알지 못하고 있었다. 학교에 처음 가던 날, 썩 내키지 않는 기분으로 대강의 위치만 파악하고 무작정 미아리고개를 넘는 버스를 타고 돈암동 비탈길에서 내렸다. 돈암동에는 학교가 많이 있어서였는지 중학생과 고등학생이 길에 널려 있었고 학생들을 기다리는 분식집과 문방구 또한 널려 있었다. 가는 도중 멀리 여기저기 교사가 번듯한 학교들이 언뜻언뜻 보였으나 내가 찾는 학교는 아니었다.

복잡한 길을 지나고 약간 한적한 길로 접어들자 자로 금을 그어놓은 듯 가지런하게 정리된 주택가가 나왔다. 니스(바니시)를 곱게 입히고 철판을 오려서 장식한 대문과 하얀색과 파란색으로 문양을 만들어 새긴 담장이 있는 근대 한옥들이 갓 삶아낸 옥수수 알처럼 가지런하고 따끈하게 정렬하고 있었다.

그 한옥들은 1930년대 일제에 의해 이 일대에 가장 먼저 주거지역 구획정리사업이 시행되면서 지어진 집들이었다. 1930년대에는 인구가 서울로 대거 몰리면서 주택 부족이 심각했다. 그때 가회동, 익선동 등 성내에 있는 큰 집을 쪼개서 작은 필지로 나누고 반듯하게 한옥들을 앉힌 것이 당시로는 획기적인 방식이었다.

이후 서울에는 다양한 방식으로 땅의 효율을 높이는 주거 형태들이 실험된다. 요즘 지어지는 아파트, 다세대, 연립 등의 가족 중심의 형태와 원룸, 셰어하우스, 도시형 생활주택처럼 혼자 사는 가구를 위한 주택 형태 등과 같이 이곳에 있는 한옥들도 아마 그 당시에는 많은 사람이 선망하는 인프라가 제대로 갖추어진 '모던 라이프'의 원형이었을 것이다.

또한 이곳은 마포, 영등포, 청량리 등과 같이 전차 종점이 있던 곳이었다. 다시 말해 '역세권'이었으므로 사람들이 살기에 아주 적합한 접근성을 확보한 곳이기도 했기 때문에 그런 주택 개발이 가능했던 것이다. 지금의 버스 정류장 부근이 전차 종점이었다. 원래는 충무로에서 창경궁까지 가는 노선의 연장이었는데, 혜화문을 헐어버리고 길을 넓힌 다음 성 밖 돈암동까지 전차를 끌고 들어온 것이다.

전차는 1930년대 말부터 1960년대 말까지 30년 정도 있었다는데, 성 밖 외진 곳이었던 돈암동에 사람이 몰리게 된 것은 전차가 개통되면서라고 한다. 지금도 역세권으로 사람이 몰리는 것처럼 당시에도 전차가 개통되고 필지가 개발되면서 사람들이 모여들어, 자연스럽게 인근에 학교가 많이 생기며 서울의 부도심 역할을 하게 된 것이다.

돈암동 전차 종점 부근에 태극당이라는 큰 빵집이 있었는데, 그 일대의 명소였고 더불어 예식장까지 겸해서 늘 사람들로 붐볐다. 그 건물의 형태는 지금 장충동에 그대로 남아 있는 태극당과 건축적으로 쌍생아였다. 이제 돈암동 태극당은 새로 지어져 옛 모습을 찾을 수 없다.

그리고 고갯길이 나왔다. 한옥의 행렬은 고갯길도 가득 메웠고, 언덕을 한참 오르고 산을 조금 돌았을 때 붉은 벽돌로 지어진, 재미없게 아니 딱 우리나라 학교의 전형을 가지고 있는 건물이 나타났고, 그 학교 앞으로는 우리가 '세느강'이라 부르던 개천이 흘러갔다.

서울에는 세느강이 여러 군데 있다. 예전 대학로의 서울대학교 인문대 앞으로 흐르는 얕따란 개천도 세느강이라고 불렀고, 예전 서라벌예술대학교가 있던 길음천도 세느강으로 불렀다. 내가 아는 많은 사람이 각자 나름 세느강의 추억을 갖고 있다. 하고많은 강 이름 중 왜 하필 세느강을 선택했는지 알 수는 없지만, 내가 다니던 학교 앞 넓지도 좁지도 깊지도 얕지도 않은, 성북동에서 흘러나와서 돈암동과 보문동을 거쳐 용두동 쪽으로 내려가는 그 개천도 세느강이라고 불렀다.

하긴 인형처럼 예쁜 여자를 보면 불란서

인형, 혹은 불란서 여배우 같다는 표현을 쓰던 시절이었다. 불란서는 당시만 해도 막연한 이상향의 다른 이름이었다. 서울의 여러 세느강이 모두 뚜껑을 덮고 땅속으로 숨어 들어가는 동안, 돈암동의 세느강은 살아남아서 여전히 힘차게 흐른다.

골목길은 일생을 통해 나에게 많은 가르침을 주고 많은 위로를 준다. 이런저런 일들로 생각이 복잡할 때 예전에 걷던 골목길을 찾아간다. 아주 오랜만에 돈암동을 찾은 날은 장맛비가 주룩주룩 오는 날이었다. 한옥들은 거의 다 크고 작은 건물들로 바뀌었고, 주택가는 상업 지역으로 바뀌어 예전의 장소들을 가늠하기 힘들었다. 그러나 돈암동의 '세느강'은 아직도 그대로 나를 환하게 반기며 방향 감각을 찾아주었다.

개천을 따라 걷다 보니 자연스럽게 발길은 미아리고개 쪽으로 향하게 되었다. '단장의 미아리고개' 부근에는 점을 치는 집이 많이 있었다. 고개를 오르는 도로 옆으로 축대 아래 집집마다 대나무에 깃발이 달려 있었고 다양한 신의 이름이 펄럭거렸다. 점집들은 1960년대 말부터 이곳으로 모여들어 1980년대에 전성기를 구가했고, 지금은 많이 줄었지만 아직도 여러 군데 남아 있다.

미아리고개에 올랐다. 그런데 정상에 도열하고 있던 호떡을 팔던 가게들도 다 없어졌다. 그 호떡 가게들은 딱 쟁반만 한 크기의 호떡을 팔았는데 하나만 먹어도 배가 부를 정도였다. 가격도 저렴하고, 밀가루를 얇게 펴서 그 안에 꿀을 넣어 먹기도 좋았다. 한참 먹성이 좋았던 우리는 그곳에 자주 갔고 가끔 많이 먹기 시합도 했다.

플라타너스가 풍성하게 그늘을 드리우는 곧게 펼쳐진 성신여자대학교 앞으로 난 길을 걸었고, 한옥이 그득했던 골목길을 빗속에서 더듬으며 걸었다. 물론 많은 것이 없어지고 풍경이 많이 변했다. 그러나 나의 기억은 돈암동이라는 공간 위로 예전의 풍경을 복원해 환등기처럼 펼쳐 보여주었다. 나는 '잃어버린 시간'을 복원해내며 예전에 친구들과 벨을 누르고 도망쳤던 한옥 앞에서 한참 동안 서 있었다.

서울
능동
골목

　　능동이라는 동네 이름을 이야기하면 잘 모를 수도 있겠지만, 어린
이대공원이 있는 동네라고 부연설명을 하면 대부분 금세 알아들을 것이
다. 사실 어린이대공원은 서울 광진구 능동 전체 면적의 3분의 2 정도를
차지한다. 말하자면 녹지가 반이 넘는 쾌적한 동네라는 뜻이다. 요즘 어
린이들이야 이해하기 힘들겠지만 어린이대공원은 놀이시설이 변변치 않
던 시절 '젖과 꿀'이 흐르는 낙원이었고, 전국의 어린이들이 가장 가고 싶
어 하던 곳이었다.

　　그냥 산책하기 좋은 고적한 공원 같은 분위기를 가진 지금과는 달

리 1973년에 개장했을 때는 놀이기구들뿐만 아니라 동물원도 있었다. 창경궁을 일제가 개조해서 놀이동산으로 만들어버린 창경원 외에는 딱히 놀 곳이 없어 갈증을 느끼고 있었던 1970년대의 어린이들에겐 말할 것도 없이 가서 뛰놀고 싶은 꿈의 동산이었다. 봄이면 그곳에 만개하는 벚꽃을 구경하기 위해 엄청난 인파가 몰려들기도 했다. 물론 나도 그 대열에 끼어들고 싶어 안달했고 버스를 여러 번 갈아타고 그곳에 놀러갔다.

한옥 대문을 넘으면 여기저기 숨겨져 있는 스피커에서는 경쾌한 동요가 흘러나왔다. 그리고 그 안에는 부모들의 손을 잡고 가벼운 걸음으로 깡충깡충 뛰어다니는 아이들로 가득했다. 그러나 지금은 세월이 많이 흘러 훨씬 다양하고 좋은 시설을 갖춘 놀이시설이 여기저기 많이 생긴데다가 어린이들의 기호가 많이 바뀐 탓에, 오래되어 용도가 다한 장난감처럼 있는지도 잊어버리고 어느 구석에 놓여 있는 한적한 곳이 되었다. 가면 좋기는 한데 왠지 늦은 오후의 햇살처럼 색이 많이 바래고 스산한 느낌마저 들었다.

1973년에 어린이대공원이 개장되고 3년 후에 용인자연농원이라는 재벌그룹에서 운영하는 대규모 놀이시설이 가동되기 시작했고, 과천과 잠실에 비슷한 시설이 생기면서 그 위상이 흔들리기 시작했다. 그리고 지금의 어린이대공원은 종갓집 같은 상징적인 위상만 가지고 있으면서 내용적으로는 근린공원처럼 광진구의 동네 주민들이 주로 많이 이용하고 있다.

사실 나도 그곳이 능동이라는 것을 알게 된 지 그리 오래되지 않았다. 얼마 전 어린이를 위한 일을 하는 국제단체의 일을 도와달라는 요청을 받고, 어린이대공원을 오랜만에 찾아갔다. 퇴색한 어린이대공원에 생기를 불어넣기 위해 이야기를 통해 색을 입히는 작업을 구상하고 실현하는 일이었다.

우리는 그곳에 아이들이 흔히 아는 동화에 나오는 이야기에서 이야깃거리를 찾아 조형물로 만들자는 아이디어를 냈다. 앨리스가 이상한 나라로 들어가는 그루터기, 오즈의 마법사에게 가기 위해 첫 걸음을 내딛는 무지개 바닥, 『어린 왕자』의 도입 부분에 나오는 보아뱀 등 몇 가지를 순차적으로 만들어서 아이들의 상상력을 자극한다는 취지였다.

우선 첫 번째로 보아뱀을 만들었다. 보아뱀을 한 번도 본 적이 없지만 그 이야기가 워낙 유명한데다, 우리 옆집에 사는 강아지처럼 익숙한 작가 생텍쥐페리가 직접 그린 동화 속 보아뱀을 모두가 너무나 잘 알고 있기 때문이었다. 소설 속 그림을 그대로 크기만 키워서 세우고 계단을 넣어 보아뱀을 타고 올라가게 했다. 그리고 반대편으로 미끄럼틀을 달아놓은 아주 단순한 조형물이었다.

노란색 보아뱀이 어린이대공원에 들어서자마자 보이는 자리에 놓은 날 그 앞에서 지켜보았다. 그날은 일요일이라 사람들이 아침부터 들어오기 시작했고 부모와 손을 잡고 어린이대공원에 들어선 어린이들이 "와, 보아뱀이다"라고 소리치며 스스럼없이 달려가 미끄럼틀을 타며 놀았다. 그뿐만 아니라 목 부분으로 공을 튕기기도 하고 오르락내리락하면서 우리가 예상한 것보다 훨씬 다양한 방식으로 놀이를 하는 것이었다.

능동이라는 동네의 이름은 예전에 왕비의 무덤이 있었기 때문이라고 한다. 서울에는 왕이나 왕비의 능이 있던 동네가 많이 있다. 문정왕후가 잠든 태릉이 있는 공릉동이 그렇고, 정동이 그렇고, 능동이 또한 그렇다. 그런데 정동과 능동에는 지금은 능이 없고, 단지 능이 있던 기억만 남아 있다.

서울시청 건너편, 서울 한가운데 있는 정동에는 이성계의 계비 신덕왕후의 묘인 정릉이 있었다고 한다. 태조가 사랑하는 부인의 묘에 자주 들르고자 경복궁에서 가까운 곳에 안장한 것인데, 소란 끝에 왕위를 물려받은 태종 이방원이 계모인 신덕왕후의 묘를 정동에서 국민대학교 근처인 지금의 정릉으로 옮겨버렸다. 그리고 능의 석물들은 청계천 다리로 써버리는 바람에, 정릉이라는 이름에서 정貞 자만 남아 있다.

정릉이 조선을 연 첫 번째 왕의 부인이 묻힌 곳이라면, 능동은 조선의 마지막 왕이었던 순종의 비, 순명효황후 민씨가 묻힌 곳이다. 33세에 세상을 떠난 민씨를 장사지내고 나서, 이곳에 묘를 만들어 유강원裕康園이라 이름을 붙였다. 그러다 순종이 승하하자 당시의 법식대로 합장하기 위해 미금시(지금의 남양주시) 금곡에 있는 유릉裕陵으로 옮겨가 합장했다고 한다.

정릉에 대한 기억이야 시간이 하도 오래되어 남아 있는 것이 별로 없지만, 유강원은 불과 100여 년 전의 일이라 여러 가지 기억과 흔적이 남아 있다. 지금도 어린이대공원에 가면 유강원에서 왕비의 능 옆에서 시립侍立했던 석물들이 퇴역한 군인들처럼 서 있다.

당시 최고의 석수들이 한껏 솜씨를 뽐내며 만들었을 것이라 생각되는 석물들이지만, 보통은 돈후한 인상으로 서 있는 왕릉의 석물들과는 달리 좀더 인간적인 표정으로 새겨져 있다. 그것은 조선이 끝나는 시점에 살았던 조선 사람의 마음으로 읽힌다. 또한 한때 능을 지키느라 거주하던 참봉參奉을 비롯한 마을 주민들의 기세가 당당했다는 이야기가 전해지는데, 지금은 그저 능골이라는 이름으로만 남아 있을 뿐이다.

그런 능골의 자부심은 일제강점기에 이곳이 골프장으로 변하며 덧없어진다. 조선총독부의 고관이나 조선인 귀족들이 즐기기 위해, 몇 년의 공사 끝에 1929년에 18홀짜리 골프장이 만들어진다. 논과 밭 사이에 푸른 초원을 만들어 꼴도 보기 싫은 밉상들이 한가로이 골프를 치는 풍경이 눈에 선하게 그려진다.

골프장은 10년 넘게 운영되다가 태평양전쟁이 일어나던 1941년 골프 금지령이 내려지며 없어지고, 이곳은 다시 빈터가 된다. 그리고 해방 후 우리나라에 주둔하고 있는 미군 병사나 장교들이 즐길 오락거리가 없어 일본으로 휴가를 간다는 말을 들은 이승만 대통령이 이곳에 다시 골프장을 만들게 했다고 한다. 이번에는 일본인 대신 미국인들이 골프를 치기 시작하다가 한국인 관리나 기업가들이 애용하는 장소가 된다. 그렇게 20년 정도 운영되다가 1973년 박정희 대통령의 지시로 어린이대공원으로 변신하게 된다. 참으로 기구한 땅의 팔자다.

그사이 이곳은 근처에 대학이 두 군데나 들어서고 길도 넓어지고 주택단지가 들어섰다. 이제는 이곳에 능이 있었고 골프장이 있었고 논이며 밭이 있었던 기억은 아스라이 사라지고, 그저 녹지가 풍부해 살기 좋은 동네로 변해 있다.

어린이대공원과 주택가가 맞붙은 경계 부근 골목에 치성당이라는 곳이 있다. 그리고 그곳에서는 대부분의 마을에서 사라진 동네 행사가 지금도 정기적으로 열린다. 그것은 '동제洞祭'라는 고유의 마을 행사인데, 1년에 두 번 마을 사람들은 마을의 안녕을 기원하며 마을을 지켜주는 동신洞神에게 제사를 지낸다고 한다.

동제는 보통 농사가 시작되는 음력 2월과 한 해 농사가 마무리되는 음력 10월에 지내는데, 이제는 시골에서도 지내는 곳이 얼마 남지 않았다고 한다. 특히 서울처럼 사람들의 거주 연한이 짧고 공통분모가 별로 없는 사람들이 모여 사는 도시에서는 참 보기 힘든 행사인데, 이곳 능동에

서는 1년에 두 번 거르지 않고 거행한다고 한다.

　　능동의 동제는 그 자리에 450년이나 서 있는 오래된 향나무 부근에서 치러진다. 그 나무는 동네가 지난 100년 동안, 아니 그보다 더한 시간 동안 땅과 거기 사는 사람들이 무수히 변해온 모습을 모두 한자리에서 묵묵히 지켜보았을 것이다. 오래된 향나무 한 그루와 유강원의 석물과 더불어 마을의 전통을 지키는 동네 사람들은 이리저리 흩어져 있는 능동의 과거의 기억들과 현재의 시간을 이어가고 있다.

서울

용산 삼각지

골목

삼각지 로터리는 서울역에서 용산역 쪽으로 가다 보면 나오는 꽤 넓은 네거리다. 그 인근을 삼각지라고 부르는데 교통의 요지이며 어정쩡한 경계다. 행정구역으로 보면 용산구 한강로 2가인데 문배동과 용산동과 이태원의 사이에 끼어 있어, 어디서부터 어디까지가 삼각지라고 규정하기 모호하다.

삼각지라는 이름은 초등학교 때 동네의 이름이라기보다는 유행가의 제목으로 들었던 것이 처음일 것이다. 또한 내가 중학생 시절 등하교할 때 늘 지나다니던 길목이라, 그 이름을 들으면 그 무렵 수업시간에 들었던 그리스 알파벳 델타(△)가 생각나기도 했고, 지리시간에 배운 모래와 자갈 등이 퇴적되어 만들어진 지형을 떠올리기도 했다.

　　물론 그런 퇴적 지형은 삼각지가 아니라 삼각주이니 정확하지 않은 연상이었다. 삼각지란, 삼각주와는 아무 연관 없는 한강에서 오는 길과 이태원으로 서울역 방향으로 빠지는 길이 만나는 삼거리라는 의미다. 그러나 이곳은 기나긴 우리 역사의 편린이 모래와 자갈처럼 차곡차곡 쌓여 있는 역사적 지형을 가지고 있는 곳이니, 시간의 삼각주라고 억지를 부려도 될 것이라 생각해보았다.

　　지하철 4호선 삼각지역에서 내려 지하보도를 걷다 보면 기타를 들고 의자에 앉아 있는 실물 크기 동상을 만날 수 있다. 1971년에 29세라는 젊은 나이로 세상을 떠난 가수 배호의 모습이다. 그뿐 아니다. 출구를 통해 밖으로 나가면 배호의 노래 〈돌아가는 삼각지〉 가사가 새겨져 있는 노래비를 볼 수 있다.

　　배호라는 가수는 〈안개 낀 장충단 공원〉, 〈비 내리는 명동〉 등 지명이 들어간 노래를 많이 불렀는데, 특히 〈돌아가는 삼각지〉는 대중에게 사랑받았던 노래다. 당시 초등학생이던 나도 아직 가사가 기억나니 말이다. 우리 집에도 배호 레코드판이 몇 장 있었는데, 까만 안경을 쓰고 양복을 잘 차려입은 채 바지 주머니에 양손을 넣고 엉거주춤하게 서 있던 그의 모습, 색상 조절이 잘 안되어 색들이 온통 조화를 이룰 생각이라고는 전혀 없이 모여 있던 앨범 재킷과 함께 생생하게 생각난다.

노래에서 이야기하는 '돌아가는 삼각지'란 1994년에 철거된 삼각지 고가차도를 말한다. 삼각지 고가차도는 1967년에 만들어진 우리나라 최초 입체 교차로였는데, 도로 형상이 원형이어서 건너편으로 가려면 빙 돌아서 사거리를 넘어갔다.

고가도로라고 하면 길 위를 하늘로 가로지르는 단순한 높은 도로지만, 삼각지 입체 교차로는 사방에 들어오는 길이 있었다. 원형의 도로가 입체적으로 구성되어 있고 그 가운데는 중정처럼 둥그렇게 뚫려 있어 그 공간감이 아주 특이했다. 입체 교차로라는 말이 아주 잘 어울렸으며 당시만 해도 주변에 높은 건물들이 별로 없던 시기였던지라 사방을 빙 둘러보는 느낌이 아주 좋았다.

그러나 세월이 지나며 만들 당시와는 교통 상황이 많이 달라져서 제 구실을 하지 못했고, 더군다나 콘크리트 구조물이 낡아 1994년 철거하게 된다. 가끔 남영동에서 용산 쪽으로 가거나 이태원 쪽으로 가려고 삼각지 로터리를 지나게 되는데, 하늘로 뚫린 익숙한 삼각지 고가차도의 둥그런 구멍이 보이지 않아 신호를 기다리다 보면 왠지 허전하다는 느낌을 받는다.

당시에는 육교나 고가차도 등을 여기저기 많이 세우던 때다. 자동차가 별로 없었고 느릿느릿한 전차와 우마차와 사람이 큰길에서 섞여 다니던 시절이 끝나갈 무렵인 1960년대 말에는, 동네에 육교가 생기거나 고가차도가 생기면 사람들이 구경하러 몰려갈 정도였다.

그러나 그 명성이나 효율성이 오래가지 못하고 자동차와 사람을 안전하게 분리해주는 기능보다는 여러 가지 도시 미관을 해치고 불편하다는 불평이 터져나왔다. 또한 자동차 위주의 사고방식의 결과물이라는 지적에 이제는 거의 다 없어져 버렸다.

그런 식으로 깊은 고민을 하지 않고 만들었다가 별 생각 없이 허무는 것을 예사로이 여기는 도시 정책을 보고 있노라면 허무감이 밀려온다. 최근에는 충무로에서 마포 쪽으로 서울역을 넘어가는 고가도로를 철거하지 않고 미국 뉴욕 하이라인 파크를 '벤치마킹'한 입체적인 보행로 공원으로 재단장해 고가도로의 기억을 한 조각 남겨놓았다. 우리의 생각과 미래에 대한 안목도 없이 불쑥불쑥 들이대는 '벤치마킹'은 이제는 듣기도 피곤하다.

삼각지에서 이태원까지 경계 구역은 외국의 군사시설과 관련이 깊은 곳이다. 고려시대에 우리나라를 침범했던 몽골군이 이곳에 주둔했고, 임진왜란 때는 왜군이, 임오군란 이후에는 청나라군이, 일제강점기에는 일본군의 주력 부대였던 20사단 주둔지였다. 그리고 해방 후 그 자리에 미8군이 시설을 이어받아 꽤 오랫동안 머물렀다. 또한 우리나라의 국방부가 자리 잡고 있어서 이곳의 역사적인 맥락은 계속 유지되고 있다.

지금은 미군이 이곳에서 떠났는데, 정말 오랜만에 우리에게 돌아오는 그 땅이 어떤 모습이 될지 궁금하다. 미군 부대가 오랫동안 주둔해 있어서 근처에는 미군을 위한 편의시설이 많이 있었다. 이 동네가 한때 '화가 거리'로 번성한 것도 그 때문이다.

요즘 사람들이 들으면 '인사동이나 청담동이 아닌 용산 삼각지 근처에 갤러리나 액자 가게가 많다니' 하며 의아해할 것이다. 그 시작은 한국에 주둔하고 있는 미군들의 초상화나 가족에게 보낼 그림들을 그려주는 화가들이 자리 잡기 시작하면서부터라고 한다.

물론 장소는 조금 다르지만 소설가 박완서의 데뷔작인 『나목』이라는 소설에 그런 내용이 나온다. 전쟁으로 학교를 못 다니고 가족을 부양해야 하는 여자 주인공이 취직한 곳이 미군에게 스카프나 손수건 등에 그림을 그려주는 가게였다.

그곳에는 여러 명의 '그림쟁이'가 있었는데, 전쟁통에 생계를 잇기 위해 미군 초상화를 그려주는 화가의 모습이 담겨 있다. 그 소설 주인공 옥희도의 실제 모델은 지금은 '국민 화가'라 불러도 손색없는 박수근이어서 화제가 되었다.

이곳에는 그런 화가가 많이 있었다고 한다. 그렇게 자리 잡은 화랑이나 미술품 가게들이 전쟁 상처가 아물며 조금씩 생활의 여유가 생기면서 사회적으로 문화에 대한 관심과 수요가 생길 때 호황을 맞았다고 한

다. 많은 사람이 집에 그림을 걸어놓기 위해 이곳을 찾았다고 하는데, 값도 싸고 전문가가 아닌 사람들도 보며 즐길 수 있는 '쉬운 그림'들이어서 1990년대까지 꽤나 붐볐다고 한다. 그러나 20세기가 끝날 무렵 IMF 영향으로 기울기 시작했고, 지금은 20여 군데 미술 관련 상점이 명맥을 유지하고 있다.

그 무렵 인근에서 용산 재개발이 시작되었다. 용산역 주변부터 오밀조밀한 골목들이 한 뭉텅이씩 썰려나가면서 덩치 큰 상업 건물이나 주상복합으로 바뀌고 있는 중이다. 그래서 이곳에 가면 동네의 숙명처럼 다양한 접경을 만날 수 있다. 현대와 근대의 접경, 군인과 민간인의 접경, 한국과 미국의 접경…….

그 속을 걸어 들어갔다. 그동안 삼각지를 특별히 갈 일이 없었는데, 그림을 넣어줄 액자를 맞추기 위해 누군가에게 삼각지에 있는 화방을 소개받고 간 것이다. 이래저래 그 앞을 지나다닐 때마다 한번쯤 들어가 보고 싶었던 곳이라, 액자를 맡기고 그 안에 있는 골목을 걸어다녔다. 딱히 이 동네만의 풍경이랄 것 없는, 역사와 전통을 자랑하는 화방과 미술 관련 점포와 더불어 여러 가지 용도의 건물과 여러 층위의 시간이 혼재되어 있는 골목을 한참 걸었다.

골목이 끝나고 잠시 넓은 길이 나왔고, 그 길은 여기에서 시작되는 군사시설과 민간 공간의 접경이었다. 작은 교회가 있었고 그 아래 가게 앞에 사람들이 둘러앉아 음료수를 마시고 있었다. 그리고 그 앞으로 갑자기 20세기 초에 일본인들이 지은 듯한 적산가옥이 하나 서 있었다. 집 주변에 헐린 집터가 있었다. 떠날 날을 받아놓고 이곳에 머물렀던 외국 군대의 흔적처럼, 그 집도 다 내려놓은 채 곧 사라질 날을 기다리는 어떤 존재인 양 초연하게 앉아 있었다.

서울
수송동
골목

　　대한불교조계종의 총본산인 조계사는 서울 수송동에 있다. 그곳
에는 언제나 사람이 그득해서 한적함을 뜻하는 '절간 같다'는 표현이 여
기서는 어울리지 않는다. 일본 교토처럼 신라시대나 고려시대에는 도시
한가운데에 절이 몰려 있었다고 하던데, 불교를 억압하는 정책을 채택한
조선시대부터 도성 안에 절이 있는 경우는 아주 드물게 되었다고 한다. 절
은 대부분 도성 밖으로 빠져나가게 되었으며, 깊은 산속 고적한 분위기가
절이 갖추어야 할 필수적인 조건으로 우리의 의식에 박히게 되었다.

　　그래도 시내 한복판에 있는 조계사는 무척 어색하다. 그런 고정관

념이 잘못된 것이라는 사실은 물론 잘 알고 있지만 오랜 시간 인습처럼 박혀 있으니 절에 대한 인식이 쉽게 고쳐지지 않는다. 더군다나 조계사라는 사찰은 우리나라 불교의 거의 대부분을 차지하는 조계종의 중심이고, 다양한 행정적인 업무를 처리하는 곳이기도 하니 적합한 입지라는 사실을 알고 있음에도 어색함은 사그라지지 않는다.

그곳에 간혹 들러 보면, 늘 여러 가지 행사와 기도를 하기 위해 사람들이 구름처럼 모여 있다. 이제는 제법 오래전인데, 2003년 4월 한참 꽃들이 피기 시작하는 날에 나는 우연히 조계사에 가게 되었다. 그 당시만 해도 조계사는 도로에서 그리 멀지 않지만 앞으로 작은 건물들이 가리고 있어 안국동 큰 도로에서는 인식이 되지 않았다. 그런데 그날 인사동에 들러 점심을 먹고 조계사 쪽으로 나서니 문득 조계사가 도로로 나와 있었다. 물론 건물이 저절로 앞으로 나온 것은 아니었고, 앞에 있는 건물들을 철거해 조계사가 도로에서 인식이 되었던 것이다.

난생 처음으로 그 안으로 들어갔다. 사람이 그득했고 커다란 대웅전은 외부 공사를 하느라 온통 공사용 비계를 두르고 있었다. 그래도 절에는 많이 다녀본 깐으로 불쑥 대웅전 안으로 들어섰다. 그 안에 앉아보니 아주 높고 넓은 대웅전에 사람 크기의 작은 석가모니불이 혼자 덩그러니 앉아 있었다(지금은 석가모니불을 중심으로 왼쪽에 아미타불, 오른쪽에 약사여래불이 있다). 물론 내부도 공사의 여파로 어수선하기는 마찬가지였는데도 이상하게 사람에게 안도감을 주는 그런 묘한 분위기가 있었다.

　　때마침 스님이 들어와서 예불을 하느라 불경을 독송했는데, 나는 구석에 앉아서 그 공간과 그 소리를 들었고 내 옆에는 다양한 사람이 앉아서 무언가를 기원하고 있었다. 그리고 절 마당에 잘사는 사람, 못사는 사람 가릴 것 없이 동등하게 부처님 앞에 앉아 있는 모습을 보았다. 이것이 종교가 추구하는 바른 모습이 아닐까 싶어, 내 생각이 좀 짧았구나 하는 자책도 했다.

　　조계사 마당 한가운데에는 450년을 살았지만 아직도 불길처럼 활개를 펴고 있는 회화나무와 500세라는 나이가 믿기지 않게 훤칠하고 활달한 느낌의 백송이 있다. 높다란 대웅전보다 키가 더 큰 나무 두 그루가 굽어보고 있는 것이다. 나는 그곳이 조계종의 총본산이므로 당연히 유서 깊은 사찰일 것이며, 오래된 나무들 역시 이 절과 역사를 같이했을 것이라 생각했다. 그러나 사실 조계사는 그렇게 오래된 절이 아니다.

　　이곳에 있던 보성학교가 1937년에 혜화동으로 이전하며 조계사의 역사가 시작되었다 하니 따져보면 이제 80년이 넘었다. 더 거슬러 올라가면 보성학교 터는 1906년 보성학교의 설립자이며 나라를 되살리기 위해 노력했던 구한말 관리 이용익이 김교헌이라는 사람에게서 인수한 것이다. 김교헌은 나라가 일본에 의해 없어지게 되자 300칸이 넘는 대저택을 처분해 독립운동 자금으로 사용했고, 자신도 만주로 떠나 독립운동에 몸을 바쳤다고 한다. 그 집은 김교헌의 7대조 김주신이 왕에게서 하사받은 집안의 재산이었다.

　　또한 이용익은 보성학교를 만들어 나라를 구할 인재를 양성하고 보성인쇄소를 만들어 기미독립선언문을 인쇄했다고 하니, 사람으로 그득한 조계사에 갈 때에는 김교헌과 이용익, 두 분의 이름과 그들이 가졌던 염원을 꼭 기억해야 할 것 같다.

　　수송동은 모호한 경계를 가지고 있다. 그 동네의 경계는 남쪽으로는 종로구청까지이고 서쪽으로는 미국 대사관과 대한민국역사박물관의 끄트머리를 물고 있다. 좀 이상한 부분은 동쪽인데 조계사 경내를 가로지르며 수송동과 견지동이 조계사를 반씩 나누고 있다.

　　조계사의 주요 전각인 극락전과 대웅전은 수송동에 속하고 입구의 문루와 부속 건물이 있는 자리는 견지동에 속한다. 물론 조선시대의 행정구역이 일제강점기에 얼토당토않게 합쳐지며 그렇게 만들어진 것이다.

　　수송동이라는 이름은 수진방壽進坊의 수壽 자와 송현松峴의 송松 자를 합친 이름이라 한다. 강압적인 창씨개명도 그렇고, 일본 제국주의자들은 이름을 빼앗는 것을 가장 효과적인 정복 수단으로 인식했던 모양이다. 그렇게 한 글자씩이라도 남아 어렴풋한 기억을 담고 있던 동네의 이름마저 도로명으로 개편된 요즘 주소에서는 없어지려 하고 있으니 참 안타깝다.

　　서울의 동네들이 대부분 그렇듯 수송동에도 이곳만의 기억이 잠겨 있다. 씨줄과 날줄처럼 역사의 기억들이 층위를 달리하며 엇갈리며 지나가는데, 멀게는 조선 초기, 삼봉 정도전의 기억부터 시작된다. 그는 이성계와 더불어 조선이라는 500년 동안 한반도를 지배한 나라를 세운 사람이다. 그는 나라를 세우고 궁과 아주 가까운 곳에 집을 지었는데, 그 자리는 태평로의 바로 뒤편 지금의 종로구청 자리였다고 한다.

그러나 권력 다툼에서 밀려 죽게 되면서 그의 집은 여러 토막으로 나누어진다. 살림채는 제용감이라는 관청 자리가 되고, 서당 자리는 교육기관인 중학이 되었으며, 마구간 자리는 궁중의 말과 수레 등 탈것을 관장하는 사복시로 나뉘었다니 집이 얼마나 컸는지 대충 짐작이 간다.

이후로 많은 시간이 지난 후 근대에 그 자리에는 수송초등학교가 들어서 있다가 1977년 폐교되고 지금은 종로구청이 들어서 있다. 종로구청의 건물 일부는 수송초등학교의 교사인데 그나마 건물이 남아 있는 것만으로도 대단한 일이라 생각한다.

수송초등학교는 어릴 때 몇 번 가본 기억이 있다. 당시 나는 을지로 1가 수하동에 있었던 청계초등학교를

다녔는데, 그 학교는 1969년에 폐교되었다. 그에 비한다면 용도는 바뀌었지만 건물과 자리가 남아 있는 수송초등학교는 훨씬 낫다고 생각한다. 기억할 수 있는 한 조각이라도 남아 있다면 다행이라고 생각하는 것은 도시 유목민의 운명 아니겠는가.

수송초등학교의 기억처럼 수송동이 가지고 있는 중요한 기억의 층위는 사실 이곳에 있었던 학교들이다. 수진측량전문학교, 수송전기공업고등학교, 숙명여학교, 중동학교, 신흥전문학원, 보성학교 등이 모두 수송동에 있었다.

수진측량전문학교는 유길준이 수송초등학교 자리에 설립한 측량 전문 인력을 양성하던 곳이었고, 숙명여학교는 양정의숙과 진명여학교를 만들었던 고종의 귀비인 엄비가 지원해서 만든 여성 교육의 선구적인 학교였다. 숙명여학교나 중동학교 모두 오랜 시간 그 자리에 있었지만, 1980년과 1984년 강남으로 이전하고 지금은 학교가 있었던 수송공원 안에 검은 돌로 된 표지석만 남아 있다.

신흥전문학원은 우리에게는 생소한데, 일제강점기에 만주에서 독립군을 양성하던 신흥무관학교의 정신과 전통을 이어받고자 성재 이시영이 세운 학교다. 1949년에 정식으로 대학 인가를 받았으나 학교의 운영 주체가 바뀌며 1955년 회기동으로 이전했다. 그리고 1960년에는 학교 이름을 경희대학교로 변경한다. 지금은 그런 유래에 대해 알고 있거나 기억하는 사람은 드물다. 그러나 몇 년 전 뜻있는 경희대학교 동문이 수송공원 안에 '신흥대학 표지석'이라는 기억 한 조각을 세웠다.

　2017년 3월 1일, 뜻 깊은 날 아침 가족과 수송동을 거닐었다. 수송동에 대해 무언가를 써야지 생각했고, 원래는 이 길을 걸으며 숙명여학교를 다녔던 소설가 박완서와 보성학교를 다녔던 시인 이상에 대해 써보려고 했다. 그러나 그날따라 유난히 눈에 들어오던 표지석과 골목 안의 흔적들로 이야기는 내 의도와 상관없이 흘러갔다. 의식하지는 않았으나 알 수 없는 어떤 힘이 나를 그렇게 이끈 것 같다.

세상의 모든 색과
언어가 쌓인
문화와 예술의 거리

서울
명동
골목

눈으로 볼 수는 없지만 땅속에는 많은 시간이 쌓여 있다. 도읍이 된 지 600년이 넘은 서울의 사대문 안은 어디를 파보아도 주춧돌부터 시작해서 도자기, 놋그릇 등 다양한 시간의 조각이 흙 속에 잠긴 채 시루떡처럼 쌓여 있다고 한다. 그래서 종로통 같은 서울의 중심지는 건물을 짓기 전에 문화재 조사가 선행되도록 법으로 규정되어 있다.

그런데 서울 명동은 땅을 파지 않아도 시간의 적층을 볼 수 있는 곳이다. 꽤 오랫동안 문화와 예술, 젊은이들의 중심지였던 명동에는 많은 시간이 존재하며, 많은 기억이 공존한다. 그것은 대단한 역사적인 유적이나 유물이 아닌 그냥 그곳에서 한 시절을 보냈던 사람들의 기억들이다. 명동이라고 하면 은성주점을 기억하는 사람이 있고, 돌체다방을 기억하는 사람이 있으며, 또한 쉘부르를 기억하는 사람도 있다. 사람마다 모두 다른 기억과 추억의 안경을 쓰고 명동을 회상한다.

얼마 전 창고에 쌓여 있는 박스를 열고 무언가를 찾다가 오래된 사진 한 무더기를 발견했다. 흑백사진과 초기 컬러사진들이 맥락 없이 쌓여 있었는데, 그 사이로 해사한 컬러의 여자배우 사진이 한 장 나왔다. 중학교 때 명동 초입에 있던 코스모스백화점에서 구입해서 잘 간직하던 그 당시 인기가 높았던 올리비아 하세Olivia Hussey의 사진이었다. 중국 대사관 앞 영화 잡지를 파는 상점에 들렀다가 백화점 4층에 올라가서 배우들 사진을 구경하고 거기서 엽서 크기로 인쇄된 사진을 몇 장 샀는데 그것이 불쑥 튀어나온 것이다. '아, 한때 거기 참 자주 갔는데…….' 깊은 곳에서 밀려올라오는 한숨처럼, 잊고 있던 시간이 수면 위로 떠올랐다.

나의 명동은 돌체나 쉘부르에 대한 기억은 없고 코스모스백화점과 엘칸토소극장과 떼아뜨르 추 등의 소극장들과 음악다방들이다. 물론 그 장소들은 이제 그곳에 없다. 다만 명동의 랜드마크 역할을 하고 있는 명동성당이 아직도 언덕에 앉아 있어 그나마 다행이라고 생각한다.

오랜만에 명동에 갔다. 여전히 사람들로 거리는 붐볐다. 건물이 바뀌듯 명동에 드나드는 사람의 성분도 많이 바뀌었다. 외국인 관광객이 많이 늘었고 그들을 대상으로 하는 상점이 거리를 메우고 있어 예전과는 사뭇 다른 표정과 활기가 그득했다.

명동의 중심에는 명동예술극장이 있다. 일제강점기에 명치좌明治座라는 이름의 극장으로 만들어졌고 해방 후 한때 시공관이 되었다가 그 이후 국립극장이었으며, 1970년대에는 금융회사 사옥으로 사용되기도 하는 등 우여곡절이 많은 건물이다.

명동에서 예술인들과 거닐며 보냈던 시절을 기록한 에세이 『명동 백작』을 쓴 이봉구의 회고에 의하면, 시공관 앞에서 늘 웃는 낯으로 친구를 기다리는 이가 있었다고 한다. 특별히 약속을 한 것은 아니지만 그의 친구들은 늘 이곳을 지나갔다. 친구를 만나면 건네는 인사는 "돈 있어?"였다. 그가 꾸는 돈은 100원이나 될까 말까한 액수다. 얼마 되지 않는 그 돈을 누구나 선뜻 건네준다. 일고여덟 명의 친구들에게서 돈을 받아 모으면 그는 대폿집으로 달려가 막걸리 한 사발을 맛있게 들이켠다. 그리고 다시 시공관 앞 로터리에서 친구를 기다린다.

그는 〈보리밭〉의 작곡자 윤용하다. 교회를 통해 음악을 접했을 뿐 정식 음악교육을 받은 적도 없었다고 하는데, 〈보리밭〉처럼 아름다운 가곡을 비롯해 수많은 작품을 남겼다. 많은 이가 영화를 보고 연극을 보고 음악회를 열었던 그곳, 시공관 앞에서 몇 푼의 돈을 꾸어주었던 친구들은 윤용하의 죽음을 신문에서 보고야 알았다고 한다. 그는 오랫동안 밥은 입에 대지도 않고 오로지 시공관 앞길에서 모은 몇 푼의 돈으로 막걸리를 마시며 연명했다던가. 그런 이야기를 아는 이들이 차츰 세상을 뜨고, 명동이 예전 같지 않다고 한탄하는 목소리도 잦아들었다.

그리고 그 맞은편에는 유네스코회관이 있다. 그 건물은 배기형이라는 건축가가 1960년대에 설계했는데, 당시에 외벽의 전체를 커튼처럼 유리로 뒤덮는 커튼월 공법이라는 새로운 기법으로 지어 화제가 되었다. 유네스코회관은 명동성당 옆 구舊 성모병원과 더불어 한국 현대 건축을 상징하는 건물이자, 더불어 명동이 서울에서 가장 화려하게 꽃을 피우던 시기를 상징하는 건물이었다.

명동이란 조선시대 한양의 행정구역 49방坊 중 하나인 명례방明禮坊에서 유래한 것이다. 원래는 이곳이 주택지였으나, 일제강점기에는 충무로 일대가 상업 지역으로 발전하면서 그 여파로 다방, 카페, 주점 등이 번성한 상업 지역으로 변하게 되었다.

명동의 동네 구조는 동서로 굵은 길이 가로지르고, 남북으로 다양한 폭의 여러 길이 나뭇잎의 가느다란 잎맥처럼 가지를 뻗는 모양으로 되어 있다. 그중 유네스코회관 옆길은 가는 줄기 중 하나로 작은 좌판들과 호객하는 사람들로 가득하다.

오랜만에 명동에 나갔던 어느 날, 예전에 자주 드나들던 길이라 자연스레 그곳으로 접어들었다. 그러나 '나의 한때'는 모두 사라지고, 이제

는 다른 업종과 다른 가게들이 빈틈을 빼곡하게 메우고 있었다. 그런데 길 중간에 만난 지 오래되어 이름도 가물가물한 동창을 만나듯 문득 옛날에 자주 드나들던 다방이 나타났다. 나는 이 다방이 아직도 있을 거라고는 생각도 못했다.

내가 명동을 한참 드나들던 시절은 1980년대 초반이었다. 해방 이후 문인, 화가, 음악가들이 은성주점, 돌체다방, 동방살롱 등을 배경으로 활약하던 시절이 지나고, 1970년대 오비스캐빈, 쉘부르 등 청바지와 통기타로 무장한 젊은 가수와 음악인이 새롭고 신선한 바람을 불러일으켰던 시절도 저문 다음 명동이 자본주의적이며 소비적인 장소로 더욱 공고히 자리를 잡을 무렵이었다.

당시 그곳은 문화적인 향기보다는 옷 가게와 먹고 마시는 가게들이 즐비했고 정신이 어지러울 정도로 현란했다. 그때 유네스코회관 옆 좁은 골목으로는 칸막이가 촘촘히 박혀 있고 담배 연기가 박무처럼 깔려 있으며, 유리 상자 안에는 디제이가 하루 종일 팝송을 틀어주는 경양식집이 잔뜩 있었다. 그곳에서 가끔씩 함박스테이크를 먹었고 돈가스를 먹었고 '멕시칸 사라다'를 먹으며 맥주도 마셨다. 그 길에 그 다방이 있었다.

그곳에는 커피 위에 뚜껑을 덮듯 부드러운 아이스크림을 띄워놓은 비엔나커피가 있었고, 창문 너머엔 복잡한 거리 골목이 아니라 나무가 가득한 중국 대사관 정원이 있었다. 특히 비 오는 날 그곳에 가서 비엔나

커피를 마시며, 초록이 선명해진 대사관의 정원을 보는 것은 이국적이었으며 낭만적인 일이었다. 1977년에 문을 열었다니 벌써 40년이 넘은 곳인데, 우리나라같이 오래된 것을 참아내지 못하는 나라에서 여전히 버티고 있다는 것이 놀라웠다.

그리고 여전히 사람이 많이 있었다. 알고 보니 얼마 전 매우 인기를 끌었던 드라마에 나오는 바람에 사람들이 많이 찾는 곳이 되었다는 것이다. 다방 안은 내부가 조금 바뀌긴 했지만, 여전히 편안했고 비엔나커피도 부드럽고 맛있었다. 다만 중국 대사관을 새로 지으며 창밖의 풍경이 많이 바뀌었다. 나의 안경이 너무 낡아서인지 내 눈앞의 여러 가지 풍경이 눈에 설었다. 문득 1950년대에 동방살롱 앞 빈대떡집에서 시인 박인환과 음악가 이진섭이 즉석에서 짓고 불렀다는 〈세월이 가면〉이라는 노래 가사의 한 부분이 생각났다. "사랑은 가고 옛날은 남는 것."

명동에는 옛날을 보러 가는 사람이 있고 단지 현재만을 즐기러 오는 사람이 있다. 그리고 다양한 사람이 섞여서 강물처럼 흐른다. 다방을 나오며 문득 고개를 들어 명동의 하늘을 바라보았다. 무수한 간판이 하늘을 가득 메우고 있었다. 한국어 · 영어 · 일본어 · 중국어 · 프랑스어, 심지어 아라비아어까지 세상의 모든 언어가 들어 있었다. 그 안에는 세상의 모든 색이 다 들어 있었다.

사람들은 대부분 그 간판을 보며 너무 복잡해서 정신없다 눈을 흘긴다. 그러나 그날 내 눈에 비친 명동의 간판들은 무척 흥미로웠다. 그 복잡함과 그 현란함과 그 유치함이 가득한 다양성은 바로 명동의 얼굴이며 명동의 성격이라고 생각하며, 안경을 고쳐 쓰고 한참을 바라보았다.

서울

종로

피맛길

 우리나라에서 가장 오래된 식당은 이문설농탕이라는 곳이다.
1902년에 우리나라 요식업 1호로 등록했다고 하니 개업한 지 110년이 넘
었다. 이문설농탕은 음식 맛도 좋지만 연륜만큼이나 많은 사람이 들락거
렸고, 특히 일간지에 연재되었고 후에 〈장군의 아들〉이라는 영화의 원본
이 되었던 홍성유의 소설 『인생극장』에서 혈기 방장하던 시절의 '종로 주
먹' 김두한이 자주 들락거렸던 식당으로 여러 번 나와 그 이름이 귀에 익
숙하다.

 그런데 그 식당은 종로에 있다. 이름으로 얼핏 생각되기는 동대문

구 이문동에 있어야 될 것 같은데 정작 이문설농탕은 종로 2가에 있다. '좀 이상하다. 이문동에 본점이 있어서 그런가?' 하고 추측해보기도 했는데, 알고 보니 이문설농탕이라는 이름이 붙은 것은 그 식당이 이문里門 근처에 있었기 때문이라고 한다.

'이문'이란 조선시대 초기인 세조 시절에 방범의 목적으로 동네 입구에 세운 문이다. 『조선왕조실록』을 보면 세조 11년(1465)에 한성부에 '경성京城의 여항閭巷에 이문里門을 지으라는 지시'를 내리는 구절이 나온다. 경성은 물론 서울이고, 여항이란 살림집이 많이 모여 있는 곳을 말한다. 신하들의 거듭된 건의를 받아들여 동네의 안전을 지키는 역할을 하는 이문을 여러 곳에 설치했는데, 이문설농탕 근처가 바로 종로 이문의 자리였다고 한다. 집들로 빽빽하게 채워진 종로의 뒷골목 어딘가에 동네로 들어가는 문이 있었다니 그림이 그려지지 않는다.

그 문을 통해 들어가는 동네에서는 어떤 일들이 있었고 어떤 사람들이 살고 있었을까? 그 이름이 피어내는 상상은 끝없이 이어졌다. 그러나 지금 이문설농탕은 헐리고(원래 자리인 공평동에서 한 블록 건너인 견지동으로 옮겨갔다) 그 자리에 큰 건물이 들어서고 있다.

종로 부근은 예전이나 지금이나 북적거린다. 한때는 고관대작들이 지나다니는 명실상부한 서울의 중심이었지만 지금은 그 중심이 여기저기로 많이 옮겨졌다. 그러나 여전히 그곳의 길은 넓고 자동차는 많다.

큰 틀에서 보면 종로의 가로 구조는 조선시대에 만들어진 그대로 인데, 종로변 남북으로 길게 나라에서 허가받은 물품을 파는 시전市廛이 있어서 지금의 땅의 모양을 유지하는 데 큰 영향을 주었다. 구한말을 기록한 옛 사진을 보면 동대문 어림까지 한없이 이어진 기와지붕의 건물들이 바로 그 시전의 행랑行廊이었는데, 구름처럼 사람이 많이 모이는 곳이라고 하여 이곳을 운종가雲從街라 불렀다고 한다. 지금으로 보면 종로통으로 길게 이어진 긴 쇼핑몰이었을 텐데, 그 뒷길은 처마가 마주대고 있어 거의 비를 맞지 않는 실내 같은 공간이었을 것이다.

종로1번지 교보문고 뒤 청진동은 광화문을 중심으로 좌우에 의정부, 한성부와 육조가 있는 육조거리와 시전이 교차되는 곳에 있는, 정치와 경제가 한자리에서 만나는 곳이었다. 특히 교보문고 후문 근처는 복원되다 만 듯 흔적만 남은 중학천이 예전에 광화문 북쪽에서부터 시작되어 청계천으로 흘러가는 중간에 놓였던 '혜정교惠政橋'라는 다리가 있던 자리다.

혜정교는 원래 조선시대에 부정부패를 행하던 탐관오리에 대한 징벌이 시행되거나, 궁 밖으로 행차를 나서다 잠시 길을 멈추는 임금에게 백성들이 억울한 일을 호소하던 곳이다. 그곳이 공교롭게도 시민들이 뜻을 모은 목소리를 내기 시작한 촛불집회가 소규모로 처음 시작되었던 지점이라는 것은 의미심장한 일이다.

몇 년 동안 진행된 대규모 재개발로 인해 흔적도 찾기 어렵지만,

원래 이곳에서부터 시작되는 '피맛길'이라는 이름을 가진 길이 있었다. 종로의 한 켜 뒤로 대로와 평행하게 좁은 길이 동대문 인근까지 뱀처럼 구불구불 길게도 이어져 있는데, 그 길에 사람들이 다니기 시작한 것은 조선 초기부터라고 한다. 참 오래된 길이다.

'양반들이 탄 말馬을 피해避 다니는 길'이라고 해서 '피맛길'이라고 불렀고, 그 길 양쪽으로 형성된 뒷골목 동네에는 피맛골이라는 이름이 생겼다. 그 길은 서민들을 위한 소박한 먹거리인 해장국, 생선구이, 빈대떡 등이 익으며 피워내는 연기와 냄새로 그득했고, 그곳에서 서민들은 무척 푸근하고 얼콰해졌으리라.

비록 그 길이 600년 동안 역사의 뒤편에 자리해서 찬란한 햇살이나 영광을 누리지 못해 남루하지만, 그 안에는 사람의 온기가 남아 있어 사람들에게는 위안을 주었고, 역사 도시로서 서울의 위상을 튼튼히 해주었다.

우리가 종로통이라고 부르는 곳은 대로변의 길게 난 상점가뿐이 아니다. 당시 조선의 상업을 대표하는 곳이었고 막강한 힘을 가진 곳이었던 만큼 그 주변으로 엄청나게 두터운 경제적 영향권과 생태계가 조성되어 있었을 것이다. 종로 큰길에 면한 수백 간에 이르는 상점들 뒤로 난 좁고 긴 길에는 사람들이 먹고 마시고 이야기를 나누는 피맛길이 있었고, 그 뒤로 미로 같은 골목들이 이어지며 상점과 연계되는 다양한 업종에 종사하는 사람들의 터전이 있었다. 그러니 종로의 화려함 뒤로 숨겨진 골목마다 서민들의 소박한 꿈과 땀이 고여 있었던 것이다.

그런 면에서 태조 이성계가 조선을 건국할 때 한양에 세운 숭례문이 서울의 정신이라면 비슷한 시기에 만들어진 피맛길은 서울의 마음이라 할 수 있다. 그런데 10년 전 어느 날 '정신'은 하룻저녁의 불꽃에 사그라졌다. 서울의 관문에 불이 났으니 큰일이었으며 사람들은 애통해하며 흰 천을 두르고 통곡을 하며 다시 살려냈다.

그러나 바로 지척에 있는 '마음'은 비슷한 시기에 조용히 사라졌다. 개발 사업에 대한 보상이 마무리되자 사람들을 몰아내고, 피맛길에 면했던 작은 필지들을 한꺼번에 모아 거대한 상업 건물로 세우기 위해 길을 둘러싸고 있던 건물들을 중장비로 간단히 허물어버리기 시작했다.

나는 그곳을 지날 때마다 가림막 뒤로 집들을 허물고, 땅을 파헤치고 문화재 지표 조사를 하고, 다시 지하를 앉히고 건물을 올리는 모습을 지켜보았다. 물론 길고 긴 피맛길의 단지 한 귀퉁이가 없어지는 일이라 생각할 수도 있지만, 광화문 네거리 부근은 피맛길이 시작되는 상징적인 위치라는 생각에 무척 안타까웠다.

원래의 피맛길은 종로 1가 청진동에서 종로 6가까지 이어져 있었지만, 지금은 거칠게 지워낸 지우개자국처럼 여기저기 지워진 채 아주 희미한 자국만 조금 남아 있다. 건물은 없어져도 복원이 가능하지만 길은 없

어지면 복원이 어렵다. 그리고 길이 없어지면 도시의 정체성은 점점 없어진다. 불에 탄 숭례문 앞에서 울고불고했던 사람들은 모두 어디에 있는지, 600년 만에 없어지는 저 길에 술 한잔 권하는 사람이 없다.

나는 가방과 카메라를 챙겨들고 남아 있는 피맛길로 가서 사진을 찍고 그림을 그리기도 한다. 바늘이 하나 부러져도 조문을 하는 게 우리의 정서 아닌가. 그리고 그런 정도의 예의는 갖추어야 하지 않겠나 하며 영정사진을 찍는다는 마음에서다.

누구나 알고 있듯이 사람의 몸은 무수히 많은 혈관으로 이루어져 있다. 동맥과 정맥이라고 부르는 굵은 줄기의 핏줄이 있고 그보다 훨씬 많은 실핏줄이 있다. 어떤 것이 더 중요하다고 할 수 없이 모든 피의 길이 조화로워야 하고 건강해야 한다.

도시도 사람의 몸과 똑같다. 큰길이 굵은 핏줄이라고 보면 큰길 뒤로 뻗어 있는 길들 혹은 집까지 이어지는 길들은 가는 핏줄일 것이다. 큰길 뒤로 이리저리 이어지기도 하고 끊어지기도 하는 그 길을 우리는 골목이라고 부른다.

도시에는 무수한 골목이 있다. 그리고 사람의 몸처럼 모세혈관 역할을 하는 골목이 잘 살아 있고 건강해야 도시 또한 생기 있게 살아나는 것이다. 큰길이 과시와 소비와 속도를 위한 것이라면, 골목은 그 도시의 맨얼굴이며 그 도시의 정체성이며 또한 삶의 여유를 주는 공간이다.

뒤늦은 개발로 얼마나 큰 이익이 생기는지는 잘 모르겠지만 그런 의미 있는 골목들이 사라지는 사이, 세계에서 네 번째로 오래된 수도라는 서울의 역사성과 정체성은 점점 희미해질 것이다. 그리고 그것이 스스로 손해를 자초하는 어리석은 짓이었다는 사실을 깨닫게 되는 날이 조만간 다가올 것이다.

아산
외암마을
고샅길

    충남 아산에 가면 외암마을이라는 오래된 동네가 있다. 설화산이라는 듬직한 산이 뒤를 잘 막아주고 있으며, 지형은 평평하고 앞으로는 물이 흘러 아주 살기 좋은 환경을 갖춘 곳이다.

    이곳은 예안 이씨의 집성촌이다. 안동 하회마을이나 경주 양동마을만큼 거창하지는 않지만 들어가면 유서 깊은 집이 많이 있고, 동네에 얽힌 이런저런 이야기도 생생하게 남아 있다. 그러면서 소박하고 편안한 느낌이 드는 곳이다. 마을이 형성되기 시작해 500여 년 동안 마을이 갖추어야 할 모든 요소를 잘 갖추고 다듬으며 오늘에 이르렀다고 한다. 외암마을에는 길이 5킬로미터가 넘는 길고 긴 돌담이 마을을 휘돌고 있다. 그리고 마을의 길들도 돌담을 따라 휘어지고 꺾어진 채 이어지고 있다. 그 모습이 아주 편안하다.

사실 우리나라 도시나 마을에는 직선이 드물다. 도시 계획이라든 가 마을의 계획에 흔히 수반되는 필수적인 직선이나 위계가 뚜렷한 구성을 우리나라에서는 보기 어렵다. 그것은 우리나라만의 자연에 대한 독특한 시각이며, 자연의 길을 막고 방해하지 않으려 했던 아주 현명한 자세라고 생각한다.

그에 대해 한때 사람들은 측량술의 부족을 이유로 들기도 했고 미개하다는 아주 야트막한 견해를 드러내기도 했지만 그건 절대 그렇지 않다. 그런 의견은 얼핏 듣기엔 때때로 아주 교묘하고 정교해서 논리적으로도 완벽한 것처럼 느껴지기도 한다. 그런 시각은 우리 문화를 폄하하고자 했던 일제강점기 식민지 사관에서 꽃을 피우기도 했지만, 이미 오래전부터 외세, 특히 '존경하는' 중화中華 문화에 경도된 많은 지식인이 범한 잘못된 시각이기도 하다.

박지원의 『열하일기』를 보면 우리나라를 벗어나 중국의 초입에 들어가면서부터 감탄을 하는 장면이 나온다. 물론 새롭고 앞선 문명을 만날 때의 감동이야 이해할 수 있지만 그렇다고 우리 문화의 폄하로 이어지는 대목에는 동의하기 어려웠다. 물론 당시 우리가 성리학 등의 관념적인 철학으로 나라를 운영하다 보니 생기는 부작용으로 과학이나 기술을 천시했던 것은 사실이다. 하지만 지형의 특수성이나 우리 민족이 살아오면서 만들어진 기호와 문화가 있는데 그것을 싸잡아 천시하는 것은 문제가 있다고 생각한다.

실학자로서 연암의 시각이나 입장은 이해가 가지만, 생활양식과 기호의 차이를 고려하지 않은 개탄은 거부감이 들었다. 물론 뒤로 넘어갈수록 연암이 눈을 뜨며 점차 흥분도 가라앉기는 했지만, 남의 것에 비해 우리 것을 상대적으로 저평가하는 전통이 우리 지식인들에게 팽배했음을 느낄 수 있었다.

예부터 우리 선조들이 땅을 다루는 시각과 방법론에는 아주 독특한 방식이 있었고, 그 방식은 시간이 흐르며 자연스럽게 변용되고 발전되었다. 그러나 언젠가부터 그 흐름과 전통은 문득 끊어져버리고 근대와 현대가 밀어닥치며 그리드 체계 안에서 도시를 조직하는 방식으로 뒤덮이게 되었다. 그런 과정에서 예전의 방식은 사람들이 각고의 노력으로 지키는 몇 군데에서만 간신히 살아남아 있을 뿐이다. 여기 외암마을이 바로 그런 대표적인 곳이다.

이 마을도 역시 길이 휘어져 있어 멀리서는 마을이 보이지만 마을 입구에 들어서면 대체 저 길이 얼마나 뻗었는지 구분할 수 없다. 개울을 건너면 마을로 들어선다. 입구의 소나무숲은 마을을 적당히 가려주고, 그 안으로 고샅길이 흘러간다. 고샅은 마을의 좁은 골목길을 이르는 말이다. 골짜기를 의미하는 골에서 변화된 '고'와 갈라진 곳을 의미하는 '샅'이 합해진 말이다. '끊어질 듯 이어지는'이라는 표현이 아주 적합하게 이어지는 고샅길을 따라 동네에 흔한 돌을 줄눈이나 흙을 채우지 않고 두텁고 자유분방하게 쌓아 만든 담이 이어진다.

자유롭게 쌓아놓은 담은 다양한 돌이 모여서 합창을 하는 것 같다. 조금은 위태롭게 보일 수도 있지만 두툼한 두께로 안정감이 있어 오히려 마음을 편하게 만들어준다. 그리고 그 돌담의 높이가 사람 허리보다 조금 높아서, 예전에는 어떤 집에 도둑이 들면 마을 사람들이 그 담 위로 올라가서 도둑이 도주하는 방향을 파악하고 서로 신호를 보냈다고 참판댁에서 만난 동네 어르신이 우리에게 일러주었다.

사람들은 돌담이 이끄는 대로 마을을 빙빙 돌게 되어 있다. 휘청휘청 이어지는 길 중간에 네모난 마당 같은 공간이 나오고, 그 길 끝에는 작은 대문이 막아서고 있다. 그리고 그 모서리로 다시 길이 이어지는데, 그 막아선 작은 문은 외암巍巖 이간李柬이라는 학자의 위패를 모신 사당의 문이다. 그리고 그 옆으로 대문과 들마루를 길 쪽으로 내밀고 있는 집이 외암마을 종손댁이다.

대문과 그 앞에 있는 동네의 작은 마당은 그리 낯선 풍경은 아니다. 그런데 길에 면해 있어 금세라도 열릴 것 같은 방문이 얼굴을 내밀고

있고, 길을 향해 마루가 나 있어 집 안에 들어간 것 같은 느낌을 주는 풍경은 무척 이색적이다. 지나가는 사람들을 반기는 것 같기도 하고, 집으로 들어가 이야기를 나누는 듯한 친숙함과 편안함도 있다.

물론 집성촌이므로 마을 사람 대부분이 아는 사이거나 친척이겠지만, 그래도 외부와 내부의 경계가 조금 모호한 공간에서도 그리 흔한 모습은 아니다. 지나가는 사람들이 아무나 그 마루를 공원 벤치처럼 쓸 수도 있을 것이다.

그 골목은 담장 바깥인데도 그 들마루와 담이 만드는 네모난 공간으로 인해 집 안으로 들어간 듯하다. 뫼비우스의 띠나 클라인 씨의 병처럼 안과 밖이 하나인 공간으로 느껴진다. 담을 따라 걸을 때의 방향성이 그 마당에서 설탕이 물을 만나듯 슬그머니 녹아버리고 여행지에서 느끼는 약간의 긴장과 흥분도 그 안에서는 흐물거리며 무력해진다. 내가 찾아갔던 날도 추운 겨울이었지만 네모난 마당을 채운 햇살과 반들반들한 마루의 감촉이 마냥 그 마루에 앉아 있게 만들었다.

설화산 계곡에서 흘러내리는 물은 자연스럽게 마을 남쪽으로 돌아나가는데, 마을 위쪽에 물길을 만들어 마을을 통과하는 인공수로를 만든 점도 특이하다. 집집마다 생활용수가 되기도 하고 정원의 연못으로 흐르기도 하고, 불이 났을 때 소화수로도 활용되는 이 인공수로는 설화산이 화산火山이라 그 불의 기운을 누르기 위한 것이라고 한다. 물은 돌담과 함께 마을을 휘감고 지나가는 중요한 요소이고 그 물은 마을 앞까지 흘러나간다.

마을 동洞 자는 물 수水와 같을 동同으로 이루어져 있다. 물을 같이 먹는 단위가 한 마을인 것이다. 마을 입구를 흔히 동구洞口라고 한다. 그리고 대부분 그곳에 작은 연못이 있다. 그 연못은 마을을 꿰며 흐르는 개울물이 모이는 장소다.

그 개울은 집 앞으로 흐르며 집에서 나오는 생활하수를 받아내고, 이렇게 오염된 물은 모기가 유충을 낳기 적합한 장소가 된다. 그런데 그 유충들을 연못에 사는 미꾸라지가 먹고, 사람들은 그 미꾸라지를 먹는다. 또한 마을에서 흘러들어온 하수는 연못 주변에 심은 미나리에 의해 정화되어 강으로 흘러나간다. 결국은 산에서 흘러나온 물이 강으로 가기까지, 인간이 개입하고 자연의 여러 가지 생명체가 공존하면서 정화되고 소비되는 가장 완벽한 '친환경 사이클'을 완성한다.

우리가 아는 마을들은 그냥 단순히 집들이 모여서 이루어지는 곳이 아니다. 보이지 않는 여러 가지 요소가 결합하고 그 안에서 순환이 이루어지고 조화와 균형을 이루고 있는 복합체다. 마을은 이런 단위로 만들어지는 것이다.

그런 요소가 자연스럽게 남아 있는 외암마을의 풍경은 참으로 정겹다. 그러나 요즘 모든 역사적인 장소가 앓는 몸살처럼, 이곳도 마을 이름 앞에 '민속'이라는 글자가 들어가면서 '관광지화'하면서 동네의 품격이 적잖이 손상되어 아쉬운 감이 있다. 오랫동안 가치를 유지하며 잘 지속된 마을이나 집들을 구경시켜주기 위해 급하게 만들어놓은 조악한 민예품처럼 취급하는 일은 스스로 격을 낮추는 것이라고 생각한다.

별 대수롭지도 않은 역사적 물건이라도 곱게 포장하고 품격을 훼손하지 않으려는 노력이 상상을 초월하는 외국 사례를 굳이 들어 비교할 필요는 없을 것이다. 다만 요즘 지방자치단체가 앞장서서 관광객 유치에만 혈안이 되어 그 장소들이 갖고 있던 본래 특성을 오히려 잃어가고 있지는 않은지 돌아보고, 무분별한 관광지 조성 계획을 조급하게 세우는 일은 자제하면 좋겠다는 생각이 든다.

공주
중동
골목

"오뉴월의 장의 행렬. 가난한 노파의 눈물. 거만한 인간. 바이올렛색과 검정색. 그리고 회색의 빛깔들. 둔하게 울려오는 종소리. 징소리. 바이올린의 G현. 가을 밭에서 보이는 연기. 산길에 흩어져 있는 비둘기의 깃. 자동차에 앉아 있는 출세한 부녀자의 좁은 어깨. 유랑가극단의 여배우들. 세 번째 줄에서 떨어진 어릿광대. 지붕 위로 떨어지는 빗소리. 휴가의 마지막 날……."

안톤 슈나크Anton Schnack는 『우리를 슬프게 하는 것들』이라는 수필에서 이렇게 썼다. 그뿐이겠는가. 대부분 개인적인 기억이나 경험에서 우러나기는 하지만, 세상에는 우리를 슬프게 하는 것이 많이 있다. 한때 크고 번화했던 곳이 쇠락해 사람의 발길이 뚝 끊긴 장소가 되었을 때, 그곳을 보는 느낌이 무척 우리를 슬프게 한다. 덥고 화려했던 여름이 간 후 쓸쓸하게 떨어져 흩어져 있는 공원의 낙엽을 볼 때처럼 허전하며 슬퍼진다.

어떤 장소에도 살아 있는 생명이 그렇듯 수명이 있는 것처럼 한창 때가 있고 쇠락하는 시기가 있으며 조용히 숨을 거두는 순간이 있다. 여러 가지 주변 환경이 정치적·경제적인 환경에 휩쓸려 그렇게 되는 경우가 있는데, 사람이 많이 모여 살면서 만든 도시의 모습도 마찬가지다. 도시에도 수명이 있는지, 화려했던 시절이 지나면 썰물처럼 사람들이 빠져나가고 그들이 살았던 흔적만 남아 있게 된다. 그런 도시에 가서 오래된 골목을 거닐면 쓸쓸하고 서글픈 느낌이 물씬하게 다가온다.

경상도라는 이름은 경주와 상주의 앞 글자에서 따온 말이다. 상주는 그만큼 영남 지역의 중심이었는데 근대를 거치며 국토를 가로지르는 주 교통수단인 고속도로가 그곳을 지나는 것을 상주의 '어른'들이 극렬하게 반대하는 바람에 지역적으로 소외되고 대표성을 잃어버리게 되었다. 공주 역시 그런 비슷한 과정을 거쳐서 조금은 한적한 도시가 되었다.

공주는 아주 아늑한 도시다. 공산성이 팔을 넓게 뻗어 도시를 안아주고, 제민천이 부드럽게 흐르며 바람을 실어다주는 곳이다. 또한 공주는 모두 알다시피 한때 백제의 도읍이었다. 그리고 충청감영이 있던 곳이고, 20세기 초까지 충청도의 도청 소재지였다. 그러나 1932년 대전으로 도청 소재지가 옮겨가면서 도시의 인구가 줄기 시작했다. 결정적으로 경부고속도로가 생기고 교통 체계가 개편되며 많은 도시의 명운이 갈리던 시절, 고속도로에서 비껴간 공주는 접근이 쉽지 않은 도시가 되었다. 공주를 가기 위해서는 돌고 돌아서 들어가야 했다. 찾아가는 데 시간이 많이 걸리는 곳이 되었고 그러는 사이 공주는 잊힌 제국 백제의 고도, 교육 도시 등의 인상으로만 남아 있었다.

그런데 참으로 아이러니한 사실은 공주가 그런 근대화의 소외 지역이었던 관계로 일제가 우리나라의 많은 주요 도시에 행했던 도시 정비의 폭력을 피할 수 있었다는 것이다. 공주 원도심은 지금은 낡고 작은 집들이 복잡하게 얽혀 있는 한적한 골목으로만 보이지만, 그곳에는 옛 도읍의 원형이 드물게도 살아남아 있다. 얻는 게 있으면 잃는 게 있고 손해 보는 것이 있으면 이익을 보는 것도 있다. 세상 사는 이치가 다 그런 모양이다.

제민천 근처에 있는 마을과 길들이 그렇다. 제민천은 공주를 가로지르는 폭이 좁은 하천이다. 그 주변으로 집들이 올망졸망 모여 있다. 한옥, 양옥, 작은 공장 등과 한때 공주가 번화할 때 사람들이 묵었던 덩치가 큰 여관들이 골목과 개천과 사이좋게 모여 있다.

그 개울을 건너다니며 지금은 공주역사영상관이 된 구舊 공주읍사무소, 중동초등학교, 공주사대부고, 호서극장, 양조장 등이 점점이 박혀 있다. 특히 구 공주읍사무소는 일본인이 만든 국적이 모호한 서양식 건물인데, 목포의 동양척식주식회사 건물이나 서울에 있는 제일은행 본점의 건물처럼 그리스 신전인 양 근엄한 외관을 갖고 있다. 그보다 규모는 작아서 70퍼센트 정도로 축소 복사한 듯한 외양이 친근하다. 그 주변으로 만들어진 작은 공원을 둘러싸고 있는 다양한 시대의 건물들이 건축박물관에 들어선 듯한 느낌을 주어 아주 재미있다.

그리고 큰길을 따라 완만한 고갯길을 오르다 보면 언덕에 덩실 앉아 있는 유서 깊은 중동성당이 보이고 바로 맞은편에 절두산순교기념관과 국립극장을 설계한 이희태라는 건축가가 설계한 구 국립공주박물관(지금의 충청남도역사박물관)이 앉아 있다. 양쪽 언덕에서 고갯길에 세워놓은 장승처럼 서 있는 두 건물은 봄에 보면 참 좋다. 봄이면 흐드러진 벚꽃과 얼굴을 비비며 살포시 앉아 있어 벚꽃이 하늘에서 쏟아져내리는 시절

에 가면 환상적인 풍경을 볼 수 있다.

이 부근이 중동이라는 동네다. 공주에 오랫동안 살았던 사람들은 다 안다. 자동차가 다니지 않는 좁고 꼬불거리는 골목을 통해 등하교하던 사람들은 그 동네를 이야기할 때면 무척 애틋해진다. 사람들이 나가고 나서 외지인이 많이 들락거렸던 흔적처럼, 드문드문 남은 여관들이 웃자란 잡초처럼 작은 집들 사이로 고개를 삐쭉 빼고 우리를 바라보고 있었다.

공주의 중심지였던 중동은 중심지가 옮겨가면서 쇠락해 제법 한적한 곳으로 변했고, 옛날 극장은 상점 등 여러 용도로 전환되다가 이제는 문을 닫은 채 커다란 덩치를 감추지 못하고 대로변에 우멍한 표정으로 앉아 있다. 건물 정면에는 그동안 그곳을 지나갔던 사람들의 흔적이 군데군데 영화 홍보를 위해 그렸던 간판이나 벽에 써놓은 글씨들로 남겨져 있다. 빈 집은 많고 가게는 한적하다.

그곳에 어떤 중년 부인이 50년 전에 지어진 한옥을 한 채 구입하고 그곳을 고쳤다. 그 집은 전 주인인 가장이 3년 동안 돈이 모일 때마다 자재를 사서 직접 지은 전형적인 세 칸 집이었다. 그리고 그 집에 살면서 50년 동안 주인이 가꿔온 뜰이 새 주인에게 이어졌다.

그렇게 그 집은 중동초등학교에서 제민천으로 나가는 Z자 형태의 좁고 긴 골목 안에 드물게 사람이 새로 들어와 사는 집이 되었고, 집을 끼고 나가는 긴 골목이 온통 그 집의 앞마당이 되었다. 그 부인은 그곳에 풀을 심고 꽃을 심고 험상궂게 변한 벽을 단장하고 사람들을 모아서 청소를 했다.

그리고 사람들은 그 집에 와서 예전에 그 골목에 대한 추억들을 풀어놓았다. 별다른 유물이라든지 역사적인 기억은 없으나, 작고 사소한 개인의 역사와 도시의 기억이 쌓여 있는 그 골목은 사람들이 들락거리며 이야기를 하고 정리하자 조금씩 마음을 털어놓기 시작한다.

모여든 사람들은 그곳에 '잠자리가 놀다 간 골목'이라고 이름을 붙이고, 낡은 집을 고쳐 사진 전시회도 열고, 손으로 지도를 그려 함께 골목길을 답사하는 프로그램을 만들기도 한다. 사람들이 떠났던 골목에 다시 사람들이 돌아오기 시작하고 골목은 아름다웠던 원래의 모습으로 되살아났다.

잠자리가 놀다 간 골목에서 옛 읍사무소 쪽으로 나가려면 제민천을 건너야 한다. 그런데 몇 년 동안 시에서 생태하천으로 가꾸기 위한 사업을 벌인 제민천은 주민들이 가꾼 골목과는 달리 어색한 난간과 축대, 나무 한 그루 없이 주차장이 되어버린 둑길 등 하나하나가 모두 아쉽기만 하다. 손대기 전, 공사 이전의 풍경이 훨씬 나았다는 소리가 여기저기서 들린다.

많은 예산을 들여 관에서 주도한 사업들이 도시 풍경을 해치는 결과를 가져오는 것은 예산 수립과 집행 과정의 경직성 때문일 것이다. 얼마

전 공산성이 유네스코 세계문화유산으로 등재되면서 공주에는 많은 관심이 쏠리고 있고, 그것이 공주의 앞날에 기회가 될지 위기가 될지 알 수 없다. 공주 같은 도시야말로 급하게 성과만을 따지기보다 차라리 주민들이 스스로 가꿀 수 있는 여지와 시간을 가져야 하지 않을까 싶다. 기대와 걱정이 교차된다. 잠자리가 놀다 간 골목의 그 집에 「풀꽃」이라는 시로 널리 알려진 나태주 시인이 써준 시처럼 말이다.

> 오래 묵은 시간이
>
> 먼저 와서 기다리는 집
>
> 백 년쯤 뒤에
>
> 다시 찾아와도 반갑게
>
> 맞아줄 것 같은 집
>
> 세상 사람들
>
> 너무 알까 겁난다.

대구
동산동
청라언덕

    출장도 아니고 여행도 아닌 볼일이 생겨 기차를 타고 대구에 갔다
가, 생각보다 여유 시간이 넉넉해 목적 없이 시내를 거닐었다. 도시를 산
책하면서 번화가를 벗어나니 문득문득 오래 묵은 건물이 불쑥 나오는 것
이 좋았고, 운전하거나 기차를 타고 빠른 속도로 지나칠 때는 몰랐던 대구
의 뒷모습을 만나게 된 것도 외국에 온 듯 낯설고 새로웠다.

    나는 솔직히 대구에 대해서는, 경주처럼 천년 시간이 잠긴 고도도
아니고 목포나 군산처럼 애잔하게 쇠락한 근대건축이 즐비한 답사지도
아닌 어정쩡한 도시라는 약간의 편견을 갖고 있었다. 다만 가까이 지내는

선후배 중 대구 출신으로 유난히 살가운 사람이 꽤 있고, 재료가 다양하고 맛있는 식당이 많고, '대프리카'라고 비유할 정도로 여름 무더위가 전국에서 최고라는 상식선의 지식 정도가 전부였다.

　　전국 여기저기에 집을 짓다 보니 일주일에도 몇 번씩 서울을 떠나기도 하는데, 꼼짝없이 여섯 시간 넘게 운전해야 했던 지리산 언저리도 이제는 세 시간 안팎이면 도착할 수 있도록 길이 뚫렸다. KTX 덕에 광주, 대구 같은 웬만한 도시까지는 두 시간이 채 걸리지 않는다. 이왕 간 김에 틈만 나면 근처에 답사할 곳 없나 찾아 헤매며 돌아다니던 때와 달리, 요즘은 목적지만 다녀오는 효율적이지만 무미건조한 출장이 되어버려 조금 아쉽게 생각했다. 그러던 차에 모처럼 새로운 관점에서 도시를 바라볼 수 있어 반가운 마음이 들었다.

　　건축에 대해 잘 모르면서 대학에 입학해 설계 과제를 하면서 가장 어려웠던 것이 땅을 이해하는 일이었다. 가상의 설계라고 해도 건물이 지어질 것을 전제로 하기 때문에 실제 대지가 주어지는데, 주소를 보고 현장을 찾아가 둘러보고 사진도 찍고 관할 관청에 가서 지적도도 발급받아 여러 가지 법규적 검토까지 해보아야 했다. 지금이야 인터넷으로 지적도, 대지 주변의 상황도 인터넷 사이트를 통해 얼마든지 잠깐 사이에 확인 가능하지만, 그때만 해도 일일이 다 찾아다녀야 했다. 사진도 필름 카메라로 찍어서 현상하고 인화한 것을 펼쳐보며 지적도 주변에 직접 붙이기도 하고, 촬영이 여의치 않으면 보고 온 풍경을 스케치하기도 했다.

남향으로 앉혀 햇빛이 잘 드는 건물이 되게 할지, 마당 등 외부 공간과의 관계는 어떻게 만들지, 주변 환경에 어울리는 방법은 무엇일지, 높이는 몇 층으로 할지, 그런 외형적 조건 외에도 역사적·도시적 맥락 등 매번 헤아릴 수 없는 많은 조건을 체크해가며 머릿속에 떠오른 파편들을 종합해서 실재하는 공간으로 만드는 과정은 시작도 끝도 정답도 따로 없는 막막한 일이었다. 땅을 제대로 이해하기 위해서는 되도록 많이 찾아가 보고, 많이 그려보는 게 좋겠다고 생각하면서도 꽤 오랜 시간이 흐르는 동안 아직도 가보지 못한 곳이 이렇게 많았나 하는 생각이 들었다.

약령시 거리를 지나 계산성당에 이르렀다. 거리 곳곳에 걸린 골목 투어라는 타이틀이야 워낙 여러 곳에서 화두로 삼는 것이라 그다지 새삼스럽지는 않았는데, 스마트폰 지도 앱으로 보니 근처에 선교사 챔니스Chamness 주택이라는 곳이 있다는 정보가 떠 있었다.

그 옆에 선교사 블레어Blair, 스윗즈Switzer의 집도 남아 있다는 언덕, 그 나름 복잡한 대도시의 번잡함에서 살짝 비켜나 푸른靑 담쟁이羅 넝쿨이 휘감긴 집들로 둘러싸인 그 언덕에는 이름이 있었다. 오랜만에 들어보지만 누구나 알고 있는 이름이다. 대구가 고향인 작곡가 박태준이 어린 시절 좋아했던 여학생과의 추억에 시인 이은상이 쓴 가사를 입힌 〈동무 생각〉이라는 가곡에 나오는 언덕, 바로 청라언덕이다.

가사는 이렇게 시작된다. "봄의 교향악이 울려 퍼지는 청라언덕 위에 백합 필 적에……." 그 뒤의 가사는 어쩐지 잊은 것 같은데 청라언덕 이라는 이름은 부르기에도, 상상하기에도 향기로운 느낌이었다.

근처에 간 김에 들르자고 마음먹고 커다란 교회를 끼고 언덕을 한참 올라갔다. 수줍게 피어 있는 백합 몇 송이 옆으로 굴뚝과 뾰족한 박공 지붕, 지붕에 돌출된 뻐꾸기창 뒤에 감추어져 있을 다락방, 오래 묵어 검게 반들거리는 나무 창틀 등 『헨젤과 그레텔』에 나오는 동화 속 집같이 아담하고 친근한 벽돌집이 하나씩 나타났다.

잘 정돈된 정원과 함께 우리를 반기고 있었던 선교사의 집들은 지금부터 100여 년 전에 지어진 것이다. 1907년 대구 읍성 철거 때 가져온 안산암의 성돌로 기초를 만들고 그 위에 붉은 벽돌을 쌓아올렸다고 한다.

근대 시기의 선교사는 사실 종교인이자 외교관이자 의사이자 교육자였다. 우리나라에 처음 미국인 선교사가 발을 디딘 것은 1884년 들어온 호러스 알렌Horace N. Allen이 최초인데, 그가 우연히도 조선 정부의 고위 관리와 서구 열강 외교관들이 모두 참석한 우정국 연회에서 습격당한 민영익을 치료해주면서 서양 의술에 대한 관심이 높아지고 최초의 서양식 병원 제중원이 설립되기도 했다.

이후 우리나라에 들어온 선교사들은 처음에는 한옥을 고쳐 살다가 점차 자신들에게 익숙한 서양식 주택을 지었다. 집뿐만 아니라 교회,

병원 등 활동에 필요한 터전을 마련하는 일도 선교사 몫이었으니, 그들은 건축가 역할도 겸했던 셈이다.

우리나라에 남아 있는 근대건축 중에는 외국에서 도면을 가져와 지은 경우가 많다. 요즘 지어지는 건물도 외국 건축가에게 맡기면 와보지도 않고 설계를 하는 경우가 종종 있으니, 100여 년 전이라면 말할 것도 없었을 것이다. 땅을 보고 이해하고 설계를 한다는 건축의 기본적인 조건조차 갖추지 못한 채 수입된 집들이, 초가 혹은 기와로 이어진 지붕 위로 불쑥 솟아오른 풍경이 당시 얼마나 낯설었을지는 대충 짐작할 수 있다.

그 무렵 한국을 찾아온 미국 선교사들은 북장로회 계열과 남장로회 계열로 나뉜다. 정창원의 연구에 따르면 대구 지역에서 활동한 선교사들은 북장로회 계열이었고, 1899년 대구성의 남문 안에 있던 민가를 개조해 의료 활동을 시작했다고 한다.

이후 선교사들은 성 바깥에 있는 동산 지역을 구입해 병원을 계획했는데, 처음에는 세브란스병원의 설계자로 알려진 캐나다 건축가 헨리 볼드 고든Henry Bauld Gordon이 설계를 맡고 서울에서 벽돌공이 와서 건물을 지었지만 몇 년 후 무너졌다고 한다. 이후 찰스 알렌 클라크Charles Allen Clark라는 선교사가 동산병원과 선교사 에드윈 프로스트 맥퍼랜드Edwin Frost McFarland 주택 건축 등을 담당한다. 그가 지은 동산병원은 벽돌 벽에 기와지붕을 올렸다는 기록이 사진으로 전해진다.

예전에 서울에서도 선교사 주택을 본 적이 있는데, 종로구 필운동 배화여자고등학교 안에 있는 생활관이라 불리는 벽돌집이다. 그 주택 역시 입구 포치와 베란다, 굴뚝, 지하실과 다락방까지 겸비한 전형적인 서양식 주택인데 역시 한식 기와를 얹었다. 어울리든 그렇지 않든 선교사들이 자신들의 집 지붕에 굳이 기와를 올린 것은 자신들의 종교를 강요하지 않으면서 어떻게든 한국 문화에 동화되고자 한 마음으로 읽힌다. 청라언덕의 선교사 주택 중에는 스윗즈 주택에만 한식 기와가 얹혀 있다. 미국 식민지풍 주택과 한식 기와라는 구성이 예상한 것보다 훨씬 자연스러웠다.

근대를 주제로 한 투어길을 따라온 관광객들이 지나가기도 했지만, 평일 낮의 청라언덕은 평화로웠다. 한편에는 동산병원 옛 건물의 정문, 중문 기둥과 담장을 옮겨다 세우고 초창기에 개척된 수많은 교회의 종 중 하나를 올려놓은 조형물이 '종을 치지 마세요'라는 소박한 경고문과 함께 덩그러니 구석에 서 있었다.

준비 없이 갑작스레 우리를 찾아왔던 근대의 풍경이 잔설처럼 남은 그 잔디밭 위를 징검다리처럼 놓인 돌을 밟으며 건너가 보았다. 당연하게도, 정원 한쪽에는 돌로 새긴 박태준 노래비가 소박하게 놓여 있었다. 아주 먼 곳에서 이상을 품고 찾아온 이방인들이 머물던, 당시에는 우리에게 낯설었을 붉은 벽돌이라는 재료로 만들어진 집을 등지고 이국적인 백합꽃이 피어난 아련한 언덕 위에서 이름도 모르는 소녀를 흠모하던 어떤 소년의 뒷모습을 떠올려 보았다.

경주
양동마을
골목

　　우리나라에서 가장 오래된 건축물은 고려 말 공민왕 때 지었다는 안동 봉정사 극락전이다. 그 건물이 가장 오래되었다고는 하지만, 지어진 지 800여 년 남짓하니 우리나라 역사에 비하면 그렇게 많은 나이는 아니다.

　　건축은 타임캡슐처럼 그 시절의 역사를 우리에게 생생하게 전달해준다. 그런데 우리나라 집들은 대부분 나무로 지어진데다, 잦은 외침으로 많이 소실되어 안타깝다. 신라나 백제 혹은 그 이전 고조선의 건축이 남아 있었다면, 역사적인 사실들을 훨씬 풍성하게 알 수 있을 텐데 하는 아쉬움이 든다.

가끔 일본에 갈 때마다 늘 전쟁 속에서 살았던 일본에 우리나라에 있는 오래된 건물보다 훨씬 나이 먹은 건물이 살아 있는 것을 보면 아쉬움은 더해진다. 황룡사에 있었다던 구층목탑이나 개성 만월대에 있었던 고려시대의 궁궐 등을 지금 우리가 볼 수 있다면, 혹은 신라시대의 옛집이 남아서 우리에게 당시 삶의 모습을 전해주면 얼마나 좋았을까?

남아 있는 옛날 건물 중에서도 사람이 살았던 살림집은 더욱 귀하다고 한다. 살림집 중 가장 나이가 많은 집은 충남 아산에 있는 '맹씨행단'인데, 고려 말에 최영 장군이 지었다고 한다. 이후 최영 장군의 사위였던 조선 초기 명재상 맹사성이 살았고 집의 이름도 맹사성의 성에서 따온 것이다. H자 형태로 된 집 한 채만 덩그러니 남아 있긴 하지만 아주 오래전 살림집의 모습을 볼 수 있어 무척 귀중하다. 그러나 비워진 지 꽤 오래되었다.

전국 구석구석에 옛 사람들이 살았던 살림집이 꽤 있지만, 그래도 조선 초기에 지은 집은 굉장히 드문 편이다. 그런데 그 귀한 집이 네 채(서백당, 관가정, 무첨당, 향단)나 남아 있는 동네가 있다. 경상북도 경주에 있는 양동마을이 바로 그곳이다. 유네스코 세계문화유산에 등재되는 바람에 사람이 많이 몰리면서 조금은 관광지의 분위기로 좀 변색된 면도 있지만, 원체 오래된 동네이고 후손이 많이 남아서 잘 가꾸고 있는지라 아직도 여전히 좋은 곳이다.

　네 채의 집 중 가장 오래된 서백당이라는 집에는 지금도 그 후손이 잘 살고 있다. 왜 유독 그 동네에 오래된 집이 그렇게 남아 있을까? 그 이유가 늘 궁금했다. 우연히 일 때문에 만난 사람이 양동마을 출신이라기에 그런 이야기를 나누다 보니, "그건 대부분의 부잣집이나 대갓집이 난리가 나거나 전쟁이 나면 제일 먼저 공격을 당하고 약탈을 당하는데, 평소 동네에 인심을 잃지 않은 집은 오히려 도움을 받아 살아남게 된 것이다"라고 했다. 다소 주관적이지만 또 어찌 보면 아주 합당하다는 생각이 들었다. 유서 깊고 자손이 잘 되어서 집안이 잘 유지되는 경우도 있지만, 그 집안이 얼마나 도덕적이며 주변에 배려하며 살았는가 하는 척도가 시대를 뛰어넘어 마을에 남아 있는 것이다.

　양동마을을 몇백 년 동안 유지해온 주민들은 월성 손씨 집안과 여강 이씨 집안 사람들이다. 그렇게 오랜 세월 마을을 유지하며 많은 집안 식솔을 거느렸지만 야박하게 대하지 않았기에 그렇게 되었다고 하니, 그 동네를 여러 번 가봐서 제법 잘 안다고 자부하는 나는 그 앞에 앉아서 고개를 끄덕일 수밖에 없었다.

　양동마을은 오래전부터 자주 들르는 곳이었는데 사람들이 살고 있는 집이라 불쑥 들어가기도 머쓱해서 사람이 있으면 주변만 둘러보았다. 간혹 허락이 되면 슬그머니 들어가서 조용히 보고 오고 하다 보니 사실 아직 못 들어간 집이 꽤 많았다. 특히 서백당은 그 동네에서도 어른뻘 되는 집인지라 더욱 조심스러웠다. 그래서 대문채에서 사당채 쪽 바깥마당만 구경하고 오거나 열린 문틈으로 살짝 보고 오는 경우가 많았다.

몇 년 전 여름의 끄트머리쯤 양동마을에 들렀다. 평소처럼 동네 초입에서 만나는 향단과 관가정을 들르고 심수정도 들르고 서백당으로 갔다. 대문채를 들어서는데 어떤 어르신이 대문과 바로 붙어 있는 사랑채의 높다란 마루에 앉아서 쭈뼛거리며 들어서는 우리를 반겼다. 알고 보니 그분은 서백당의 종손이었고, 낯선 이들의 방문을 환영하며 마음 편히 둘러볼 수 있도록 배려해주었다.

양동마을은 경주역에서 시내버스를 타고 한 40분 정도 가면 도착하는 곳이고, 영천에서 포항 쪽으로 달리다 보면 중간에 나오는 곳이기도 하다. 오랜 세월 사람들이 터를 잡고 아주 잘 살아온 마을은 안강평야를 바라보며 산에 기댄 골짜기와 구릉으로 이루어져 있다. 오므린 손등같이 자연스럽게 뻗어내린 지형이 풍수적으로 명당의 모양을 잘 갖춘 '勿(물)' 자 형국이다. 그 안에는 잘 지은 살림집들이 등성이와 골짜기에 하나씩 들어차 있다. 규모가 큰 기와집은 구릉에 자리를 잡고, 규모가 작은 집이나 초가집들은 골짜기에 모여 있다.

이런 구성이 양동마을을 특색 있게 만든다. 보통의 마을은 동네 입구에서는 집이 여러 채 모여 있는 집합된 모습으로만 보이다가, 길을 따

라 들어가면서 동네의 구성이 보이고 한 채씩 집들이 인식된다.

그에 비해 이 동네는 초입에서부터 개별적인 집들이 낱낱이 보이면서 시작된다. 동네 들머리에서 제일 먼저 눈에 띄는 언덕 위의 큰 집은 관가정과 향단이라는 양동마을의 대표격인 집들이다. 그 집으로 올라가다 보면 그 아래 작은 집들이 보이고 길이 보인다. 그리고 길 안으로 들어서면 아까 보았던 큰 집은 어느새 시야에서 사라지고 골목을 만나게 된다. 이런 식으로 동네로 들어가면 언덕이 나오고 그 위로 큰 집이 보이고, 가까이 가면 골목을 만나게 되는 무척 입체적이며 특이한 경관景觀 구조를 가지고 있다.

양동마을은 안동 하회마을과 더불어 우리나라의 대표적인 양반마을이다. 그런데 일찍이 대중에게 알려져 관광객이 득시글거리던 하회마을과는 대조적으로 이곳은 '아는 사람만 아는' 동네였다. 그래서 간혹 우리가 찾아가면 동네 어른들이 헛기침하면서 다가와 건축을 보러왔느냐며 물어보기도 하던 곳이었다. 건축가나 역사학자에게는 글자 그대로 보물과도 같은 동네였다.

그런데 몇 년 전 잘된 것인지 걱정거리가 생기게 된 것인지 그 동네가 덜컥 유네스코 세계문화유산으로 등재되었다. 예전에는 들어가서 먹을 식당도 없고 하루 묵을 집도 없어 멀리 안강까지 가야 했던 동네가 갑자기 편리한 관광지가 되어 관광버스가 마을 입구에 잔뜩 부려지는 동네가 되어버렸다.

그래서 사람들은 관광버스를 타고 들어가 동네를 기웃기웃 구경한다. 버스에서 이끄는 대로 끌려다니는 피동적인 관광객 모드로 동네를 기웃거리다 보니, 동네는 방어막을 치듯 몸을 움츠리고 중요한 보물들도 안으로 움추러들어 숨게 된다.

조선 초기 세조대에 손소孫昭라는 사람이 이 마을로 장가를 들면서 지금의 양동마을이 이루어지는 출발점이 된다. 물론 그 이전에도 사람들이 살고 있었지만, 손소가 가문을 일구고 그의 아들 손중돈이 높은 관직에 오르며 집안이 번성하게 된다. 그리고 손소의 딸이 여강 이씨 이번과 혼인을 하여 회재 이언적이라는 큰 학자를 낳으며, 두 집안이 함께 양동마을을 만들어가는 역사가 시작된다.

그리고 이후 수백 년 동안 두 집안의 대립과 화합의 상호작용으로 동네는 맥이 끊이지 않고 이어진다. 서로 경쟁하듯 골짜기마다 찾아들며 집을 짓고 서당을 짓고 정자를 지으며 양동마을을 가득 채우게 된다. 그 골짜기는 깊으며 그 이야기는 끝이 없다. 그래서 집을 구경하는 것은 물리적인 집의 몸뚱아리를 보는 것만이 아니다. 집을 구경한다는 것은 그 집에 얽힌 수많은 이야기를 듣는 것이다.

동네를 구경하는 것 역시 마찬가지다. 골목과 담장과 대문들로 이루어진 물리적인 공간을 보는 것이기도 하지만, 그 동네가 만들어낸, 그 안에 사는 사람들이 만들어낸 이야기를 듣는 것이다. 양동마을은 1458년 손소가 양동마을에 들어가 서백당이라는 집을 지으며 시작된 500년이 넘는 이야기를 품은 마을이다. 집들과 길들이 언덕 위에서 골짜기 안에서 포도송이처럼 알알이 박혀 있다는 곳이다. 관광버스로 들어가서 기웃거리다 서둘러 나오는 곳이 아니고, 들어가서 조용히 앉아 500여 년 동안 쌓인 이야기를 들어야 하는 곳이다. 울긋불긋한 기념품을 팔고 민속주점에서 흥청거리는 관광객이 넘쳐나는 부박한 관광지로 변질되지 않기를 간절히 바란다.

창원
용호동
가로수길

창원은 경상남도의 도청 소재지다. 그리고 2010년 마산·진해와 합쳐서 인구가 100만 명이 넘으며, 주민 총생산 규모가 광주광역시나 대전광역시를 넘어선 거대한 기초지방자치단체이기도 하다. 그런데 원래 창원이라는 도시는 그 안에 의창구와 성산구 두 영역으로 이루어진, 우리나라 최초의 계획도시였다. 1977년 호주 캔버라를 모델로 삼아 도시계획이 이루어진 곳이라 한다.

창원의 길은 반듯하고 넓으며 거리는 단정하다. 그러나 한편으로 보면 약간은 허전한 맛이 있다. 그것은 아마 너무 반듯해서 도시의 역사와 연륜이 만들어주는 주름살과 적당한 손때가 보이지 않아 그렇다고 생각한다. 사실 사람이든 도시든 빼어난 외모보다는 시간이 담기고 기억이 담겨 품위와 개성이 살아 있는 모습이 좋다. 그런 면에서 무조건 밀어내고 새로 지어 올리는 우리의 도시 정책은 한마디로 '바보짓'이라고 생각한다.

그렇지만 큰길에서 한 켜 들어가면 사정이 좀 다르다. 특히 경남 도청 근처에 있는 용호동 가로수길이 인상적이다. 그 길은 키가 큰 메타세쿼이아가 무성하게 자라서 터널을 이루며 3킬로미터가 넘게 이어지고 있었다. 몇 년 전 봄 출장길에 그곳을 우연히 지나게 되었는데, 눈앞에 갑자기 아름다운 길이 펼쳐져서 무척 놀랐다.

1983년 부산이 직할시로 승격되며 경남도청이 부산에서 창원으로 옮겨진다. 그리고 도청 인근 용호동에 도지사 공관이 세워진다. 자로 반듯하게 그린 듯한 필지 옆 도로에 생육이 좋은 메타세쿼이아를 가로수로 심었다고 한다. 그런데 그 나무는 정말 잘 자라서, 심은 지 30년 만에 녹음이 울창한 가로수 터널이 만들어지게 된 것이다.

사실 길이란 머무는 장소가 아니라 지나치는 곳이며, 그곳이 공간적인 감성을 주는 경우는 대부분 잘 조성된 도로변 건물보다도 가로수가 만드는 경우가 많다. 플라타너스나 은행나무가 대표적인 가로수인데, 색상이나 나무 둥치의 질감과 사계절 변하는 이파리의 모양이나 색깔, 그늘이 독특한 개성을 만들어낸다.

이곳의 가로수는 이국적인 정취가 풍긴다. 또한 비현실적인 느낌도 준다. 메타세쿼이아 길이라면, 창원보다 10년 정도 먼저 심어놓은 담양의 메타세쿼이아 길이 떠오를 것이다. 8킬로미터가 넘는 길에 훤칠한 메타세쿼이아가 줄지어 서 있는 모습은 장관이며, 어딘가 다른 세상으로 들어가는 느낌을 준다.

길이 쭉 뻗어 있고 길 주변으로 들판이 이어지는 담양의 메타세쿼이아 길이 한가하고 목가적인 풍경이라면, 도시 한가운데 있는 창원의 가로수길은 집과 작은 가게들이 아기자기한 스케일로 이어지며 키가 큰 나무들과 무척 대조적인 모습으로 어우러져 있는, 조금은 다른 풍경이다. 키가 큰 나무와 올망졸망한 집들이 만들어내는 풍경은 현실에서 벗어나 문득 들어간 동화 속의 풍경 같다.

메타세쿼이아는 생육이 좋고 덩치가 워낙 크다 보니 뿌리가 인도를 들어 올려 보행 공간이 부분적으로 울퉁불퉁해지고, 지하의 배관들과 엉켜 약간의 문제를 일으킨다고 한다. 그러나 그런 문제는 시간과 비용이 조금 들더라도 공동구를 개설하고 인도의 포장을 블록이 아닌 자연형 포장으로 하면 해결될 것이라고 생각한다. 아름다운 도시의 풍경을 만드는 데 그 정도의 비용과 수고로움은 당연히 감수해야 한다.

인간이 30년만 기다리면 저런 풍경이 만들어진다는 것이 놀랍다. 간판을 가린다고 가로수를 전기톱으로 무자비하게 잘라내고, 나무가 마

음에 들지 않는다고 뽑아내고 검증되지
않은 새로운 수종을 심어대는 짧은 안
목과 조급증으로 망가지는 도시의 풍경
과는 사뭇 대조적이다.

2000년대 초입에 서울의 북촌
으로 사람들이 놀러오기 시작할 즈음,
창덕궁와 경복궁을 잇는 길이가 800미
터 정도 되는 북촌길을 탐방로로 조성
하는 일을 한 적이 있다. 그때 그곳은 인
도와 도로의 경계가 없어서 걸어다니기
가 어려웠다. 또한 막히는 율곡로를 피
해 자동차들이 우회도로로 이용하는 바
람에 항상 사람들은 앞과 뒤를 살피며
그 길을 걸어야 했다.

그 길을 보행자 위주의 길로 만
들기 위한 사업이었는데, 우리는 도로
의 넓이를 좁히고 2차선 도로의 중앙
에 생육이 좋은 느티나무를 심고 인도
변에는 은행나무를 심고 화단을 만드는

구상을 했다. 나무가 자라면 자연스럽게 나무 터널이 만들어져서 사람들은 나무 그늘에서 쾌적하게 지나다닐 수 있고, 자동차 속도는 그만큼 줄어들 것이라는 예상이었다.

그러나 계획안이 확정되고 공사를 시작할 즈음 나무가 간판을 가릴 거라는 인근 가게들의 민원과 자동차가 나무와 엉켜 사고가 날 거라는 행정관청의 염려로 계획했던 나무가 하나씩 사라지기 시작했다. 결국 인도 폭은 좁혀졌고, 나무 터널 계획은 무산되었고, 그저 자동차들이 다니기 편한 길이 된 채 그 사업은 끝났다. 자동차 위주의 사고와 간판에 대한 지나친 집착이 좋은 길을 만들 수 없게 한 것이다.

그에 비하면 지금의 창원 가로수길은 이름만 가로수길이 아니라 가로수가 길의 중심이며 주인인 길이다. 사람들은 나무 그늘에서 편안하게 거닐고, 자동차도 속도에 집착하지 않고 편하게 다닌다. 나무가 자동차 운행에 방해가 되는 것이 아니라 울창한 나무 그늘이 주는 안도감 덕분에 여유로운 마음가짐을 갖게 되는 것이라고 생각한다.

2009년 도지사 공관은 다른 곳으로 이전되고 '경남도민의 집'이라는 시민을 위한 시설이 들어선다. 그리고 점차 인근에 공방, 카페, 식당 등이 들어서며 창원 시민이 사랑하는 용호동 가로수길로 거듭나게 된다. 메타세쿼이아라는 나무가 주는 느낌은 무척 특이하다. 그 나무의 아름드리 둥치를 보고 있으면, 고생대 초식공룡의 굵고 긴 다리를 보는 것 같다.

그리고 울창한 그늘은 시간의 감각을 어지럽혀 동화 속의 어딘가를 걷는 듯한 느낌을 준다.

가로수로 유명한 거리는 프랑스 파리의 샹젤리제 거리다. 파리를 거닐어보지 못한 사람들에게도 샹젤리제라는 이름이 상징하는 낭만과 울창한 마로니에, 플라타너스가 만들어내는 풍경은 가본 듯 익숙할 것이다.

그런 영향이었던지 한때 우리나라도 플라타너스를 가로수로 많이 심었다. 사실 플라타너스는 잘 자라고 공기 정화 능력도 뛰어나 가혹한 도시의 환경에서도 잘 사는 품종으로, 가로수로 아주 적합하다. 그러나 알레르기를 유발하는 꽃가루와 몇 가지 문제점이 부각되며 퇴출되어 플라타너스 가로수길은 이제 별로 남지 않았다.

서울의 어떤 자치단체에서는 막대한 예산을 들여 소나무를 가로수로 심고 심혈을 기울여 가꾼다. 그러나 소나무는 공기 정화 능력이 떨어지고 상록수여서 겨울에도 그늘이 드리워지는 등 가로수로는 부적합하다. 가로수는 경관과 더불어 기능도 중요하다.

서울의 여의도나 도쿄 오모테산도 같은 곳에서는 아름드리 둥치 위로 풍성하게 자라는 느티나무 가로수를 만날 수 있다. 또한 서울 신사동에 은행나무가 160그루 정도 심어져 있어 이름 자체가 가로수길인 동네도 있다. 얼마 전까지도 드문드문 박힌 작고 소박한 가게들을 하나씩 들르며 한적함을 즐기기도 했던 그곳은 사람들이 몰려들며 산책로의 기능은 사라지고 시끌벅적한 상업 지역으로 거듭났다. 상권은 길 안쪽까지 파고들며 '세로수길'이라는 차마 웃지 못할 명칭까지 만들어졌다. 그래서 종종 정말 좋은 길, 정말 좋은 동네는 소리 내어 말하지 말자는 이야기까지 한다.

높은 곳에서 내려다보거나 자동차를 타고 달리며 보는 도시와 천천히 거닐며 만나는 도시의 풍경은 전혀 다르다. 우리는 왜 길을 걷는가. 바쁘게 살아가는 현대인들이 도시를 거니는 일은 가장 일상적이고 익숙한 행위다. 특히 제임스 조이스의 『율리시스』나 박태원의 『소설가 구보씨의 일일』 같은 소설에서는 목적지를 정하지 않고 산책하는 도시인의 모습을 통해, 근대 도시의 혼란함 속에서 인간이 근대적 자아를 성찰하는 과정을 보여주었다. 창원 용호동 아름다운 메타세쿼이아 그늘 아래 산책을 하고자 내린 사람들이 두고 간 차량들이 길게 늘어선 모습은 그런 도시 풍경의 이면을 역설적으로 상징하고 있다.

제주
삼도동
무근성길

　　제주도는 워낙 관광지로 유명한 곳이지만, 갑자기 더 '뜨게' 된 것
이 자아를 찾는 힐링을 하게 만든다는 올레길 때문이라는 이야기도 있고,
중국인 등 외국인 관광객이 폭발적으로 늘어서라는 이야기도 있다. 그 이
유가 무엇이건 제주공항은 늘 시장 한복판처럼 북적인다. 대부분의 사람
은 인파를 뚫고 나가 택시를 타거나 렌터카를 몰고 제주시를 빠져나가 바
다를 향해 떠난다.

　　코발트색 바다와 다양한 초목이 만드는 이국적인 풍광은 여기로
오길 참 잘했구나 하는 안도감이 절로 생기고 흥이 올라온다. 그런 제주도

를 나는 몇 년 전까지 한 번도 가본 적이 없었다. 아무리 생각해도 참 이상한 일인데, 돌아다니기로는 누구에게도 뒤지지 않는다고 자부하지만 이상하게도 제주도에는 발길이 닿지 않았다.

　제주도를 가게 된 것은 어떤 사람이 제주도에 집을 짓고 싶다며 의뢰를 해서였다. 처음 가게 된 곳은 서귀포에 있는 난산리라고, 근처에 성읍민속마을이 있는 곳이었다. 비행기에서 내려서 렌터카를 타고 내비게이션이 이끄는 대로 제주도 땅을 밟으며 가게 되었다. 역시나 강한 태양과 검은 돌로 둘러싸여 있는 집들과 아주 모던하면서도 운치 있는 둥근 돌을 듬성듬성 박아놓은 창고 등이 나에게 깊은 인상을 주었다.

　몇 년이 지난 요즘은 어쩌다 보니 집을 몇 채 설계하고 있어 제주도를 자주 들락거린다. 그중 제주 토박이 건축주와 함께 공항에서 20분 거리에 있는 제주시 한복판에 작은 집을 하나 짓고 있다. 덕분에 아름다운 바다와 이국적인 풍경의 제주와는 조금 다른, 사람들이 오랫동안 살아온 터전으로서 제주를 겉으로나마 조금씩 들여다보게 되었다. 건입동이라는 곳인데 제주 북항과 인접해 있으며, 김만덕이 예전에 살았던 동네였다고 한다.

　건입동 주변을 포함해 제주 원도심도 도시화가 진행된 대부분의 도시가 그렇듯 사람이 많이 빠져나간 썰렁함을 극복하기 위한 각종 사업이 진행되고 있다. 그래서인지 어디 옛 모습을 볼 만한 곳이 없나 물으면,

토박이들은 그런 건 다 없어졌다고, 예를 들면 성읍민속마을 같은 곳으로 멀리 외곽으로 나가야 한다고 입을 모은다.

얼마 전 제주 시내를 돌아다니다 '무근성'이라고 쓰여 있는 커다란 입석 표지판을 보았다. 근성이 없다는 이야기인가, 실없이 그런 생각을 하면서 그 아래에 있는 안내판을 보니, 무근성이란 오래된 성을 의미한다는 것을 알게 되었다.

오래된 것을 의미하는 '묵은'이라는 말을 옛날에 있던 성터라는 의미로 붙였다는 것인데, 성이라는 규모가 큰 공간에 '묵은'이라는 표현을 얹어 놓은 것이 재미있었다. 이를테면 제주도식 유머 코드인가 하면서 어정어정 그 근처를 헤매고 다녔다. 추운 날씨만큼이나 무근성 주변 골목 또한 썰렁하기 그지없었다.

제주도는 참 추운 곳이다. 이렇게 말하면 제주를 따뜻한 남쪽 나라로 아는 사람들에게는 뜬금없는 이야기일지도 모른다. 물론 제주는 기온이 1년 내내 영상이라 겨울에도 공사할 수 있는 곳이다. 건축 설계를 하는 입장에서 보면 대개는 겨울에 땅 밑이 어는 지점을 가리키는 '동결심도'에 대해 무척 민감하다. 가령 서울이나 중부 지방은 1미터 정도 땅을 파서 얼지 않는 지점에 집을 앉히는 기초 자리를 만든다. 중부 이북은 더 깊게 파고, 충청도 이남은 60센티미터 정도인데, 제주도는 동결심도가 0이라 언제든 계절에 구애받지 않고 땅을 파서 집을 지을 수 있는 드문 곳이다.

그런데 바람이 많아서 춥다. 기온은 높은데 체감하는 추위는 육지의 그것과는 다른 차원이다. 비바람이 위가 아니라 옆에서 들이치기 때문에 집을 지을 때도 그 '바람막이'에 대해 고민을 해야 하는 곳이 제주다.

옷깃을 잘 여미고 무근성길에 딸린 골목들을 둘러보았다. 길은 자꾸 끊어지고 성의 자취는 보물찾기 하듯 숨어 있다. 성이라는 것은 선적인 의미의 건조물인데, 여기서는 점과 점으로 존재한다. 더군다나 옛날 동네의 흔적이 아주 드물고, 표지판이며 최근에 복원한 여러 가지 관광지만 그득하다. 그리고 시멘트 블록에 그린 키치적인 벽화들이 오히려 시간의 흔적을 지우거나 희석시키고 있다.

세상에 흔한 것이 블록 담인데 굳이 돌담을 헐어내고 쌓을 필요가 있을까 하는 아쉬움 속에서 혀를 끌끌 차면서 돌아다니다 자동차가 들어가지 않는 아주 좁은 골목길로 접어들었다. 그러자 불쑥 제주도만의 돌담이 나오기 시작했다. 그리고 그 안에는 오래

된 집들이 폭격을 피해 몸을 숨기듯 숨어 있었다. 그러나 골목은 짧았다. 이내 다시 큰길과 시멘트 블록 담 위에 그려진 벽화들이 나오고, 다시 걷다 보면 짧지만 아름다운 돌담길이 나오기도 했다.

무근성은 제주가 예전 탐라국이던 시절의 성터라고 한다. 제주의 돌은 화산암이다. 구멍이 많은 검은 돌이고 가볍고 까끌까끌해서, 한때는 그 돌을 잘라서 비누 모양으로 만들어 때를 벗기거나 각질을 제거하는 용도로 사용했다. 마찰력이 무척 강한 돌이다.

그런 돌을 포개놓으면 접착제를 사용하지 않아도 서로 물고 있게 된다. 그 돌담이 바람이 많은 제주도의 골목을 만들고, 그 높지도 않은 까만 돌담길이 제주도의 독특한 느낌을 만든다. 그 돌담길은 회색빛 바람이 많은 날의 하늘과도 잘 어울리며, 청명하여 멀리 한라산 꼭대기가 손에 잡힐 듯 보이는 하늘과도 잘 어울린다.

무근성의 자취는 근대까지 남아 있었다고 한다. 그런데 일본이 우리를 강제로 점령하던 시기에 성을 받치고 있던 돌들을 뽑아서 바다에 제방 돌로 사용했다고 한다. 무근성 안쪽은 성 안이었고, 잘사는 사람이 많이 살아서 잘 지은 집이 많았다. 그러나 도시가 바뀌고 세상이 바뀌는 바람에 유동 인구가 감소하고 청년층이 빠져나가면서 공동화가 이루어지기 시작했다.

그런 것이 도시의 숙명이기는 하지만, 그런 와중에 관광객을 끌어들이고 차량의 통행이 편리하게 만든다며 여전히 기존의 도시 맥락을 뒤집으며 계속 길을 내고 있다. 관광객의 유입을 염두에 두고 길을 만드는데 그러다 보니 옛 성터의 담도 사라지고 어렵게 남아 있던 민가들도 철거된다. 오래된 길이 가지고 있는 여러 가지 매력을 전부 지워버리는 일이고, 사실 그로 인해 관광객도 줄어들게 된다. 왜 그걸 모르는지 정말로 의아하다.

잘 만든 길에 차량이 온통 늘어서서 막고 있고 사람들은 차량의 눈치를 보면 종종걸음으로 길을 걷는다. 사람들이 모이라고 널찍하게 만든 광장은 텅 비어 있고, 그 옆으로 부서진 옛 집터의 흔적이 안타깝게 남아 있다.

달리 생각하면, 돌담이 끊어진 자리를 잇는 블록 담과 현대식 건물들로 둘러싸인 안쪽 골목에 소박하게 남은 옛집 등 사람들이 살았던 자취와 시간의 변화가 자연스럽게 어우러진 모습 또한 지금 제주도에서 만날 수 있는 특별함일 것이다. 다니다 보니 가닥가닥 끊어진 길들을 상상으로 이어가며 사라진 성곽의 자취를 찾아가다 보면, 제주향교와 복원된 제주목 관아, 관덕정, 오현단, 동문시장 등 제주도에 사는 사람들의 생활과 역사를 볼 수 있는 곳이 많다.

제주도가 가지고 있는 아주 독특한 정서와 제주도 특유의 말 등도 많이 사라지고 있다고 한다. 제주도에서 태어나 지금도 제주도에서 살고 있는 건축주는 지금 제주도의 제대로 된 방언을 쓰는 사람은 거의 없다고 하며 안타까워했다. 문화가 섞이고 말이 섞이는 바람에 제주도에 오래 살았던 분들도 차츰 말을 잊게 되어 제주도의 진정한 방언을 들으려면 오사카에 가야 한다는 말을 했다. 의아해하는 나에게 그는 일제강점기에 일본으로 갔던 제주도 사람이 그곳에서 일본어를 사용하며 오히려 제주말의 원형을 그대로 유지하게 되었다고 전했다.

무근성길에는 끊어진 길 중간중간 제주의 기억을 살려주는 돌담이 있다. 그 돌담처럼 육지나 해외로 나가 공부를 많이 하고 힘들여 쌓은 좋은 경험을 펼쳐보기 위해 고향으로 돌아온 젊은 토박이가 점점 늘어난다. 그들은 도시의 공동화와 역사의 공백을 메우기 위해 노력하고 있다. 끊어지고 숨어 있지만 없어지지 않은 무근성의 자취처럼, 제주 원래의 모습도 조만간 우리 앞에 다시 돌아올 것 같다는 희망이 보인다.

터키
이스탄불 페네
골목

　도시는 하나의 복합체다. 그래서 도시를 관광객에게 제공하는 한 바퀴의 관광 코스로 돌아보고 선뜻 그 도시를 제대로 보았다고 말할 수는 없을 것이다. 아시아와 유럽에 걸쳐 있는 유서 깊은 도시, 터키의 이스탄불을 가게 되면 보통 가장 유명하다는 유적지들을 둘러보고 보스포루스 Bosphorus 해협에서 배를 타고 이국적인 도시의 풍경을 훑어보기에도 바쁘다.

　일반적인 패키지 여행을 떠나 관광지와 숙소로 바로바로 연결되는 편리함을 따르다 보면, 누구나 가볼 만한 곳과 누구나 찍어올 만한 비

숫한 사진들을 남기며 마무리되고 만다. 무슨 미션을 수행하듯 점과 점 사이의 과정을 건너뛰는 여행은 지나고 나면 아쉬움이 더 커지기도 한다.

그래서 제대로 그 도시를, 문화를, 역사를 보기 위해서는 버스가 안내하는 길을 잠시 벗어나 그 도시의 가장 오래된 골목을 걸어다녀 보아야 한다. 스쳐가는 거리의 장막 뒤로 한 걸음 걸어 들어가면, 우리를 압도하는 놀랍고 거대한 스케일의 유적이 아닌 사람 이야기가 담긴 역사를 만나게 된다.

누구나 인정하듯, 이스탄불은 고대와 현대, 동서양의 문화를 한 몸에 품고 있는 매력적인 도시다. 동로마제국의 수도 콘스탄티노플에서 시작해 오스만튀르크에 점령되며 이스탄불로 이름이 바뀌었고, 왕정이 끝나고 공화국이 되는 동안의 다양한 역사와 여러 시간이 그야말로 겹겹이 쌓인 곳이다. 역설적으로 유럽에도 아시아에도 온전히 속하지 않는 경계의 도시다.

이스탄불은 보스포루스해협을 경계로 동쪽이 아시아 지역이고, 서쪽이 유럽 지역이다. 그리고 유럽 지역은 다시 해협으로 흘러드는 골든혼Golden Horn을 중심으로 남쪽이 구시가지고, 북쪽이 신시가지다. 애거사 크리스티Agatha Christie가 묵었다는 페라팔라스호텔이 있는 신시가지는 갈라타탑과 탁심 광장, 명동을 방불케 하는 패션 거리와 부유층 주거지 등으로 이루어져 있다. 노벨문학상을 수상한 소설가 오르한 파무크가 살았고 소설의 배경으로 썼던 지역은 책에서 본 묘하게 쓸쓸했던 이미지와는 다르게 우리나라로 치면 청담동쯤 된다고 할 수 있는, 신시가지의 니샨타쉬 Nishantashi라는 곳이다.

아야 소피아Aya Sophia와 술탄 아흐메드 모스크Sultan Ahmed Mosque (블루 모스크), 그랜드 바자르Grand Bazaar 등 터키와 이스탄불을 상징하는 대부분의 유적은 구시가지에 몰려 있고, 어김없이 세계문화유산으로 등재되어 있다. 그곳에는 역시나 세계 각국에서 몰려온 관광객으로 그득하고, 그들은 로마의 문명과 이슬람의 문명이 겹쳐지며 묘한 문화를 만들어낸 풍경에 경탄한다. 모두 비슷한 코스로 둘러보고 비슷한 식당에서 밥을 먹고 기념품을 사며 만족해한다.

그런데 그곳에서 벗어나 조금만 북쪽으로 올라가면 유럽 구시가지 파티흐Fatih 지역에 있는 페네Fener 지구를 만날 수 있다. 페네 지구는 1453년 메흐메트Mehmet 2세가 콘스탄티노플을 함락하며 동로마제국을 몰락시킬 때 밀려난 그리스인들이 모여 살기 시작한 동네라고 한다. 그리고 지금은 이스탄불에서 가장 오래된 동네이며, 개발을 엄격히 제한하고 보존하는 곳이기도 하다.

페네는 그리스어로 등불이나 등대 등을 뜻하는 '파나리fanari'에서 온 말이다. 실제로 비잔틴 시대에는 등대가 바닷가 언덕에서 빛을 비추어 바다를 밝혀주었다고 한다. 이곳에 살던 부유한 그리스인들은 오스만 시

대에 정치, 경제 등 많은 분야에 영향력을 행사하면서 '파나리오테스 Phanariotes'라고 불리기도 했다.

아직도 그곳에는 동로마제국부터 이어지는 정교회의 총대주교가 살고 있다. 1930년대 이후 도로 확장 공사 등으로 경관이 많이 훼손되기는 했지만, 가파른 언덕에 집들이 빼곡히 들어찬 모습이 어쩐지 낯설지 않다. 골목에는 공을 차며 노는 아이들과 머리 위를 가로지르며 널려 있는 빨래 등이 편안한 느낌을 준다. 길 위로 널려 있는 울긋불긋하고 다양한 천 조각은 만국기가 휘날리는 학교 운동장의 흥청거림 같아 기분이 좋아진다.

더군다나 이방인에게 눈치 주지 않고 친절하게 맞아주는 사람들 덕에 오래전 우리의 옛 골목을 걷는 느낌마저 든다. 가파른 언덕을 숨차게 오르다 돌아서면 언뜻 바다가 나타나 뭉클해지기도 한다. 또 노랑과 빨강 등 강렬하고 다양한 색상의 건물들과 어지러이 날리는 빨래 등은 어찌 보면 생경하고 눈이 어지러울 지경일 텐데도, 자연스럽게 퇴색한 낡은 집들과 색들이 잘 숙성된 음식처럼 편안하게 느껴졌다.

투르크인들이 자신들을 터키인으로 부르는 것을 싫어하는 것처럼, 500년도 넘은 옛날 외지인에게 밀려나면서도 본래의 색을 잃지 않고 지키려 했던 그리스인들의 모습이 선명하게 보인다. 그리스는 19세기까지 400여 년 동안 오스만튀르크의 지배를 받았고, 제1차 세계대전 이후에는 전쟁을 벌여 한때 터키의 많은 영토를 정복하기도 했기 때문이다.

그러나 터키는 건국의 아버지 케말 파샤Kemal Pasha(케말 아타튀르크 Kemal Atatürk)의 눈부신 활약으로 승리해서 대부분의 영토를 다시 찾게 된다. 그래서인지 터키에는 아타튀르크의 이름을 딴 지명이 많다. 페네 지구도 골든 혼 초입의 갈라타 다리Galata Bridge를 지나 나오는 아타튀르크 다리에서 한 블록 더 올라간 곳에 있다.

터키와 그리스는 역사를 통해 늘 앙숙의 관계였다고 알고 있었는데, 이렇듯 그리스인이나 유대인, 아르메니아인 등 다양한 인종을 받아들이고 인정한 덕에 '문화의 용광로'로 불렸다. 그래서인지 서구인과 동양인과 아랍인의 얼굴이 묘하게 결합되어 있는 터키인들은 한때 사막을 달려 세상을 정복했던 역사를 뒤로 하고, 조용하고 소박한 모습으로 따뜻하게 이방인들을 맞이한다.

이슬람 국가이지만 교조적인 입장을 취하지 않아 한결 편하게 다가오는 터키는 우리에겐 '형제의 나라'이기도 하다. 터키에 가면 시도 때도 없이 형제의 예의를 갖춰주어 고맙기도 하고 때로는 당황스러울 정도였는데, 일반적인 경우인지는 모르겠지만 공항 입국 심사에서도 한국인만큼은 거의 내국인 취급을 해줄 정도였다.

외국에 가서 입국 수속할 때는 딱히 죄지은 것도 없고 이상한 물건을 소지한 것도 아닌데 공연히 움츠러드는데, 터키에 가서는 은근한 환영을 받는 기분이 들어 신선했다. 더군다나 그런 '동지 의식'에 더해 내가 터키에 갔을 때는 〈강남 스타일〉이 유튜브를 통해 세상을 떠들썩하게 하고 있었다. 그 덕분인지 유적지나 상점에서 만나는 사람마다 한국인이라면 유난히 더 반가워하며 강남 스타일의 춤을 흉내내거나 먼저 한 소절을 불러주기도 했다.

페네 지구에서 다시 해안을 따라 남쪽으로 내려오다 보면 오리엔트 특급 열차의 종착역이었던 시르케지Sirkeci역이 있다. 서쪽에서 유럽인들이 특급 열차를 타고 이곳에 다다랐다면, 동쪽에서는 대상隊商들이 실크로드를 따라 헐벗은 광야를 오래도록 달려왔을 것이다.

카파도키아Cappadocia, 파무크칼레Pamukkale 등 터키의 유명한 관광지를 알뜰하게 들르는 여행길은 버스를 타고 심심한 빈 들판을 몇 시간씩 한참 가야만 한다. 그러던 중 갑자기 나타난 건물에 놀랐던 적이 있다. 사막 한가운데 어떻게 저런 것이 있을까 싶을 정도로 크고 정교하고 아름다운 그 건물은 실크로드를 지나다가 잠시 쉬는 대상들의 숙소였던 '카라반 사라이caravan sarai'였다.

휴게소 기능을 갖춘 현대적 건물이 바로 옆에 나란히 지어져 있어서, 관광버스에서 내린 사람들은 카라반 사라이를 인증사진의 배경 정도로 스쳐 지나는 눈치였다. 나는 30여 분의 휴식시간을 최대한 아끼며 달려 들어가, 몇백 년의 시간을 거슬러 오래된 문화와 한때의 영광을 만나고 왔다.

가늠할 수 없이 크고 화려한 문명의 기록인 아야 소피아나 블루 모스크 같은 건축물을 보고 나서 만난 페네의 오래된 골목은 상대적으로 무척 소박하면서도 친근하게 느껴졌다. 시간의 흔적들은 침전물처럼 그곳에 고요히 잠겨 있다가, 한 발 한 발 가까이 들어갈 때마다 살짝 몸을 일으켜 모습을 보여준다. 어디까지 보고 온 것인지, 만나고 온 것이 전부였는지 헤아릴 수 없는 감정을 안고 발걸음을 돌렸다.

골목 인문학

ⓒ 임형남 · 노은주, 2018

초판 1쇄 2018년 10월 5일 펴냄
초판 4쇄 2020년 9월 15일 펴냄

지은이 | 임형남 · 노은주
펴낸이 | 강준우
기획 · 편집 | 박상문, 박효주, 김환표
디자인 | 최진영, 홍성권
마케팅 | 이태준
관리 | 최수향
인쇄 · 제본 | (주)삼신문화

펴낸곳 | 인물과사상사
출판등록 | 제17-204호 1998년 3월 11일

주소 | 04037 서울시 마포구 양화로7길 6-16 서교제일빌딩 3층
전화 | 02-325-6364
팩스 | 02-474-1413
www.inmul.co.kr | insa@inmul.co.kr

ISBN 978-89-5906-507-3 03900
값 17,000원

이 저작물의 내용을 쓰고자 할 때는 저작자와 인물과사상사의 허락을 받아야 합니다.
파손된 책은 바꾸어 드립니다.

이 도서의 국립중앙도서관 출판예정도서목록(CIP)은 서지정보유통지원시스템 홈페이지
(http://seoji.nl.go.kr)와 국가자료공동목록시스템(http://www.nl.go.kr/kolisnet)에서
이용하실 수 있습니다. (CIP제어번호: CIP2018029966)